Œnotourisme en Charentes

Cognac, Pineau des Charentes, Vins IGP Charentais

Cofondateurs : Philippe GLOAGUEN et Michel DUVAL

Directeur de collection et auteur
Philippe GLOAGUEN

Secrétaire général
Gavin's CLEMENTE-RUIZ

Rédacteurs en chef
Amanda KERAVEL (France)
Benoît LUCCHINI (Étranger)

Directrice administrative
Bénédicte GLOAGUEN

Conseiller à la rédaction
Pierre JOSSE

Direction éditoriale
Élise ERNEST

Rédaction
Emmanuelle BAUQUIS
Jean TIFFON

Responsable partenariats
Jérôme DENOIX

Responsable voyages
Carole BORDES

hachette

TABLE DES MATIÈRES

PRÉAMBULE

LA RÉDACTION DU ROUTARD

La saga du *Routard* : en 1971, 2 étudiants, Philippe et Michel, avaient une furieuse envie de découvrir le monde. De retour du Népal germe l'idée d'un guide différent qui regrouperait tuyaux malins et itinéraires sympas, destiné aux jeunes fauchés en quête de liberté. 1973. Après 19 refus d'éditeurs et la faillite de leur 1re maison d'édition, l'aventure commence vraiment avec Hachette. Aujourd'hui, *Le Routard*, c'est plus d'une cinquantaine d'enquêteurs impliqués et sincères. Ils parcourent le monde toute l'année dans l'anonymat et s'acharnent à restituer leurs coups de cœur en toute indépendance.

Merci à tous les Routards qui sont solidaires de nos convictions : liberté et indépendance d'esprit ; découverte et partage ; sincérité, tolérance et respect des autres.

NOS SPÉCIALISTES

Emmanuelle Bauquis : les yeux ouverts, les papilles en émoi, elle trace sa route à la semelle de ses souliers, rencontre l'aventure au coin de la rue comme au bout du tarmac. Elle trouve l'ailleurs dans l'écriture comme dans la géographie. À son programme : raconter la beauté des paysages et les épopées qui les ont façonnés.

Jean Tiffon : passionné par les cartes depuis l'enfance, il a commencé à voyager dans les livres. Longtemps éditeur de guides de voyage, il aime parcourir le monde avec ses obsessions pour bagages : manger local et penser global. Ce qui lui donne envie de repartir ? Une grande ville méconnue, un jardin qu'il n'a pas arpenté ou la promesse d'une nuit de fête.

UN GRAND MERCI À NOS AMI(E)S SUR PLACE

Pour cette édition, nous remercions particulièrement :

- **Stéphanie Grolleau, Perrine Belin, Laure Thomas et Vanessa Chartreux,** de Charentes Tourisme ;
- **Claire Caillaud et Flora Clément,** du BNIC ;
- **Audrey Delbarre,** pour ses bonnes adresses charentaises ;
- **Coline Lafontaine,** de Destination Cognac ;
- **Nicolas Martin,** directeur de l'office de tourisme de La Rochelle ;
- **Camille Pinot,** de Destination Île de Ré ;
- **Pamela de Montleau,** pour ses précieux conseils sur la région et son accueil chaleureux ;
- **Cécile Chartier et Marion Carles,** de l'office de tourisme de Marennes-Oléron ;
- **Benoit Christen,** de l'office de tourisme de Jonzac ;
- **Mélissa Sadoune,** pour son aide.

L'ÉDITEUR HACHETTE LIVRE

Direction : Sidonie Chollet
Direction éditoriale : Élise Ernest
Édition : Audrey Vedovotto et Olga Krokhina
Cartographie : Frédéric Clémençon et Aurélie Huot
Fabrication : Liza Sacco et Aude Cauchet
Relations presse : Rachida Mazef • rmazef@hachette-livre.fr •
Responsable partenariats : Jérôme Denoix • jeromedenoix@gmail.com •
Silhouette du Routard : Clément Gloaguen (d'après Solé) ; **couverture :** Atelier Choque Le Goff ; **maquette intérieure :** le-bureau-des-affaires-graphiques.com, Thibault Reumaux et npeg.fr

Attention, l'abus d'alcool est dangereux pour la santé.

Pictogrammes du Routard

Établissements

- Hôtel, auberge, chambre d'hôtes
- Camping
- Restaurant
- Terrasse
- Boulangerie, sandwicherie
- Café, salon de thé
- Bar, bar à vins
- Bar musical
- Boutique, magasin, marché

Infos pratiques

- Office de tourisme
- Adapté aux personnes en situation de handicap

Sites

- Présente un intérêt touristique
- Point de vue
- Recommandé pour les enfants
- Inscrit au Patrimoine mondial de l'Unesco

Transports

- Aéroport
- Gare ferroviaire
- Gare routière, arrêt de bus
- Bateau fluvial
- Bac
- Piste cyclable, parcours à vélo

© BARRERE Jean-Marc / hemis.fr

Bienvenue ! Vous voici aux portes du Sud-Ouest, au cœur des Charentes, une région viticole unique qui distille des expériences riches et variées, autour du cognac, du pineau des Charentes et des vins IGP charentais.

Premier vignoble européen en monocépage blanc, le vignoble des Charentes, appelé aussi le vignoble de Cognac, allie un terroir d'exception à un climat adouci par la proximité de l'océan. À ces conditions naturelles particulièrement favorables s'ajoutent les savoir-faire et la convivialité d'hommes et de femmes de talent. Une alchimie parfaite pour une destination œnotouristique où l'art de vivre à la française s'incarne dans un spiritueux réputé dans le monde entier, où chaque saison est propice à de multiples découvertes, où tous les sens sont en éveil…

Ouvrez grand les yeux... toutes les nuances de vert dessinent un paysage infini de rangs de vignes. Dans les chais et distilleries, la palette des bruns des fûts de chêne, les nuances cuivrées des alambics bouillonnants, les ambrés des cognacs, les rouges et les blancs des vins et des pineaux contrastent avec la pierre blanche des logis édifiés par les bouilleurs de cru et les grands noms du négoce.

Tendez l'oreille… le vignoble vous chuchote ses secrets. Partez à la rencontre des viticulteurs, distillateurs, maîtres de chais, tonneliers, verriers détenteurs de savoir-faire séculaires et d'un artisanat haut de gamme qui vous sont partagés le temps d'une visite ou d'un atelier dans les maisons de négoce à la renommée internationale, ou chez des viticulteurs et vignerons passionnés.

Respirez et goûtez… toutes les saveurs du vignoble. Cognac et pineau des Charentes protégés par une AOC, vins charentais bénéficiant d'une IGP : ces fleurons du vignoble révèlent leurs arômes et accompagnent une gastronomie inventive qui mêle mets d'exceptions, produits de la terre et de la mer. Ateliers culinaires ou cocktails, food-pairing et dégustations, pauses gourmandes dans les restaurants feront frissonner vos papilles.

Au cœur de ce vignoble, Cognac, ville natale de François 1er partage son histoire, ses traditions viticoles et son ouverture sur le monde avec Angoulême, Saintes, Jonzac, La Rochelle, les îles de Ré et d'Oléron… Dans ce guide, vous découvrirez un vignoble généreux qui se fait l'écrin de belles balades à pied, à vélo, en canoë ou en bateau, d'un patrimoine vivant et préservé, d'un programme d'animations foisonnant.

Nous vous souhaitons un voyage œnotouristique infiniment… Charentes !

NOS COUPS DE CŒUR

1 À Cognac, visiter le siège de la maison Otard, qui est aussi le château où est né François Ier.

Pour installer son négoce en 1795, le baron Otard acheta carrément le château de Cognac. Ce château n'était autre que la maison natale d'un roi de France : François Ier ! La visite permet de profiter de cette très belle demeure des XIIe-XVIe s, pleine de souvenirs historiques, tout en s'instruisant sur les méthodes de fabrication et de vieillissement du cognac... Incontournable ! *p. 50*

Bon à savoir : *les chais du château sont les plus vieux des Charentes et, paraît-il, les meilleurs pour le vieillissement ! Plus d'infos sur • chateaudecognac.com •*

© Olivier Wonguy

2 Toujours à Cognac, suivre l'odyssée de l'eau-de-vie charentaise en vivant l'extraordinaire expérience de réalité virtuelle imaginée par la maison Hennessy.

Après avoir vogué sur la Charente dans le bateau électrique de la maison Hennessy, les chais vous réservent une expérience inédite. L'odyssée ***Mobilis,*** un parcours immersif réalisé en réalité virtuelle, est inspirée par les dessins de Richard Hennessy, fondateur du négoce du même nom en 1765. Un voyage époustouflant qui vous transportera du feu des alambics à l'océan Atlantique. *p. 52*

Bon à savoir : *l'expérience est comprise dans la plupart des visites.*

3 À Cognac aussi, grimper sur le toit de l'Indigo by Martell, pour s'offrir un cocktail au cognac avec vue sur la ville.

Martell a beau être l'une des maisons de négoce les plus vénérables de Cognac, elle n'est en rien poussiéreuse. La preuve avec ce *rooftop bar* vivant et coloré, qui s'anime durant toute la belle saison. Et au fait, que penser des cocktails ? À tomber ! *p. 48 et 53*

Bon à savoir : *au rez-de-chaussée, la maison dispose aussi d'un espace dédié à l'art contemporain et au mobilier d'artistes, la Fondation Martell.*

4 À Merpins, emprunter le petit train de Rémy Martin pour sillonner son immense site de production.

La visite du site industriel de Merpins s'effectue à bord d'un amusant petit train qui permet de rallier sans peine les chais d'assemblage ou de vieillissement de la visite (il y en a plus de 40 sur le site !). Tous les aspects techniques sont passés en revue (de la fabrication du cognac, bien sûr, à la tonnellerie) et émaillés d'anecdotes historiques bienvenues. *p. 54*

Bon à savoir : dans son domaine de Juillac-le-Coq, Rémy Martin accueille ***« La Bulle Verte »,*** *une écostation dédiée aux mobilités douces. C'est le point de départ d'une balade à vélo électrique en Grande Champagne.*

5 Embarquer à bord d'un bateau inspiré d'une gabarre pour découvrir autrement les trésors cachés de la vallée de la Charente.

Le fleuve Charente, berceau d'une civilisation fluviale (celle des gabariers), est le plus beau des fils conducteurs pour découvrir la région. À ***Saint-Simon,*** il est possible d'embarquer à bord d'une libre reconstitution de l'un de ces grands bateaux à fond plat qui autrefois sillonnaient le fleuve, chargés de vin, de sel... puis de cognac. Au long des berges, les paysages sont empreints d'un charme irrésistible : coteaux brodés de rangs de vignes, vieux ponts de pierre, îlots de verdure ou fermes paisibles, le tout nimbé d'une lumière d'ambre. *p. 63 et 64*

Bon à savoir : ***le bateau La Charente*** *circule tlj sauf mar, du 14 mai au 15 oct.*

© CD16

6 À Jarnac, plonger dans la passionnante histoire de la maison Courvoisier et profiter d'une vue imprenable sur la Charente depuis son chai Renard.

La célèbre marque n'a pas pris n'importe qui pour assurer sa promotion : depuis 1811, son cognac est « officiellement » celui de... ***Napoléon !*** Si l'Empereur visita bien les entrepôts du négociant Emmanuel Courvoisier, c'est Napoléon III qui fit de la maison son fournisseur exclusif en 1869. Lors de la passionnante visite guidée de la maison, vous aurez le plaisir de pénétrer dans le vénérable chai Renard, offrant une vue imprenable sur le fleuve Charente. *p. 60*

MAISON DES VINS CHARENTAIS

Le cœur de nos vignobles ...

À découvrir dès le **27 avril** 2024

VENEZ À LA DÉCOUVERTE DE L'IGP CHARENTAIS

26 AV. DE LATTRE DE TASSIGNY - 16100 COGNAC

mediapilote

+ D'INFOS communication@vindepayscharentais.fr / 05 17 22 00 00

vinscharentais.fr

AVEC LE SOUTIEN DE : Région Nouvelle-Aquitaine · CHARENTE LE DÉPARTEMENT · GRAND COGNAC · UNION EUROPÉENNE · la Charente Maritime LE DÉPARTEMENT

7 À la Maison de la vigne et des saveurs d'Archiac, prendre la mesure de l'excellence des savoir-faire liés à la viticulture charentaise.

Au cœur du cru de la ***Petite Champagne,*** cet espace-découverte passe en revue les différents aspects de la production du cognac à travers une scénographie moderne et volontiers interactive : histoire du vignoble, culture de la vigne, fabrication du cognac, du pineau des Charentes et du vin, travail du tonnelier, arômes et couleurs du cognac… De nombreux ateliers et animations complètent l'expérience. *p. 105*
Bon à savoir : *dans la boutique, tous les producteurs de cognac, pineau des Charentes et vins de la région sont représentés. N'hésitez pas à demander conseil !*

8 S'initier à l'art de la fabrication de tonneaux et de fûts de chêne en suivant l'une des visites de la tonnellerie Allary, à Archiac également.

Figurant parmi les meilleures entreprises du secteur pour la fabrication de tonneaux et de fûts de chêne, la tonnellerie Allary fait visiter ses fascinants ateliers au public. Après le visionnage d'une vidéo retraçant le parcours d'un chêne, depuis sa forêt jusqu'aux chais de vieillissement des grandes maisons de cognac, on fait un détour par le parc à bois avant de découvrir les ateliers de fabrication des fûts. Et pour finir, place à la tonnellerie d'art ! *p. 106*
Bon à savoir : *visites possibles sur résa selon disponibilité.*

9 S'inviter dans les chais de la maison Dhiersat, à Rouillac, pour comprendre comment naît leur délicieux pineau des Charentes.

Cette maison familiale propose des visites guidées conviviales de sa distillerie, de ses chais et de son poste d'embouteillage avant de convier les visiteurs à une dégustation des excellents pineaux des Charentes de la maison, ainsi que de ses cognacs. Ne pas passer pour autant à côté des vins charentais IGP, notamment celui vinifié à partir de chauché, un cépage ancien présent en Charentes depuis le Moyen Âge. *p. 100*

10 Faire un détour par la splendide Maison Gautier, installée dans un ancien moulin à eau sur une île de la rivière Osme.

Au cœur du village d'***Aigre,*** cette maison de cognac existe depuis 1755. Construits sur une île, ses chais se révèlent particulièrement humides, ce qui permet un vieillissement optimal des eaux-de-vie entreposées ici, dans la douce pénombre. La visite commentée permet de découvrir tous les savoir-faire de la maison, patiemment transmis depuis 10 générations, ainsi que de déguster toute la gamme de cognacs. *p. 99*

11 Sillonner le vignoble du Sud Charente sans se fatiguer, juché sur une trottinette électrique tout-terrain.

Avec ***Trott in Charentes,*** *basé à* ***Criteuil-la-Magdeleine,*** on part à l'aventure entre rangs de vignes et bois rafraîchissants sur des trottinettes électriques tout-terrain, en suivant l'une des 10 traces GPS déjà créées. Très amusant et sympa pour découvrir les beaux paysages viticoles de la Grande et de la Petite Champagne. *p. 78*

Bon à savoir : après la balade, on peut aussi visiter les chais du Domaine Landreau, situé sur le même site.

12 Se tordre le cou pour détailler toutes les sculptures de la sublime façade de la cathédrale Saint-Pierre, à Angoulême.

Cette façade abondamment sculptée constitue la pièce maîtresse de la cathédrale d'Angoulême. 2 grands thèmes y sont développés : ***l'Ascension*** et ***le Jugement dernier*** avec, notamment, des damnés aux étonnants corps décharnés. Au total, on découvre 75 personnages pleins de relief, dont quelques chevaliers de la Chanson de Roland. Une superbe « page de pierre », un chef-d'œuvre de l'art roman. *p. 86*

Bon à savoir : le trésor de la cathédrale est présenté dans une scénographie très contemporaine signée Jean-Michel Othoniel.

© MATTES René / hemis.fr

13 Déguster le surprenant vin de Saint-Sornin, issu d'un terroir méconnu situé à l'extrême est des Charentes.

Du point de vue viticole, Saint-Sornin est une vraie curiosité. C'est en effet le seul village de la région à avoir le droit d'accoler son nom à l'IGP vins charentais. Le vignoble s'épanouit sur des coteaux pentus exposés plein sud, plantés à une altitude plutôt rare dans le coin (jusqu'à 200 m), ce qui fait en partie sa typicité. Sur ces premiers contreforts du Massif central, la fraîcheur du climat est propice à l'élaboration de très jolis vins blancs et rouges. Bref, vous allez vous régaler… *p. 95*

Bon à savoir : ressuscitée par un vigneron local et un entrepreneur au grand cœur, en partenariat avec la communauté de communes, ***la cave de Saint-Sornin*** *produit des vins remarquables tout en représentant d'autres producteurs locaux. Chapeau !*

14 Dans la charmante ville de Saintes, explorer La Cale de la maison Grosperrin, antre qui regorge d'eaux-de-vie et de spiritueux d'exception.

Cette superbe cognathèque et cave à vins nichée au cœur de la maison de cognac Grosperrin s'avère d'une richesse incomparable : on y trouve plus de 300 cognacs et pineaux des Charentes, ainsi que 800 spiritueux (souvent locaux). Une chose est sûre, vous ne repartirez pas les mains vides ! *p. 121*

Bon à savoir : *profitez-en pour découvrir le travail exceptionnel de Grosperrin, chineur de cognacs rares, en suivant l'une des visites guidées.*

15 En Vals de Saintonge, l'œnotourisme séduira tout le monde, si si ! *Le Cep Enchanté* a prévu nombre d'animations pour toute la famille.

Chez ces vignerons – depuis 7 générations -, on a tout prévu : parcours ludique dans les vignes, circuit en voiturette électrique, swin-golf, chasse au trésor, escape-game, jeux de plein air bien sûr… et dégustation finale des produits maison, avec ou sans alcool ! *p. 114*

Bon à savoir : *une aire de pique-nique permet de passer la journée sur place pour profiter de toutes les activités.*

16 S'élancer sur le vélorail de Saintonge, qui serpente joliment dans le vignoble en direction de Cozes ou Gémozac.

Sur une ancienne voie ferrée abandonnée, avec ses gares d'autrefois et ses passages à niveau, ce parcours accessible en vélorail traverse les vignobles de Saintonge de Saint-André-de-Lidon, vers Cozes ou Gémozac. Une magnifique balade familiale en perspective. *p. 111*

17 Parcourir les jardins remarquables du château de Beaulon à Saint-Dizant-du-Gua avant de déguster ses fabuleux pineaux, aux arômes aussi charmeurs que sensuels.

Derrière ce fier château Renaissance se cache un sublime parc classé de 13 ha où coulent des sources naturelles qui miroitent d'un bleu presque surnaturel. Le domaine est également réputé de longue date pour ses pineaux des Charentes et ses cognacs, produits sur place depuis 1720. Ici, les vignes profitent du microclimat unique de l'estuaire de la Gironde, à la fois tempéré et ensoleillé, ainsi que de son sol calcaire. Goûter aux séduisants pineaux blancs Vieux (7 ans) et Très Vieux (12 ans), vous nous en direz des nouvelles ! *p. 130*

18 **Chez un ostréiculteur d'Oléron, déguster une douzaine d'huîtres accompagnées d'un bon verre de vin blanc IGP charentais d'Oléron.**

Quoi de mieux qu'une cabane à huîtres pour une pause à la fois gourmande et iodée ? Elles sont nombreuses sur la côte est de l'île d'Oléron, territoire chéri des ostréiculteurs comme des oiseaux de la réserve naturelle de Moëze-Oléron. Les vins blancs de l'île, qu'ils soient issus des cépages colombard, sauvignon ou chardonnay, offrent des compagnons parfaits pour une dégustation d'huîtres en bonne et due forme. *p. 131 et 138*

Bon à savoir : *l'huître de Marennes-Oléron bénéficie aussi d'une IGP ainsi que du Label Rouge.*

19 **Pédaler au milieu des vignes de l'île de Ré, en participant à l'une des activités organisées par la coopérative UniRé…**

« Ré la Blanche » offre des paysages de toute beauté. On adore traverser le vignoble à vélo, entrecoupé de marais ou de bois, tout en profitant de vues splendides sur la mer. La coopérative viticole UniRé organise de chouettes sorties à bicyclette dans le vignoble, toujours ponctuées d'une petite dégustation de vins rhétais, voire d'un cognac. *p. 153*

20 **Être pris en flagrant délit de péché de gourmandise au marché de La Rochelle, l'un des plus beaux de France.**

La Rochelle est une ville au riche patrimoine historique. Belle et rebelle, c'est aussi une halte gourmande, où les restaurants rivalisent de fraîcheur et de créativité. Il faut dire qu'ils ont, à portée de panier, un fabuleux marché qui leur offre quotidiennement les plus beaux produits qui soient. Se promener dans ses allées donne envie de mordre les Charentes à pleines dents ! Et de goûter à ses meilleurs élixirs, des vins charentais IGP au cognac, en passant par les pineaux des Charentes. *p. 144*

Bon à savoir : *le marché se tient ts les mat sous la grande halle, mais les mer et sam sont les 2 jours les plus importants.*

COMMENT Y ALLER ?

EN TRAIN

➢ ***Depuis Paris :*** TGV au départ de la gare de Paris-Montparnasse. Trains pour Angoulême (min 1h45), Surgères (2h20) et La Rochelle (min 2h30). Ensuite, trains Intercités pour Cognac, Saintes et Royan.

➢ ***Depuis Lille et la région parisienne :*** TGV directs pour Angoulême uniquement depuis les gares de Lille (env 4h), Aéroport-Charles-de-Gaulle-TGV, Marne-la-Vallée-TGV (env 3h) et Massy-TGV (env 2h15).

Dans la région Nouvelle-Aquitaine

➢ ***Depuis Bordeaux :*** TGV directs pour Angoulême (40 mn) ; trains Intercités pour Saintes et La Rochelle.

Le TER

TER Nouvelle-Aquitaine vous propose la *Carte +* (29 €, valable 1 an) grâce à laquelle vous bénéficiez d'une réduction jusqu'à 50 % sur les Billets + tous les jours de l'année.
Si vous avez moins de 28 ans, optez pour le billet *Jeunes* (sans formalité) à partir de 2 €.
Si vous voyagez à plusieurs, profitez du tarif *Tribu* : à 2 voyageurs - 20 % ; à 3 personnes - 30 % ; et jusqu'à 5 personnes - 50 % (enfants de 4 à 11 ans : 50 % supplémentaires).

– ***Pour tout renseignement :*** *rdv sur ● ter.sncf.com/nouvelle-aquitaine ●, sur l'application « Assistant SNCF », dans les gares de la région ou appelez AlloTER Nouvelle-Aquitaine au ☎ 0800-872-872 (service et appel gratuits).*

– ***Renseignements et réservations sur Internet :*** *● sncf-connect.com ●*

EN VOITURE

➢ ***Depuis Paris, l'autoroute*** A 10 puis la N 10 après Poitiers mènent directement à Angoulême (env 4h40). Pour rejoindre La Rochelle, l'A 10 jusqu'à Niort puis la N 11 (env 4h40).

➢ ***Depuis Bordeaux,*** la N 10 en direction d'Angoulême, l'A 10 puis l'A 837 (ou D 137) vers La Rochelle.

➢ ***Depuis Nantes,*** A 83 direction Niort, puis A 10 pour Saintes ou Cognac ; A 83 puis D 137 pour La Rochelle.

– ***Tarifs autoroutiers :*** *● autoroutes.fr ●* Renseignements sur les temps de trajet, conditions de circulation et prix sur tous les tronçons autoroutiers de l'Hexagone.

– ***Le covoiturage :*** le principe est économique, écologique et convivial. Il s'agit de mettre en relation un chauffeur et des passagers afin de partager le trajet et les frais. *● blablacar.fr ●*

EN BUS

Longue distance

■ ***ComparaBUS :*** *● comparabus.com ●* Compare les offres des différentes compagnies présentes en France, et permet d'acheter ses billets en ligne.

Régional

🚌 ***Transports en Nouvelle-Aquitaine :*** *☎ 0970-870-870. ● transports.nouvelle-aquitaine.fr ●* La Nouvelle-Aquitaine a mis en place un réseau sûr, pratique et confortable. Lignes régulières vers Angoulême, Aigre, Barbezieux, Cognac, Jarnac, Saint-Jean-d'Angély, Châteauneuf-sur-Charente, Saintes, Jonzac, La Rochelle, l'île de Ré, l'île d'Oléron, etc.

– ***Maison de la mobilité – Agence Cars Régionaux Nouvelle-Aquitaine :*** *pl. de Verdun, 17000 La Rochelle. Lun-ven 9h-12h, 14h-18h (hors j. fériés).*

Citram Charente : *2 bis, bd Pasteur. ☎ 05-45-25-99-99. • citram-charente.fr •* Bus au départ d'Angoulême pour Cognac, Jarnac, Barbezieux, etc. Tarif : 2,30 € pour tous (4,10 € l'A/R dans la journée).

EN BATEAU

La Rochelle-Île de Ré : *sur le Vieux-Port, cours des Dames (embarcadère et billetterie). ☎ 05-46-09-88-56. • inter-iles.com • iledere-larochelle.fr • Également des embarcadères sur le parking de l'esplanade Saint-Jean-d'Acre et en face de la médiathèque (av. Michel-Crépeau).* Avr-sept. Compter env 1h10. Résa le plus tôt possible ! Adulte : 12,50 €/traversée, 25 € A/R ; réduc. Navette maritime qui assure la liaison avec Saint-Martin-en-Ré. Possibilité d'embarquer les vélos à certains horaires.

La Rochelle-Oléron : *médiathèque, av. Michel-Crépeau (embarcadère et billetterie). ☎ 05-46-47-05-10. • oleron-larochelle.net •* Départ presque tlj début avr-fin sept (tlj juil-août) et pdt vac scol de la Toussaint (oct-nov). Adulte : compter 18,50 €/traversée, 27,50 € A/R (dans la journée) ; réduc. Liaison maritime rapide (50 mn) à destination de l'île d'Oléron (Boyardville).

EN AVION

▲ **AIR FRANCE**

Rens et résas au ☎ 09-69-39-36-54 (appel non surtaxé), sur • airfrance.fr •, en agences de voyages. Également à votre écoute tlj, 24h/24, sur Messenger, Facebook et Twitter.

Quelques trajets intéressants :

➢ ***Depuis La Rochelle :*** vols directs vers Lyon, Marseille et Nice.

✈ ***Aéroport de Bordeaux-Mérignac :*** *☎ 05-56-34-50-50. • bordeaux.aeroport.fr •*

Pineau du Domaine Les Quillets

COMMENT CIRCULER ?

À VÉLO

Les Charentes font partie de ces régions richement dotées en itinéraires cyclables, alternant voies vertes réservées aux vélos et petites routes peu fréquentées. Une façon écologique de découvrir la région, particulièrement adaptée aux familles ! Pour bien préparer son périple à petite reine, consulter le site • *infiniment-charentes.com* •

Pensez aussi à ***Loopi Voyage*** (• *infiniment-charentes.loopi-velo.fr* •), un site qui vous aide à organiser votre périple avec une sélection d'hébergements, de location de vélos, de prestataires assurant le transport des bagages, des activités...

Itinéraires européens

– ***La Scandibérique (EV3),*** qui relie la Norvège à Saint-Jacques-de-Compostelle, passe par Angoulême et Barbezieux. Elle traverse notamment le vignoble charentais autour de Barbezieux. Il existe un ***Routard à vélo La Scandibérique/sud.*** • *scandiberique.fr* •

– ***La Vélodyssée :*** l'Atlantique en roue libre ! De Roscoff à Hendaye, longeant la façade atlantique, *La Vélodyssée* est la plus longue véloroute de France (1 200 km). Elle aborde les Charentes par Marans puis suit le littoral entre La Rochelle et Royan. En chemin, elle traverse Rochefort, Tonnay-Charente et Marennes. Il existe un ***Routard à vélo La Vélodyssée.*** • *lavelodyssee.com* •

Itinéraires nationaux

– ***La Flow Vélo*** circule du Lardin-Saint-Lazare en Dordogne à l'île d'Aix en Charente-Maritime (350 km), en flirtant avec les rives de la Charente. Angoulême, Jarnac, Cognac, Saintes, Tonnay-Charente : comme un collier, l'itinéraire relie entre elles des perles des Charentes. Il existe un ***Routard à vélo La Flow Vélo.*** • *laflowvelo.com* •

– ***La Vélo Francette,*** qui descend de Ouistreham à La Rochelle, traverse la partie nord de la Charente-Maritime, en particulier le Marais poitevin (étape à La Rochelle). Il existe un ***Routard à vélo La Vélo Francette.*** • *lavelofrancette.com* •

– Le trajet du ***Canal des 2 Mers à vélo,*** qui relie l'Atlantique à la Méditerranée, démarre à Royan ; il longe le littoral charentais via Talmont-sur-Gironde jusqu'à Vitrezay, à la limite de la Gironde. Il existe un ***Routard à vélo Le Canal des 2 Mers***. • *canaldes2mersavelo.com* •

Itinéraires départementaux

Les Charentes offrent également de nombreux parcours locaux, bien balisés et faciles d'accès : ***Le Tour Charente*** (490 km), ***Les Rives de Boutonne*** (115 km), ***Les Chemins de la Seudre*** (80 km) ou encore ***Le chemin littoral des falaises du pertuis Breton*** (20 km) invitent à des voyages originaux et paisibles. À découvrir aussi, l'itinéraire cyclable de la ***vallée du Coran,*** près de Saintes, qui traverse prairies humides et forêts, ou celle du ***Petit Rouillat,*** qui serpente au milieu des vignes des Fins Bois. De nombreuses boucles locales maillent également le territoire, proposant différents niveaux de difficulté.

Et pour tous les passionnés de VTT, les Charentes constituent un terrain de sport idéal avec notamment le ***Tour Charente VTT,*** un itinéraire longue distance de 650 km pour 10 500 m de dénivelé.

À PIED

Un très vaste réseau de chemins balisés, voies vertes, sentiers et circuits pédestres sillonne les Charentes. Ces chemins aménagés, recensés sur les topoguides nationaux, répondent aux normes de la ***Fédération française de randonnée***.

– Le plus notable est certainement le ***chemin de Saint-Jacques-de-Compostelle*** : 125 km ponctués de bornes en pierre traversant la Charente-Maritime. Du Poitou aux rives de la Gironde, ce chemin classé au Patrimoine mondial de l'Unesco vous entraîne sur les pas des pèlerins à travers une histoire, une nature et un patrimoine remarquables.

– Le ***GR4,*** chemin de grande randonnée balisé en rouge et blanc, s'élance de Grasse (Alpes-Maritimes) pour rejoindre Royan (Charente-Maritime). Un périple de 1 500 km ! Dans les Charentes, il passe par Roullet-Saint-Estèphe, Saint-Simeux, Châteauneuf-sur-Charente, Cognac, Saintes... ● *mongr.fr* ●

– Le ***GR36,*** qui relie la Manche aux Pyrénées, traverse une partie de la Charente, notamment entre La Rochefoucauld et Villebois-Lavalette via Puymoyen.

➢ ***L'application mobile Loopi*** facilite l'organisation d'un voyage à pied ou à vélo. L'application et le site internet valorisent les déplacements intermodaux, la découverte et la consommation locale. ● *infiniment-charentes.loopi-velo.fr* ●

EN BATEAU

Il est possible de louer des pénichettes autonomes et habitables en plusieurs points de la Charente.

Les Canalous : *3, rue des Gabariers, 16100* ***Cognac.*** *☎ 03-85-53-76-74.* ● *lescanalous.com* ● Cette agence familiale loue des bateaux qui se pilotent sans permis. Plusieurs circuits sont proposés le long de la Charente au départ de Cognac, de la journée à la semaine. Génial en famille ou entre copains ! Très joli parcours au fil des méandres de la Charente, entre Saintes et Angoulême.

Le Boat : *quai François-Mitterrand, 16200* ***Jarnac.*** *☎ 04-68-94-42-80.* ● *leboat.fr* ● Naviguer sur la Charente au départ de Jarnac, voici une manière agréable de découvrir la région. Du pont supérieur du bateau, on admire la beauté des paysages avant de s'amarrer dans les jolies villes de Saintes, Cognac ou Angoulême.

Inter-Croisières : *chemin des Gabariers, pont de Sireuil, 16440* ***Sireuil.*** *☎ 05-45-90-58-18.* ● *intercroisieres.com* ● Au départ de Sireuil, près d'Angoulême, on rejoint le cœur du vignoble charentais via le fleuve Charente.

– Il existe aussi différentes ***croisières sur la Charente,*** qui permettent de voguer quelques heures ou une journée entière sur le fleuve. Voir ***La Demoiselle*** à Cognac, ***La Reine Margot*** à Angoulême, ***Le Bernard Palissy III*** à Saintes, la gabarre ***Ville de Saintes*** ou encore la gabarre ***La Charente*** à Saint-Simon.

À CHEVAL

Avec 4 000 km de chemins balisés en Europe, la ***Route Européenne d'Artagnan*** propose de découvrir la France au rythme cadencé du cheval *(● route-dartagnan.eu ●).* Un itinéraire, la ***Route des Cardinaux,*** traverse les Charentes. Alors à vos étriers, prêts, partez ! *Infos pratiques, circuits à cheval et clubs d'équitation sur* ● *route-dartagnan.eu* ●

ŒNOTOURISME DANS LES CHARENTES, UTILE

ABC du cognac

❑ ***Acteurs :***
- 4 413 viticulteurs et bouilleurs de cru ;
- 265 maisons de négoce ;
- 119 bouilleurs de profession ;
- 3 000 alambics en production ;
- 17 000 emplois directs (60 000 personnes vivent du cognac et de la viticulture en Charentes).

❑ ***Surfaces :***
- 83 140 ha, soit 10 % du vignoble français. C'est aussi le 1er vignoble de vin blanc en France, devant celui de la Champagne.

❑ ***6 crus du cognac :*** Grande Champagne, Petite Champagne, Borderies, Fins Bois, Bons Bois et Bois Ordinaires.

❑ ***Bouteilles :***
- environ 213 millions de bouteilles de cognac vendues par an, *dont 97,2 % sont consommées à l'étranger.*

ABC du pineau des Charentes

❑ ***Acteurs :***
- 370 viticulteurs et bouilleurs de cru ;
- 150 négociants.

❑ ***Surfaces :***
- 1 800 ha dédiés au pineau des Charentes.

❑ ***Production annuelle :***
- environ 60 000 hl.

❑ ***Bouteilles :***
- environ 9 millions de bouteilles vendues en France et à l'export par an ;
- l'équivalent de 38 millions de bouteilles en cours de vieillissement dans les chais.

ABC des vins charentais IGP

❑ ***Acteurs :***
– 600 adhérents au syndicat des vins IGP charentais dont une centaine de vendeurs directs, une dizaine de négociants et 3 caves coopératives (Île de Ré, Île d'Oléron et Océalia).
❑ ***Surfaces :***
– 1 500 ha dédiés aux vins IGP charentais.
❑ ***Production annuelle :***
– environ 55 000 hl.
❑ ***Bouteilles :***
- Plus de 7 millions de bouteilles de vins vendues par an, principalement en région.

L'ART DE LA DÉGUSTATION

Le plus utile pour une expédition œnotouristique et « spiritouristique » !

Le cognac

– ***Choix du verre :*** de préférence un ***verre tulipe,*** qui se referme légèrement vers le haut, permettant ainsi de concentrer les arômes et de les libérer au fur et à mesure de la dégustation. Les verres à digestif classiques, très ventrus, ont ce désavantage de réchauffer le cognac (car on prend le verre à pleine main), ce qui réduit ses arômes.

Verres de dégustation de cognac

– ***Dégustation du cognac :*** elle se déroule en 3 étapes.

• ***La vue :*** la teinte du cognac va du jaune très pâle à l'ambré bien prononcé. C'est le ***vieillissement en fût de chêne*** qui lui donne sa couleur. En simplifiant, on peut dire que plus un cognac est foncé, plus il est vieux (même si la chauffe appliquée aux fûts a aussi son importance, tout comme le lieu où il a vieilli). Il faut observer la limpidité de l'eau-de-vie et ses larmes en la faisant délicatement tourner dans le verre. On appelle cela faire « pleurer » le cognac. En inclinant cette fois le verre, on peut évaluer sa ***viscosité*** (qui peut être aqueuse, sirupeuse ou huileuse).

• ***L'odorat :*** d'abord, inutile de « plonger » entièrement son nez au fond du verre : les vapeurs d'alcool sont alors trop puissantes et ne permettent pas de bien sentir les différents parfums du cognac. Mieux vaut tenir son verre à une petite distance du nez ou le mettre légèrement sur le côté. Les ***notes principales :*** le floral, le fruité, l'épicé et le boisé...

• ***Le goût :*** on commence par une goutte de cognac, qui vient habituer la langue et le palais à la puissance de l'alcool, avant de prendre une petite gorgée pour découvrir toute la finesse de l'eau-de-vie en la mâchant presque, tout en aspirant un peu d'air. Les saveurs apparaissent sur la pointe de la langue puis sur les papilles et au fond de la bouche. Selon les experts, il y aurait près de ***60 arômes*** identifiés dans le cognac. Impressionnant ! La filière du cognac, aidée par des sommeliers, dégustateurs et œnologues, ont élaboré une roue des arômes du cognac. Cette classification peut vous aider à identifier les goûts ou notes de vos cognacs. Les arômes de fruits, de fleurs, de tabac, de truffe, de beurre ou de fumée peuvent par exemple être détectés...

Comment déguster le cognac ?

Historiquement, on a l'habitude de déguster le ***cognac pur,*** à l'apéritif ou en digestif. Il n'est pas interdit d'y ajouter une goutte d'eau. Déjà en 1790 à Londres, le cognac était dégusté avec de l'eau plate. En France, les anciens y mettaient de l'eau pétillante, appelant l'ensemble ***« fine à l'eau »*** –, ce qui permet de mieux révéler certains arômes du cognac, notamment les plus fruités. Il est également possible de le boire rafraîchi par un glaçon, voire glacé au congélateur (on parle alors de ***frozen cognac,*** idéal pour certains accords mets-cognac). Cette action rend l'eau-de-vie presque visqueuse, plus épaisse.

Depuis quelques années, les façons de consommer le cognac ont beaucoup évolué. Aujourd'hui, ***80 % du cognac dans le monde se boit... en cocktail !*** Outre l'historique *Mint Julep* (cognac, menthe, sirop), les *long-drinks* cognac-tonic ou cognac-*ginger beer* (faciles à faire soi-même), une ribambelle de classiques (parfois réinterprétés) permettent de déguster l'eau-de-vie charentaise bien accompagnée. On peut citer le *Sidecar* (cognac, Cointreau et jus de citron), le fameux *Sazerac* (cognac, absinthe, bitter et sucre), le *Vieux Carré* (cognac, bourbon, vermouth, bitter, bénédictine) ou le *Manhattan* (cognac, vermouth, bitter, zeste d'orange)... Mais il en existe des dizaines, que les mixologues seront ravis de vous préparer dans les divers bars à cocktails de la région. La plupart du temps, on utilise plutôt des cognacs jeunes pour réaliser les cocktails, notamment des VS ou VSOP.

Autre façon de déguster le cognac : en mangeant ! C'est d'ailleurs ainsi que les Chinois, désormais grands consommateurs de cognac, le boivent. Il est possible et facile de faire d'intéressants accords mets-cognac *(pairing)* : avec des huîtres (de Marennes-Oléron, forcément), du poisson fumé, des langoustines, du jambon de Bayonne, du pâté en croûte mais aussi du fromage (comme le brie) et, bien sûr, les desserts (le chocolat est un bon compagnon). Pour compléter, sachez que la saveur *umami* est une alliée idéale pour un cognac ! Pour trouver quel type de cognac utiliser avec quel plat ou mets, télécharger l'application gratuite ***Cognac Pairing*** sur l'App Store ou Google Play.

Le pineau des Charentes

– ***Choix du verre :*** un grand verre à vin (pour y mettre aussi un glaçon !)
– ***Dégustation d'un pineau des Charentes*** : elle fait appel à 3 de nos sens :
• ***La vue :*** la couleur va donner une indication sur l'âge du pineau des Charentes :
Pineau des Charentes blanc : de jaune pâle lorsqu'il est jeune, à ambré/brun pour les très vieux.
Pineau des Charentes rosé : de rose pâle à fuchsia,
Pineau des Charentes rouge : de grenat à rouge brun.
On peut observer des larmes régulières se formant autour du verre, caractéristiques de la sucrosité et du degré d'alcool du pineau des Charentes.
• ***L'odorat :*** il permet de décrypter les différents arômes.
Pineau blanc : des notes intenses, élégantes de fruits frais ou de fruits confits (pêche, prune, poire, agrumes, fruits exotiques, abricot) et de fleurs (acacias, fleurs blanches). Avec le vieillissement, une nouvelle palette aromatique va s'exprimer avec des notes de coing, de figue, de pruneau, de noix ou de fruits secs.
Pineau rosé : un nez fin et fruité, aux notes intenses de fraise, de framboise, de cassis ou de rose ancienne.
Pineau rouge : un nez intense et généreux, avec un bouquet de fruits noirs et d'épices douces.
• ***Le goût :*** c'est l'étape essentielle de la dégustation. Elle va révéler la singularité du pineau des Charentes, mais aussi tout le travail du producteur. La langue va permettre de définir l'équilibre des saveurs élémentaires : le sucré, l'acidité et l'amertume. En aspirant un peu d'air, vous allez pouvoir mieux identifier les arômes et découvrir sa complexité aromatique.
Pineau blanc : se caractérise souvent par une attaque franche, généreuse et de la finesse.
Pineau rosé : plus souple, aux puissantes notes de fruits rouges et de bonbon anglais dans certains pineaux rosés.
Pineau rouge : généreux et expressif avec un bouquet de fruits intenses.
En fin de bouche, le pineau des Charentes va montrer une belle longueur. En fonction de sa durée d'élevage, il est possible d'identifier des notes de noix, de cannelle, de chocolat, de rancio, de fruits secs, typiques de l'appellation.

Comment déguster le pineau des Charentes ?

Au-delà de la tradition — seul, frais à 8°, servi dans un petit verre — les façons de consommer les pineaux des Charentes évoluent : un grand verre, deux glaçons et voilà un pineau glace, idéal pour des blancs plutôt jeunes et vifs et des rosés légers et fruités. La glace va souligner les arômes, et on peut doper le tout avec une rondelle de citron.
En cocktail, ça marche aussi : le pineau permet de jouer avec les grands classiques *(Negroni, Mule, Pineaucolada, Pineaujito)* ou de belles créations, que l'on retrouve dans les bars de la région.
Les Vieux et Très Vieux pineaux se dégustent à température ambiante et créent de beaux accords avec des fromages de chèvre, un roquefort, un comté ou un reblochon et aussi avec des desserts au chocolat ou aux fruits.

Le vin

– ***Choix du verre :*** un verre à pied, transparent et plus large à la base qu'au sommet pour concentrer les arômes.
– ***Dégustation du vin :*** elle se déroule en 3 étapes.
• ***La vue :*** d'abord, on pose le verre à plat sur la table et on observe la robe du vin ; puis, on lève le verre et on l'incline devant une surface blanche (comme une nappe ou une serviette) ; on peut alors analyser sa robe en détail, c'est-à-dire : sa couleur exacte, son intensité, sa brillance, sa limpidité et sa fluidité. Les vins blancs ont

une robe allant du jaune vert au doré. Les rosés, quant à eux, peuvent être habillés de nombreuses nuances de rose : pivoine, saumon, orangé... Pour les rouges, la teinte de leur robe varie selon leur cépage et leur vinification. Elle peut aussi bien être rouge violacée que pourpre, voire noire.

• ***L'odorat :*** un vin s'hume d'abord au repos ; on le fait ensuite délicatement tourner dans le verre pour en libérer les parfums. On flaire, on inspire, on prend un peu d'air, et on recommence. Les nuances aromatiques du vin ainsi libérées peuvent être très nombreuses : fleurs, fruits frais, végétaux, sous-bois, épices, minéraux, etc. Si la senteur vous paraît désagréable, c'est peut-être que le vin est bouchonné...

• ***Le goût :*** c'est maintenant qu'il faut goûter le vin ! On prend une petite gorgée de vin qu'on fait rouler dans la bouche, en le mâchant avec la langue tout en aspirant un peu d'air. Le vin révèle alors toute sa personnalité : harmonie d'un sauvignon, délicatesse d'un chardonnay, vivacité d'un colombard, rondeur d'un merlot, puissance d'un cabernet sauvignon, épice d'un cabernet franc. C'est quand le vin est avalé (ou recraché, pour les plus experts), qu'on note sa longueur en bouche, c'est-à-dire la persistance des saveurs et des arômes dans le palais. Le privilège des grands vins...

SITES INTERNET UTILES

• *cognac.fr* • Tout mais absolument tout sur le cognac ! Site de l'appellation très bien fait, d'une grande richesse, qui décrit le processus de fabrication du cognac, ses acteurs et ses métiers et l'actualité de la filière tout en proposant quelques recettes de cocktails ainsi que des accords mets-cognac. Une bible !

• *pineau.fr* • Site de l'appellation bien documenté, qui permet de faire la différence entre les différentes sortes de pineaux des Charentes : blanc, rosé, rouge, jeune, Vieux ou Très Vieux, etc. Également toute une section consacrée aux cocktails et aux accords mets-pineau, des portraits d'acteurs de la filière, etc.

• *vinscharentais.fr* • Le site de l'IGP présente leur histoire, leur terroir et les différents cépages tolérés. Également un annuaire de tous les viticulteurs de l'IGP, des actualités sur les vins charentais et même quelques recettes.

• *dico-du-vin.com* • Un lexique du vin utile et clair.

AOC, AOP, DGC, IGP, CRUS DU COGNAC : QUÉSACO ?

– L'***Appellation d'origine contrôlée (AOC)*** voit le jour en 1935 pour protéger les viticulteurs des fraudes, et les consommateurs des éventuelles « tromperies sur la marchandise ». C'est un label national. L'idée est de certifier l'authenticité d'un produit, tant sur le plan de sa fabrication que de son origine. Que l'on parle d'un vin ou d'une eau-de-vie, on doit pouvoir parler de sa provenance. L'AOC est accordée par l'***INAO*** (Institut national de l'origine et de la qualité). Dans les Charentes, on trouve ***2 AOC : Cognac et Pineau des Charentes.***

– L'***Appellation d'origine protégée (AOP)*** est la ***grande sœur européenne*** de la précédente. Sa création a pour but d'homogénéiser les certifications de qualité sur tout le territoire européen. Si un produit perd le label AOP, il perd automatiquement l'AOC.

Pour ne pas se perdre dans les sigles, on utilisera dans ce guide uniquement la mention « AOC ».

– L'***Indication géographique protégée (IGP)*** est un label européen qui s'applique aux secteurs agricoles, agroalimentaires et viticoles. Elle identifie un produit, brut ou transformé, dont la qualité, la réputation ou d'autres caractéristiques sont liées à son ***origine géographique.*** Pour qu'un vin obtienne une IGP, il faut que toutes les opérations réalisées depuis la récolte du raisin jusqu'à la fin du processus d'élaboration du vin soient réalisées dans la zone géographique considérée. L'IGP répond à un cahier des charges précis – plus souple cependant que celui des AOC – et confère une protection au produit aux échelles nationales et internationales. Les ***vins charentais*** sont des vins d'IGP.

– Plutôt qu'une appellation à part entière, la ***Dénomination géographique complémentaire (DGC)*** est une mention qui spécifie davantage la zone géographique de certains AOC ou IGP. C'est le cas pour les vins charentais IGP « Île d'Oléron », « Île de Ré », « Charente », « Charente-Maritime » ou « Saint-Sornin ».

– ***Les crus du cognac :*** protégé par une AOC, le cognac ne peut être produit que dans une zone de production délimitée, définie par un décret de 1909 (qui englobe une bonne partie des Charentes). En 1938, 6 crus sont distingués au sein de l'AOC, en tenant compte de la nature des sols et de la géologie : ***Grande Champagne*** (au sud de Cognac et autour de Segonzac), ***Petite Champagne*** (autour de Jonzac et Barbezieux), ***Borderies*** (au nord-est de Saintes, autour de Burie), ***Fins Bois*** (autour d'Angoulême mais aussi de Saintes ou Saint-Jean-d'Angély), ***Bons Bois*** (Sud Charente et Haute Saintonge) et ***Bois Ordinaires*** (principalement sur les îles de Ré et d'Oléron). Les différents crus ont leurs caractéristiques, produisant des eaux-de-vie très différentes, ne s'élèvent pas aussi longtemps, ne se dégustent pas de la même façon et ne s'accordent pas avec les mêmes mets. Cela dit, on trouve aussi des eaux-de-vie d'exception dans les crus censés être les moins « réputés ». Aujourd'hui, la classification en cru apporte plutôt une notion de terroir complémentaire qu'un critère objectif de qualité.

CERTIFICATIONS ENVIRONNEMENTALES

– La ***certification HVE (Haute Valeur Environnementale),*** dont les critères sont définis par le ***ministère de l'Agriculture,*** récompense les démarches visant à un développement respectueux de l'environnement et de la biodiversité. On distingue 3 niveaux – sachant que seul le niveau 3, le plus élevé, autorise les viticulteurs à utiliser le logo HVE3 sur leurs étiquettes. La certification HVE3 garantit un respect de bonnes pratiques environnementales, suivant un référentiel précis vérifié par un organisme indépendant, mais ne proscrit pas l'utilisation de produits phytosanitaires si nécessaire. En somme, c'est de l'***agriculture raisonnée*** mais avec des critères clairs.

– La ***certification en agriculture biologique*** (label national ***AB*** en France depuis 1985) va plus loin : elle obéit à un cahier des charges plus strict, dont un ***organisme indépendant*** vérifie le respect. 2 étapes sont analysées : la ***culture du raisin*** et la ***vinification.*** Ainsi, la viticulture doit se faire sans désherbage ni traitement issu de produits de synthèse, et uniquement avec des produits moins transformés, tels que des décoctions de plantes, du dioxyde de soufre (contre l'oïdium) et du sulfate de cuivre (contre le mildiou). Pour la vinification, l'origine biologique des intrants est obligatoire, le taux de sulfites doit être inférieur à celui des vins conventionnels et certaines pratiques sont interdites, comme la thermovinification. Si elle reste encore assez timide dans l'appellation Cognac, cette conversion vers l'agriculture biologique est toutefois en forte progression. Les plus vieilles eaux-de-vie, qui peuvent atteindre plus de 50 ans et parfois approcher les 100 ans, mettront forcément du temps à devenir bio ! Certains vins charentais IGP sont plus en avance, notamment ceux de l'île d'Oléron et de Saint-Sornin, déjà largement labellisés.

Par ailleurs, l'appellation Cognac a lancé sa propre certification, la ***Certification environnementale cognac (CEC)***, reconnue par le ministère de l'Agriculture, compatible avec la certification HVE et le label AB. Dans ce cadre, viticultrices et viticulteurs s'engagent à protéger leur environnement, à y favoriser la biodiversité, à veiller à la qualité de l'air, des sols et de l'eau, et à viser la sobriété carbone.

Une démarche soutenue par des investissements importants en Recherche & Développement. L'objectif : accélérer et réussir la transition environnementale et énergétique de la filière.
– Certains agriculteurs ont une démarche encore plus poussée et s'engagent dans la voie des vins « ***nature(ls)*** ». Là, c'est bien simple, ils rejettent tout, même le soufre et la filtration. Les cuvées sont donc beaucoup plus fragiles et souvent non filtrées. D'où l'aspect parfois déconcertant de certains vins, avec des nez presque fermiers et des aspects légèrement troubles... mais pas moins bons pour autant ! Une façon de travailler plutôt rare en Charentes.
La biodynamie : elle repose sur une conception holistique de la santé de la Terre, qui se fonde sur 3 principes :
– la conception de chaque espace agricole comme un ensemble autonome, unique et vivant, un véritable organisme ;
– l'intégration de cet ensemble au ***macrocosme planétaire,*** et conséquemment la coordination du travail agricole aux rythmes cosmiques ;
– l'utilisation d'***intrants spécifiques,*** à base de produits naturels plutôt que de synthèse, tels que les plantes médicinales.
Pour faire simple, les adeptes fabriquent des composts et concoctent des préparations naturelles complexes, du fait maison qu'ils pulvérisent dans les vignes en fonction d'un calendrier astral. Plusieurs certifications coexistent : *Nature et Progrès, Demeter, Biodyvin, Vins S.A.I.N.S (« sans intrants ni sulfites »),* etc. Cette pratique est rare en Charentes.

LABELS

– ***Label « Vignobles & Découvertes » :*** créé en 2009, il est accordé par *Atout France* (agence de développement touristique de la France) sur les recommandations du Conseil supérieur de l'œnotourisme. Il est attribué à une destination viticole ainsi qu'à ses composantes touristiques (visite de cave, dégustation, événement, hébergement, activité...) pour une durée de 3 ans. En Charentes, 2 territoires se distinguent par ce label : « Charentes – Cognac – Saintonge » et « Île d'Oléron ».
– ***Label « Vigneron indépendant » :*** il distingue des exploitants maîtrisant leur circuit de production de bout en bout, de la viticulture à la commercialisation. Le *Vigneron indépendant* « cultive sa vigne en respectant son terroir, fait son vin dans sa cave, vend son vin en partageant sa passion ». Une garantie de qualité. Ces vignerons sont regroupés dans un syndicat professionnel *(● vigneron-independant.com ●)* autour de 32 fédérations.
– ***« Explore Cognac » :*** co-créée par le BNIC (Bureau national interprofessionnel du cognac), cette communauté d'acteurs du territoire des Charentes s'engage pour le rayonnement de l'appellation Cognac à travers la proposition d'expériences œnotouristiques qui engagent les sens, nourrissent l'esprit, stimulent l'intelligence et créent des liens avec ceux qui font vivre ce patrimoine exceptionnel. Chaque année, de nouvelles expériences sont imaginées par la communauté. Plus de détails sur *● explore-cognac.fr ●*

SÉJOURS CLÉS EN MAIN

■ ***Cognac Tasting Tour :*** *7, rue Grimard, 17520* ***Jarnac-Champagne.*** *☎ 05-45-80-80-38. ● cognac-tasting-tour.com ● Sur rdv.* Une autre agence qui organise des voyages sur mesure dans le vignoble de l'appellation Cognac. Excursions à vélo électrique en compagnie d'un guide, circuits à la carte en minibus, rencontres avec des producteurs locaux...
– Voir aussi les services réceptifs des offices de tourisme de Cognac, Jonzac, de l'île de Ré...

LIVRES DE ROUTE

– ***Cognac,*** de Michel Adam et Élisabeth Callède ; 2020, La Geste. Partez à la découverte de la ville de Cognac, qui a connu plusieurs vies. Dans les vieilles pierres de ces monuments, son passé se dévoile... avec une lenteur toute charentaise.

– ***Charente,*** de Stéphane Chabreau ; 2019, La Geste. Un beau livre sur le département de la Charente, illustré de jolies photos. Cela donne un bel aperçu des paysages et du patrimoine qu'offre la région.

– ***Le cognac, 10 façons de l'accompagner,*** de Jean Dusaussoy ; 2022, Les Éditions de l'Épure. De grands chefs et des producteurs proposent des recettes gourmandes qui s'accordent parfaitement avec le cognac.

– ***Les Femmes du cognac,*** de Monique Fillioux et Annie Ragnaud Sabourin ; 2022, La Geste. Une galerie de portraits de femmes du monde du cognac. Ces cheffes d'exploitations, dirigeantes d'entreprises, viticultrices, distillatrices, maîtres de chais, courtières en vins et eaux-de-vie ou tonnelières racontent leurs parcours.

– ***Cognac Blues,*** de David Patsouris, 2013, Éditions du Rouergue. Charly est charentais, la trentaine, beau garçon, intelligent. Il partage sa vie entre Cognac et Royan. Charly n'a en apparence rien de particulier. Mais Charly tue pour gagner sa vie. Il nettoie tous ceux qui obstruent le chemin des magnats du cognac. Mais après avoir éliminé Bernard Bellion, vigneron syndicaliste trop fort en gueule, sa vie bascule. L'auteur, longtemps journaliste à *Sud-Ouest,* traîne son lecteur avec une langueur proche de celle de la Charente dans les méandres crasses du milieu de la liqueur des dieux. De Cognac à la côte royannaise, cet étrange polar à l'écriture puissante se lit comme on déguste un bon verre.

– ***Le Gang des Charentaises,*** de Vicky Sébastien ; 2016, La Geste. Ermantine Godaille, l'héroïne du roman de cet auteur saintongeais, est une déclaration d'amour farouche à la région des Charentes. Un polar avec du caractère, à l'image de l'héroïne et de la région. Jargon local, modes de vie, parcours du territoire, les particularités régionales foisonnent et se mêlent avec joie à l'intrigue. Les Charentes sont ici exaltées, aimées.

– ***Le Bonheur de Barbezieux,*** Jacques Chardonne ; 2001, Éditions Stock. Le livre le plus célèbre de cet auteur charentais né à Barbezieux. Il y raconte sa jeunesse au pays du cognac, qui vivait alors au rythme des vendanges et des lunes. Son père était issu d'une famille de négociants de cognac.

Vignoble de Cognac

© MATTES René / hemis.fr

HOMMES, CULTURE, ENVIRONNEMENT

La zone de production du cognac, du pineau des Charentes et des vins IGP charentais se dessine entre l'estuaire de la Seudre au nord, l'estuaire de la Gironde au sud. Elle englobe les îles de Ré et d'Oléron. Mais c'est le fleuve Charente éponyme des deux départements (Charente-Maritime et Charente), fondamental dans l'élaboration du cognac, qui est au cœur de l'identité et de la vitalité de ce territoire.

LA CHARENTE, FLEUVE PAISIBLE

François Ier l'aurait baptisée « le plus beau ruisseau du royaume ». Comme la Loire, et bien avant la Seine, ***la Charente,*** fleuve à la fois mythique et méconnu, ***a été un acteur de tout un pan de l'histoire de France.*** On y transporta du sel, du vin et du bois, puis des tonneaux remplis d'eaux-de-vie issues de ses rives : le cognac. Ses eaux claires alimentèrent les moulins des meilleures papeteries de l'Angoumois, connues dans toute l'Europe pour leur fameux papier royal, le ***vélin***. Ses boucles permirent à une kyrielle de charmants villages de s'y blottir et de prospérer. Ses berges accueillirent châteaux et abbayes, églises romanes et prestigieuses maisons de négoce.
La Charente est une « artère royale », mais aussi le berceau d'une civilisation fluviale (celle des gabarriers), ainsi que le plus beau des fils conducteurs pour découvrir le terroir local. Des villes glorieuses la bordent, d'Angoulême à Cognac, de Saintes à Rochefort. Pourtant, comme ses habitants, la Charente sait se faire discrète. Soucieuse des trésors qu'elle charrie, elle ne les dévoile pas au 1er visiteur venu. Ses riverains l'ont bordée de croquignolettes chapelles et l'ont embellie de ponts de pierre, de chemins de halage et de dizaines d'écluses, que franchissent ces « croiseurs » séduits par la vogue du tourisme fluvial. On peut aussi longer, à vélo ou à pied, ses rives ombragées ourlées de plages de galets ou de sable pour s'y baigner en été ! En 2020, ***l'estuaire de la Charente*** s'est vu attribuer le prestigieux label de ***Grand Site de France,*** lui garantissant une mise en valeur touristique respectueuse de son environnement.

HISTOIRE

En Charentes, ***le vignoble existe depuis l'époque romaine.*** C'est probablement au IIIe s que les 1res vignes font leur apparition près de la ville de *Mediolanum,* l'actuelle Saintes. La suite de cette histoire viticole s'écrit plus au nord, en Aunis, ainsi que sur les îles charentaises. Initié par différentes abbayes – comme celle des Châteliers sur l'île Ré –, ***un large vignoble se développe à l'époque médiévale.*** Il produit surtout des vins blancs légers et peu alcoolisés, faciles à boire, qui rencontrent un vif succès. Aliénor d'Aquitaine et les Plantagenêts accroissent leur réputation en les exportant massivement vers les îles britanniques et l'Europe du Nord, avec lesquelles ils ont des liens privilégiés. C'est bien simple, de la cour de France à celle du Danemark, on boit charentais ! Le vignoble s'agrandit et colonise peu à peu l'intérieur de la région, où les sols s'avèrent plus favorables à la viticulture. Une importante flottille de gabarres sillonne la Charente pour acheminer ces vins jusqu'à la mer. Par ricochet, le commerce maritime s'intensifie lui aussi entre La Rochelle et les ports de Londres ou Bruges.

Au XVe s, ***les Hollandais introduisent en Charentes la technique de la distillation.*** Cela leur permet de mieux conserver les vins charentais – qui ont tendance à tourner durant le voyage – mais aussi de réduire le volume à transporter. On prend donc l'habitude de distiller les vins sur place, grâce à des alambics conçus en Hollande, avant de les expédier vers les ports d'Europe du Nord. Ce « vin brûlé » (*brandwijn,* qui, à Londres, devient... *brandy* !) connaît alors un succès fulgurant.
Au hasard de quelques méventes, on s'aperçoit aussi que ce vin distillé gagne en goût et en rondeur au contact du chêne des barriques. Est-ce à ce moment-là qu'un vigneron découvre par erreur la recette du ***pineau des Charentes*** ? C'est probable. En tout cas, l'histoire est belle.
À partir du XVIIe s, les eaux-de-vie sont systématiquement ***vieillies en fûts de chêne*** tandis que la 1re maison de négoce, Augier, s'installe à Cognac en 1643. Quant à savoir qui a inventé le ***procédé de double distillation,*** qui se généralise à partir du XVIIIe s... Une légende locale raconte que la technique est apparue en rêve à un chevalier de Segonzac. Plus sérieusement, ce sont probablement les Anglais qui ont appliqué aux eaux-de-vie charentaises la double distillation déjà utilisée pour le whisky irlandais. Le cognac était né ! Ni une ni deux, tous les alambics sont modifiés, désormais qualifiés de « charentais ». Et le commerce du cognac connaît un boom certain. De nombreux négociants étrangers viennent s'installer en Charentes, comme Jean Martell (1715) ou Richard Hennessy (1765).
À l'aube du XIXe s, le vignoble est prêt à connaître un nouvel âge d'or. Le marché s'organise et se développe dans le monde entier. On exporte du cognac jusqu'en Amérique et bientôt vers l'Asie. De nouvelles maisons de cognac fleurissent sur les rives de la Charente tandis que de belles demeures d'agrément, bâties en pierre blanche de Saintonge, jalonnent désormais la campagne. Le vignoble grandit encore pour atteindre près de 280 000 ha en 1877. Mais c'est aussi le moment où ***apparaît en Charentes le phylloxéra,*** importé d'Amérique du Nord. Cet insecte de l'ordre des hémiptères attaque la vigne en suçant la sève de ses racines. Véritable fléau, il va détruire la plus grande partie du vignoble charentais, le réduisant à 40 000 ha en 1893. Il faudra des efforts considérables pour le replanter (en partie seulement), en utilisant des vignes greffées. Et en 1885, Claude Boucher invente à Cognac une machine qui permet de fabriquer les bouteilles de façon industrielle. On n'arrête plus le progrès.
Le XXe s est d'abord celui des normes et des législations : en 1909, une zone de production stricte est définie pour le cognac ; ***en 1936, il devient une AOC*** ; en 1938, ***6 crus y sont délimités*** sur des bases géologiques. En 1945, le pineau des Charentes devient une AOC à son tour, sur la même aire que le cognac.
La 2de partie du siècle, elle, voit le cognac de plus en plus concurrencé sur le marché français, notamment par le whisky. En réponse, il se mondialise un peu plus, exportant la quasi-totalité de sa production. Désormais affecté par les aléas de l'économie mondiale, le cognac souffre dans les années 1980-1990 : les Japonais, alors plus gros consommateurs de cognac du monde, sont frappés par une crise économique... C'est à cette époque que nombre de viticulteurs commencent aussi à faire des vins non destinés à la distillation, afin de diversifier leur activité. Le nombre de vignerons augmente alors de façon exponentielle. Souhaitant protéger leurs savoir-faire et leurs produits, ils se rassemblent pour créer dès 1980 le Syndicat des Producteurs et de Promotion des Vins Charentais. Un sacré coup de boost pour les vins charentais, qui deviennent IGP en 2009.
Le marché est relancé au XXIe s via les États-Unis grâce... à des ***stars du hip-hop,*** qui multiplient les références au cognac dans leurs chansons. Il s'agit de faire la nique aux whiskeys et autres bourbons américains, considérés comme des alcools « de Blancs » appartenant à d'anciens esclavagistes. En 2000, la chanson *Pass the Courvoisier,* de Busta Rhymes, fait un carton ! Et ce n'est pas la seule. Plusieurs rappeurs américains ont depuis investi dans la région, comme Jay-Z ou 50 Cent. L'ouverture vers de nouveaux marchés (Chine, Russie...) a assuré ensuite quelques belles années au cognac français. Mais rien n'est jamais gagné, et les

grandes maisons rivalisent d'inventivité avec le lancement de nouvelles marques destinées à des marchés spécifiques ou de nouveaux modes de consommation (avec modération !). Aujourd'hui, le cognac est expédié dans plus de 160 pays dans le monde.

LE MONDE VITICOLE ET L'UNIVERS DES SPIRITUEUX AUJOURD'HUI

Produire un vin, un pineau ou un cognac de qualité, puis le vendre, tels sont les 1ers objectifs d'un vignoble. Le monde viticole charentais gravite donc autour de 2 métiers fondamentaux : le ***producteur*** (qui est souvent distillateur – on dit aussi bouilleur de cru) et le ***négociant*** (que l'on appelle souvent par ici « maison de cognac »). Ces personnages centraux bénéficient d'un nombre important de partenaires : conseils en œnologie, en technique, en marketing, en communication, courtiers en vins et spiritueux, prestataires de travaux techniques, fournisseurs de matériel, de plants ou de produits, organismes de défense ou de promotion, administrations de contrôle, etc. L'ensemble forme la ***filière viticole.***

Les vignerons ou viticulteurs

Le vin, le pineau et le cognac sont des produits agricoles pour lesquels le producteur peut gérer tout le parcours, depuis la plante jusqu'au consommateur. Le vigneron ou viticulteur (et bouilleur de cru) indépendant doit assumer toutes les tâches qui conduisent au vin, mais aussi exercer plusieurs métiers complémentaires : la culture de la vigne et la production de raisins de qualité, la vinification et la mise en bouteilles, la distillation pour le cognac, le vieillissement, la commercialisation et, le plus souvent, le contact avec le client et l'œnotourisme. Dans ce long parcours, le vigneron indépendant est seul décideur, il engage totalement sa responsabilité... et il a la fierté de signer son vin. Dans le domaine du vin, le ***label Vigneron indépendant*** symbolise ce choix économique.
Toutefois, en Charentes, ***la majorité des producteurs de cognac travaillent aussi pour les maisons de négoce,*** leur livrant une partie de leurs eaux-de-vie. Certains ne font d'ailleurs que ça ! S'établissant dans la durée, ces partenariats leur permettent de voir venir et d'avoir plus de stabilité dans leur activité.

Le négoce des vins et cognacs

La commercialisation du vin – et a fortiori du cognac vendu à 97 % à l'étranger ! – pose des contraintes particulières. Trait d'union entre la production et les grands marchés mondiaux, la ***maison de négoce (ou maison de cognac)*** commence son travail dans le vignoble, au contact des producteurs, le poursuit au pied de l'alambic et l'achève dans les chais de vieillissement. ***Chaque négociant a son propre cahier des charges,*** que le vigneron se doit de respecter. Parcourant les caves et domaines, le négociant déguste, sélectionne, discute les conditions, et achète

VITICULTEURS ET NÉGOCIANTS

Au XXe s, les métiers de producteur et de négociant étaient clairement distincts : l'un produisait (et distillait), l'autre commercialisait. Au fil des années, les producteurs ont aussi investi le secteur de la commercialisation, et beaucoup assurent désormais toutes les étapes. À l'inverse, les maisons de négoce souhaitent de plus en plus disposer de vignes propres, afin d'assurer leurs arrières mais aussi garder un lien avec la vigne. Sachez tout de même que la très grande majorité des ventes d'eau-de-vie charentaise sont assurées par les grandes maisons de cognac. Elles seraient 265 à l'heure actuelle.

les vins et eaux-de-vie répondant au mieux aux attentes de son maître de chai et de ses clients. Pour le cognac, les eaux-de-vie des vignerons, parfois déjà vieillies sur place, sont ensuite acheminées vers les chais de vieillissement du négociant pour y être travaillées, élevées et mises en bouteilles (ou autres contenants). ***Il revient ensuite au négociant de réaliser la commercialisation,*** vers la France ou les marchés étrangers. Toutes ces étapes sont sous la responsabilité du négociant, qui peut, s'il le souhaite, signer de son nom les cognacs qu'il commercialise.

L'œnologue et le maître assembleur

Pendant des siècles, les connaissances techniques sur le vin ont été empiriques et transmises oralement. Les principes de la fermentation et de la vinification n'ont été approfondis qu'au XXe s, et l'œnologie est née avec ces travaux pour devenir aujourd'hui une science. La compétence de l'***œnologue*** est validée par un diplôme national (le DNO). Une formation qu'effectuent maintenant, outre les professionnels se consacrant à l'exercice exclusif de leur spécialité (par exemple en activité de conseil), nombre de jeunes vignerons, y compris les héritiers d'un domaine familial. Ils joignent ainsi une science formalisée et externe à l'entourage à l'expertise acquise sur le tas.

Dans l'univers du cognac, le ***maître assembleur*** *(master blender)* est lui aussi incontournable. Certains sont considérés comme de vraies stars. Son travail évoque un peu celui de nez chez un parfumeur. En résumé, il est chargé de ***sélectionner les meilleures eaux-de-vie*** afin de créer différents cognacs. Et pour cela, il les goûte quotidiennement ! Son rôle est encore plus important dans les grandes maisons, où l'on souhaite recréer chaque année les mêmes cognacs afin que le consommateur retrouve le goût de sa bouteille préférée. De nombreux producteurs de cognac indépendants assurent eux-mêmes le travail de maître assembleur, tout comme les producteurs de pineau des Charentes.

HENNESSY ET FILLIOUX, C'EST POUR LA VIE !

La maison Hennessy travaille main dans la main avec la famille Fillioux depuis... 1806 ! C'est James Hennessy, fils du fondateur de la plus célèbre maison de cognac, qui engagea le 1er un membre de la famille comme maître assembleur, Jean Fillioux. Renaud Fillioux de Gironde, l'actuel maître assembleur d'Hennessy, constitue ainsi la 8e génération. En somme, il s'agit de changer pour que rien ne change...

L'économie de la filière viticole en Charentes

La filière cognac est l'une des activités économiques les plus importantes des Charentes. Avec plusieurs dizaines de milliers d'emplois générés, elle représente à elle seule 50 % de la population agricole locale. Il s'agit même du 1er employeur régional avec environ 60 000 personnes qui en vivent sur une population totale de moins d'1 million d'habitants. Aujourd'hui, on compte plus de 4 400 viticulteurs sur l'AOC.

Pour les vins IGP charentais, on parle de 600 producteurs de raisin dont plus d'une centaine qui vendent directement à la bouteille.

Tonneaux, verres, papiers et autres alcools

En marge de l'économie liée au cognac, au pineau et au vin, prolifère une galaxie d'autres métiers indispensables. On peut citer d'abord les ***pépiniéristes,*** qui permettent aux viticulteurs d'obtenir les cépages de leur choix et d'étoffer chaque année leurs vignobles, voire de les renouveler quand c'est nécessaire (calamités

climatiques, maladies, vieillesse). Avec le changement climatique, de nombreux essais sont menés afin de développer des cépages mieux adaptés aux grosses chaleurs et au manque d'eau.
Très importants en Charentes, les ***tonneliers*** fournissent chaque année des milliers de fûts, tonneaux ou foudres à l'industrie du cognac. Fabriqués avec des chênes du Limousin ou de la forêt de Tronçay, les tonneaux sont indispensables à l'élaboration des vins et du cognac (cités dans la charte de l'AOC). Quant aux ***chaudronniers*** charentais, ils sont réputés pour leurs ***alambics à repasse,*** uniques au monde. On se les arrache dans le monde entier ! Un savoir-faire très ancien, qui continue d'atteindre un haut niveau d'exigence.
Et aussi : depuis l'invention de Claude Boucher, les ***verriers*** continuent de fournir des bouteilles pour les cognacs, pineaux et vins charentais. Les ***papetiers et imprimeurs charentais,*** longtemps très réputés, ne sont plus qu'une poignée, mais certains continuent de fournir les étiquettes pour les bouteilles de cognac. Citons encore les ***fabricants de machines agricoles*** ou d'outillage, les acteurs du stockage ou de la logistique, etc.

La vallée de la Charente, une « Spirits Valley » ?

Pas de doute, on maîtrise l'art de la distillation dans la région ! Aussi, certains ont eu l'idée de fabriquer d'autres spiritueux que le cognac en utilisant les savoir-faire locaux mais aussi les milliers d'alambics du territoire, atones une bonne partie de l'année. Bien sûr, il y avait déjà ***Grand Marnier*** (qui fabrique une liqueur de cognac et d'orange), installé du côté de Bourg-Charente. Le succès de la ***vodka Cîroc,*** imaginée par Jean-Sébastien Robicquet et distillée en Charentes à partir de raisins (ugni blanc et mauzac), a fait l'effet d'une bombe, suscitant des vocations. Sa ***Maison Villevert,*** installée à Merpins près de Cognac, a lancé une large gamme de spiritueux (notamment G'Vine). Mais elle n'est pas la seule ! On peut aussi citer la ***Distillerie Merlet,*** qui produit bien sûr du cognac mais aussi des spiritueux et liqueurs très appréciés de l'univers de la mixologie, ou la ***Distillerie de la Tour*** (famille Naud) à Merpins. Bref, on ne compte plus les marques de gin, whisky et vodka *made in* Charentes (comme Grey Goose par exemple !). Cette réussite a donné des ailes au secteur qui s'est empressé de créer Spirits Valley, une « alliance » qui regroupe une grande partie des acteurs du monde des spiritueux charentais (cognac compris). Imaginez : 80 % de la production nationale de spiritueux provient de la région ! Plus d'infos sur • *spiritsvalley.com* •

CLIMATOLOGIE

Les Charentes jouissent d'un ***climat océanique et tempéré,*** marqué par un fort taux d'ensoleillement (le plus élevé de la côte atlantique !) mais aussi d'importantes précipitations, qui permettent aux sols de faire le plein d'eau durant les saisons humides. Les printemps sont doux et les étés généralement chauds, parfois orageux. L'automne est plus imprévisible, assez arrosé dans l'ensemble, et relativement tempéré. Quant aux hivers, ils se révèlent bien pluvieux et propices aux brouillards, notamment dans la vallée de la Charente. À mesure que l'on s'éloigne du littoral, l'influence océanique s'estompe. Ainsi, le climat est un peu plus rigoureux à l'est du département de la Charente, où affleurent les 1ers contreforts du Massif central.
Sur les îles charentaises, le climat est tout à fait particulier. Les gelées y sont rarissimes, le printemps précoce et les étés très ensoleillés. Le vent y est également assez présent, exerçant une influence certaine sur les cultures.

GÉOLOGIE

Le vignoble charentais occupe des sols relativement hétérogènes. C'est ce qui a conduit à établir la ***carte des 6 crus du cognac en 1938,*** inspirée par la géologie de la région. On entendait ainsi essayer de faire des différences entre les terroirs, les classer et repérer ceux qui étaient les plus propices à la culture de la vigne.
Au sud de Cognac, Jarnac et Châteauneuf-sur-Charente, la ***Grande*** et la ***Petite Champagne*** présentent des ***sols crayeux,*** constitués par les affleurements crétacés du nord du Bassin aquitain et se déployant en de belles collines, atteignant parfois les 150 m d'altitude (sur la commune de Bonneuil, par exemple). Plus à l'ouest, du côté de Jonzac, place à des ***calcaires sableux et gréseux*** du Coniacien, dans un paysage toujours vallonné mais au relief plus doux. Au nord-ouest de ces sous-zones, le cru des ***Borderies*** semble à part. Il se développe entre les ***sols calcaires*** (du Turonien et du Coniacien) d'un plateau et l'argile des vallées qui redescendent jusqu'à la Charente. En s'éloignant du cœur de l'appellation, on aborde ensuite les ***Fins Bois,*** où alternent ***terres de groies du Jurassique et calcaires peu profonds*** ; puis les ***Bons Bois*** aux sols tout aussi divers mais moins riches ; et enfin les ***Bois Ordinaires*** (parfois appelés Bois à Terroirs), localisés en grande partie sur les îles, avec des sols légèrement salins où argiles, calcaires et sables se mélangent.

CÉPAGES

Le vignoble charentais couvre environ ***83 140 ha***. Dans toute la palette des cépages à la disposition des viticulteurs, il s'agit de choisir celui qui s'accommodera le mieux à un terroir donné, restituera la spécificité du sol, supportera le mieux la distillation, résistera aux maladies et aux calamités climatiques... et répondra au cahier des charges des AOC et IGP. Si certains cépages sont d'origine locale, d'autres proviennent de différents bassins viticoles nationaux, voire internationaux.

Quelle répartition ?

Les cépages suivants représentent au moins :
- 42 % des volumes pour le sauvigon blanc ;
- 20 % des volumes pour le chardonnay ;
- 50 % des volumes pour le merlot ;
- autour de 5 % des volumes pour les cépages cabernet franc et cabernet sauvignon ;
- moins de 1 % pour les cépages gamay, syrah et pinot noir.

Cépages du cognac

– ***L'ugni blanc :*** c'est le principal cépage utilisé pour la fabrication du cognac, à près de 98 %, pour ses indéniables qualités. D'abord, il est très productif et se couvre de belles grappes au moment des vendanges. Il est aussi relativement robuste, résistant bien aux maladies (notamment à la pourriture grise). Il possède une acidité élevée et une faible teneur en sucres, ce qui produit un vin peu alcoolisé (8 à 10 %). Du côté du goût, son profil équilibré en fait le cépage idéal pour la distillation puis l'élaboration du cognac. Il offre alors des eaux-de-vie délicates et fleuries, aptes à un vieillissement prolongé. Assemblé avec d'autres cépages plus aromatiques, il apportera volume et finesse.
– ***La folle blanche :*** cépage robuste et rustique originaire du Sud-Ouest, présent en Charentes depuis le Moyen Âge. Majoritaire dans l'élaboration des eaux-de-vie de Cognac durant des siècles, il a malheureusement été victime de la crise du

phylloxéra. Représentant aujourd'hui moins de 1 % du vignoble, ce raisin à chair et peau blanches produit des vins à faible teneur en alcool. Après distillation, il offre des eaux-de-vie harmonieuses et parfumées. On ne le distille plus guère mais certaines maisons de cognac ou bouilleurs de cru produisent d'intéressants cognacs 100 % folle blanche. À essayer !

– ***Le colombard :*** né en Charente, issu d'un croisement entre le gouais et le chenin, c'est l'un des plus vieux cépages encore présents sur le territoire. D'une maturité similaire à l'ugni blanc, il développe également un taux élevé d'acidité et une faible teneur en sucres. Essentiellement utilisé en assemblage avec d'autres cépages, il est apprécié pour son fort potentiel aromatique. Aujourd'hui, il représente à peine 1 % des raisins utilisés dans les distillations destinées au cognac.

– ***Le montils :*** essentiellement cultivé dans le vignoble charentais, il est surtout utilisé dans la production du pineau des Charentes. Proche du profil de l'ugni blanc, il est cependant plus précoce et développe une acidité moindre. Bien que le montils offre des eaux-de-vie de qualité après distillation, sa production reste extrêmement limitée.

– ***Le folignan :*** issu d'un croisement récent entre l'ugni blanc et la folle blanche, il est riche en arômes mais plus précoce et sensible que l'ugni blanc. Il offre aux vins de distillation des arômes floraux assez relevés tels que la rose ou le lilas.

Principaux cépages des vins charentais IGP

– ***Le sauvignon blanc :*** originaire de l'ouest de la France, c'est l'un des cépages emblématiques de la région. Mais il est du genre capricieux, exigeant des soins constants à cause de sa grande fragilité. Souple et rond, il révèle les particularités de chaque terroir. Très présent sur les îles charentaises.

– ***Le colombard :*** né en Charente, c'est le régional de l'étape. Il est par exemple très présent dans les vins blancs des îles d'Oléron ou de Ré. Il a un beau potentiel aromatique, entre fruits exotiques et agrumes, et une touche florale typique. Un bon compagnon pour des huîtres !

– ***Le chardonnay :*** il vient de Bourgogne. Dans les Charentes, on l'utilise seul ou en assemblage, notamment avec du sauvignon ou du chenin blanc. Il est assez rond, parfois un peu gras et relativement ample.

– ***Le chenin blanc :*** originaire d'Anjou, il ravit les bonnes tables au moins depuis... le Xe s ! On ne le trouve que rarement en Charentes.

– ***Le chauché gris :*** un autre cépage régional, qui serait présent sur le territoire depuis le Moyen Âge. À une époque, il aurait même été majoritaire ! Un temps entièrement disparu, on doit sa renaissance au Conservatoire du vignoble charentais. Il donne des vins assez charmeurs.

– ***Le cabernet sauvignon :*** lui nous arrive du Bordelais. C'est le cépage le plus répandu au monde ! En Charentes, il donne des vins assez tanniques mais plus légers que de l'autre côté de la Gironde. Il est souvent astucieusement assemblé au cabernet franc.

– ***Le merlot :*** cépage roi du Bordelais, il est beaucoup cultivé en Charentes, aussi bien pour le vin que pour le pineau. Il est plus à l'aise sur les terres argileuses. Il présente des arômes de violette et de fruits rouges.

– ***Le cabernet franc :*** parfois surnommé « le breton », on le dit originaire du Pays basque espagnol. Drôle de mélange ! Dans les Charentes, il est le plus souvent présent dans des assemblages, notamment avec du cabernet sauvignon. Il produit des vins fins et légèrement épicés.

– ***Le gamay :*** très rare en Charentes. Il donne des vins minéraux et frais.

– ***Le pinot noir*** est également présent sur le vignoble mais dans des quantités faibles.

– ***La syrah,*** désormais plantée et vinifiée par des vignerons audacieux !

Cépages du pineau des Charentes

– En ***blanc,*** on utilise à peu près les mêmes cépages que pour le cognac, mais avec quelques invités supplémentaires : ugni blanc, folle blanche, colombard, montils mais aussi sémillon, sauvignon, merlot blanc, chauché gris...
L'ugni blanc, 1er cépage de l'appellation, est originaire de Toscane. Avec une acidité élevée, il permet d'élaborer des pineaux des Charentes équilibrés, à la fois sucrés et acidulés avec des notes fruitées et florales. Le ***colombard,*** ce très vieux cépage, présente un bon potentiel aromatique, une belle acidité avec des notes d'agrumes et une touche florale typique, comme on l'a vu plus haut (pour plus de détails sur ces cépages, voir juste avant « Cépages du cognac » et « Principaux cépages des vins charentais IGP »). Quant au ***montils,*** venu de Charente-Maritime, il donne des pineaux avec une belle sucrosité, peu d'acidité et une pointe de miel.
– En ***rouge et rosé,*** on fait appel aux merlot noir, cabernet sauvignon, cabernet franc et malbec.

LES ÉTAPES D'ÉLABORATION DU COGNAC...

La production du vin

Peu alcoolisé (pas plus de 10°) et très acide, ce vin n'est pas destiné à être bu tel quel : il est fait pour être distillé ! Les vendanges, autrement dit la récolte des raisins, sont effectuées entre septembre et octobre, généralement à l'aide de machines. Après égrappage, pressurage, macération et fermentation, on passe à la vinification.

La distillation

Pour transformer le vin en cognac, vient ensuite le moment sacré de la distillation, qui se pratique de la même manière depuis le XVIIe s. L'eau-de-vie s'obtient uniquement après une ***double distillation,*** appelée « chauffe » dans les Charentes. Le processus dure environ 24h en tout. Pour avoir le droit à l'Appellation d'origine contrôlée, il faut obligatoirement utiliser un ***alambic charentais à repasse, en cuivre.***
Une fois le vin versé dans la chaudière, les vapeurs d'alcool passent par le chapiteau puis traversent le col de cygne avant d'arriver dans le condensateur (plein d'eau froide) où elles transitent par un serpentin avant de ressortir dans un grand seau en cuivre (via un alcoomètre). Cette 1re chauffe – que l'on appelle le ***brouillis*** – est récupérée et distillée une seconde fois de la même manière, pour devenir ce que l'on appelle la ***bonne chauffe.*** Durant cette dernière étape, on sépare les distillats obtenus au tout début du processus (les « têtes », très fortes en alcool) mais aussi les dernières (les « queues », trop lourdes). L'essentiel des eaux-de-vie conservées est donc constitué du « cœur », la meilleure partie du distillat.
La saison de la distillation est réglementée : elle commence dès la fin des vendanges et se termine au plus tard le 31 mars de l'année suivante. Les viticulteurs qui distillent leur propre production sont appelés ***bouilleurs de cru*** ; ceux qui distillent pour les autres ***bouilleurs de profession.***

Le vieillissement

Une fois la distillation effectuée, l'eau-de-vie est mise en ***fûts de chêne*** pour la faire vieillir, avant d'être entreposée dans des chais qui peuvent être plus ou moins humides selon le vieillissement recherché. Ce dernier comprend 3 phases principales : l'extraction, l'hydrolyse et l'oxydation. La maturation s'effectue grâce au bois, qui établit un contact indirect entre l'eau-de-vie et l'air ambiant. Pour avoir le droit à l'appellation Cognac, toute eau-de-vie devra passer un minimum de 2 ans en fûts. Mais la plupart du temps, elle y reste beaucoup plus longtemps ! Il faut par exemple compter 4 ans minimum pour un cognac VSOP et 10 ans pour un cognac XO.

Le bois utilisé par les tonneliers qui fabriquent des fûts destinés au cognac provient de forêts françaises, notamment du Limousin ou de la fameuse forêt de Tronçay. Car l'eau-de-vie n'aura pas le même goût selon le bois utilisé ! C'est un produit vivant, qui s'approprie des saveurs et senteurs spécifiques au chêne. Le bois donne aussi sa couleur au cognac, qui va du jaune doré au brun ambré selon la durée du vieillissement. Pour fabriquer les tonneaux, on utilise des ***merrains*** (lattes de bois rectangulaires) transformés en ***douelles*** (plus fines), qui sont ensuite assemblées pour former un fût. Le bois est plus ou moins chauffé – ce qu'on appelle le ***bousinage*** – afin d'être cintré avant de former une barrique bien arrondie, renforcée par un cerclage en métal.

L'assemblage

Reste encore au ***maître assembleur*** à « marier » les meilleures eaux-de-vie en sa possession afin de créer le cognac qu'il souhaite. On peut trouver jusqu'à 100 eaux-de-vie différentes dans un seul cognac ! Le maître assembleur rassemble des échantillons dans une « bibliothèque » afin de créer divers assemblages. Ces différentes eaux-de-vie n'ont pas le même âge, proviennent de parcelles et producteurs différents, peuvent être issues de divers cépages, n'ont pas forcément vieilli dans des fûts du même bois... Lui seul sait comment obtenir le goût qu'il recherche : un vrai travail d'orfèvre, voire d'alchimiste !

Mise en bouteilles et commercialisation

Une fois ***mis en bouteilles*** (ou en carafe de cristal pour les plus précieux !), contrairement au vin, le cognac n'évolue plus ; il conserve donc l'âge qu'il avait au moment de son embouteillage. Ci-dessous, voici les mentions de vieillissement les plus couramment utilisées sur les bouteilles de cognac :

Mention	VS	VSOP	XO	XXO
Signification	« Very Special »	« Very Superior Old Pale »	« Extra Old »	« Extra Extra Old »
Âge	Au moins 2 ans	Au moins 4 ans	Au moins 10 ans	Au moins 14 ans
Autres mentions équivalentes	« 3 étoiles »	« Réserve »	« Hors d'Âge » ou « Extra »	[X]

... ET DU PINEAU DES CHARENTES

Son histoire commence comme une légende. À la fin du XVIe s, paraît-il, un vigneron verse par erreur du moût de raisin dans un tonneau de cognac. Pensant avoir perdu toute sa précieuse eau-de-vie, il laisse le tonneau dormir dans un coin. Ayant besoin du contenant quelques années plus tard, il goûte quand même le contenu avant de se décider à le jeter... Et, ô miracle, il gagne le gros lot : le pineau des Charentes ! Voilà pour la petite histoire.

Commercialisé pour la 1re fois en 1921, le pineau des Charentes est un ***vin de liqueur protégé par une AOC depuis 1945.*** Il ne peut être élaboré qu'au sein de l'appellation, dont les limites sont les mêmes que celles du cognac. Pour produire du pineau, le viticulteur opère un ***mutage entre du jus de raisin fraîchement pressé et de l'eau-de-vie de cognac*** issue d'une distillation antérieure (au moins l'année précédente), qui doit titrer au minimum 60° et provenir du même domaine. D'un côté, cet alcool arrête la fermentation (l'alcool est un tueur de champignons et de levure), gardant ainsi au moût ses réserves de sucre. De l'autre, il élève à 17° la teneur alcoolique du moût. L'ensemble est ensuite ***vieilli en fût de chêne,*** ce qui lui donne toute son harmonie et son élégance. Le pineau blanc vieillit au moins 18 mois, dont 12 mois en tonneaux ; le pineau rouge 12 mois seulement, avec 8 passés en fûts (pour le rosé 8 mois, dont 6 en fût). Le Vieux pineau dort 7 ans sous bois tandis que le Très Vieux y reste... 12 ans !

Les Charentais l'ont longtemps réservé à leur propre consommation, ou le vendaient localement. Aujourd'hui, le pineau revient sur le devant de la scène, en mode traditionnel, sur glace, ou par le biais de la mixologie. Quand il est servi seul, ***il se boit bien frais,*** en apéritif, sur des plats ou en dessert.

Pour en savoir plus : ● *pineau.fr* ●

LE SECRET DES PINEAUX ROUGES

Le jus des merlot (cépage le plus utilisé) est blanc... La couleur est dans la peau des raisins : ces derniers vont donc être mis en macération quelques heures, selon la couleur recherchée, avec l'eau-de-vie de cognac, puis pressés.

Les vins

Jusqu'à l'étape de la vinification, faire du vin de bouche ou du vin de distillation obéit au même processus. À la vinification, ça se corse : pour le vin de distillation, les viticulteurs recherchent du volume et de l'acidité avec un faible degré. Pour le vin de bouche, le vigneron recherche une sucrosité et une maturité supérieures. La différence tient aussi au choix des cépages. Les producteurs IGP charentais n'ont pas le droit d'utiliser l'ugni blanc, star incontestée de la distillation ! Ils ont en revanche à leur disposition une immense variété de cépages. Mais ce sont surtout des ***vins de cépage*** (monocépage) qui privilégient la simplicité et la fraîcheur. Ils sont toujours vinifiés à part, sans être jamais mélangés avec les vins entrant dans l'élaboration du cognac.

De plus en plus de viticulteurs plantent des vignes afin de faire du vin à boire et ainsi diversifier leur activité. Pour anticiper les éventuelles prochaines crises du cognac ? L'idée paraît loin d'être saugrenue. Les vins charentais IGP sont montés en qualité. Certains sont même servis aux tables des grands chefs ! Pour en savoir plus : ● *vinscharentais.fr* ●

PERSONNAGES

– ***Richard Hennessy*** *(1724-1800)* **:** né en Irlande et appartenant à la petite noblesse catholique de l'île, il choisit de quitter son pays dès ses 19 ans, en raison de l'oppression anglaise. En 1745, il s'engage dans l'armée de Louis XV, au sein de la brigade irlandaise. Libéré de ses obligations militaires, il devient négociant avec plus ou moins de réussite. En 1765, il fait le choix de s'installer en Charente afin de mieux contrôler ses affaires. Il connaît rapidement un grand succès et lègue à son fils James une entreprise florissante qui exporte déjà son cognac dans le monde entier.

– ***Jean Martell*** *(1694-1753)* **:** il voit le jour dans l'île anglo-normande de Jersey, dans une famille de commerçants. Après un passage par Guernesey, il fonde sa maison de négoce en eaux-de-vie à Cognac en 1715. Après des débuts difficiles, il commence à exporter ses produits vers l'Angleterre et les Provinces-Unies d'Amérique. Suite à son union avec la fille d'un marchand de cognac puis, en 2des noces, avec celle d'un négociant charentais, la maison Martell devient incontournable, vendant ses eaux-de-vie dans de nombreux pays.

– ***Claude Bouchet*** *(1842-1913)* **:** cet artiste verrier installé à Cognac a inventé une machine révolutionnaire permettant la fabrication mécanisée des bouteilles en verre. Outre son aspect pratique, son invention a aussi permis une amélioration considérable des conditions de travail des ouvriers verriers, auparavant exposés aux brûlures, accidents divers et maladies pulmonaires.

– ***François Ier*** *(1494-1547)* **:** né à Cognac, fils du comte d'Angoulême, c'est bien un enfant du pays, même si maman était savoyarde... La chapelle du château où il fut baptisé sert aujourd'hui à entreposer du cognac. Sacré vin de messe ! Il accéda au trône de France en 1515, après la mort sans héritier de son cousin Louis XII.

– ***Marguerite d'Angoulême*** *(1492-1549)* **:** sœur de François Ier, née à Angoulême, cette descendante de la dynastie des Valois devint reine de Navarre. Considérée comme la femme la plus cultivée de son époque (elle parlait au moins 6 langues), cette humaniste aida des personnalités aussi éminentes que Calvin ou Clément Marot, écrivit des poèmes et des pièces, et laissa un célèbre recueil de nouvelles, *L'Heptaméron.*

– ***François Mitterrand*** *(1916-1996)* **:** né et enterré à Jarnac, Tonton, homme patient selon la tradition charentaise, était un authentique enfant du pays. C'était aussi le digne héritier des personnalités régionales : philosophe inspiré tel La Rochefoucauld, intrigant à la manière de Mme de Montespan, lettré à l'égal de Guez de Balzac, laïque comme Combes, orientaliste à la façon de Fromentin, et autant partisan de l'Europe que Monnet... S'il régna 2 fois moins longtemps que François Ier, il fut un grand bâtisseur, à la manière des rois de France : pyramide du Louvre, bibliothèque François-Mitterrand, Opéra Bastille... En 14 ans de présidence, il lança 11 projets architecturaux d'envergure !

– ***Jean Monnet*** *(1888-1979)* **:** le « père de l'Europe » est né à Cognac. Héritier d'une maison de négoce en cognac, il préfère devenir banquier, puis occupe un poste important à la Société des Nations (ancêtre de l'ONU). Pendant la guerre, il se bat aux côtés du général de Gaulle depuis Londres. C'est l'un des pères de la future Union européenne.

– ***Alfred de Vigny*** *(1797-1863)* **:** un bien curieux garçon, militaire mais poète, ancien « mousquetaire rouge » à l'aspect souffreteux, météore littéraire lancé par Victor Hugo, qui se retira sur ses terres, dégoûté du show-biz de l'époque. Lui qui pensait profiter de la fortune de sa femme (fille du richissime gouverneur de la Jamaïque) n'eut droit, en dot, qu'à une île paumée de Polynésie, « toute pleine d'anthropophages » ! Consolation : il récupéra la propriété charentaise de son grand-père, le bien mignon domaine du Maine-Giraud, où il écrivit *La Bouteille à la mer,* avant de se recycler dans le commerce du cognac...

SITES INSCRITS AU PATRIMOINE MONDIAL DE L'UNESCO

Organisation des Nations Unies pour l'éducation, la science et la culture · En coopération avec le Centre du patrimoine mondial

Pour figurer sur la liste du Patrimoine mondial, les sites doivent avoir une valeur universelle exceptionnelle et satisfaire à au moins un des 10 critères de sélection. La protection, la gestion, l'authenticité et l'intégrité des biens sont également des considérations importantes. Pour plus d'informations : ● *whc.unesco.org* ●

Pour les Charentes sont concernés plusieurs sites, à commencer par la ***fortification de Saint-Martin-de-Ré,*** sur l'île de Ré (Charente-Maritime), qui fait partie des sites Vauban. Par ailleurs, 4 autres sites sont inscrits comme étapes sur les chemins de Saint-Jacques-de-Compostelle : la ***basilique Saint-Eutrope de Saintes***

(Charente-Maritime), l'***église Saint-Pierre d'Aulnay-de-Saintonge*** (Charente-Maritime), l'***abbaye royale de Saint-Jean-d'Angély*** (Charente-Maritime) et l'***hôpital des pèlerins de Pons*** (Charente-Maritime). Le ***phare de Cordouan,*** situé dans l'estuaire de la Gironde au large de Royan, est également inscrit sur la précieuse liste de l'Unesco.

ACCORDS METS-COGNAC, METS-PINEAU, METS-VINS

Le repas gastronomique des Français est inscrit par l'Unesco sur sa liste du Patrimoine immatériel de l'humanité. Cet art français de la table, c'est aussi celui d'accommoder crus et plats. Une tradition qui s'est perpétuée à travers une longue lignée de chefs d'exception, tels François Vatel (1631-1671) ou Marie-Antoine Carême dit Antonin (1784-1833), jusqu'à la jeune Marie Gricourt, 1re femme à entrer, en 2018, dans les cuisines... du palais de l'Élysée ! Des artistes des fourneaux assistés comme il se doit de sommeliers, héritiers des échansons des temps jadis. Et si les Charentes ne manquent pas de recettes originales, ses vins, pineaux et cognacs se marient à merveille avec une cuisine venue des 4 coins du monde.
Entre en ligne le vieillissement : un même cru s'adaptera plutôt jeune à tel plat, plus âgé à tel autre. Sans vouloir prétendre résumer ici l'ensemble des unions possibles, voici de quoi vous mettre l'ea... euh, le vin (et le cognac !) à la bouche.

Avec le cognac

Le cognac peut accompagner un repas de l'entrée au dessert (et même au digestif, facile !). Petite subtilité : selon les mets, on ne choisira pas le même type de cognac (VS, VSOP, XO voire Extra) ; et selon les cas, on pourra le servir soit à température, soit froid ou même glacé (jamais chaud en revanche).
Les ***poissons fumés,*** nombreux sur les îles, s'accompagnent volontiers d'un VS glacé *(VS Frozen)* : les arômes de raisin, d'agrumes et de poire font alors ressortir les saveurs iodées et fumées. Le ***foie gras,*** très présent en Charentes, s'accommode lui aussi très bien d'un verre de cognac VS glacé. De même, les ***jambons fumés*** (ou tout au moins séchés) répondent parfaitement aux cognacs jeunes de type VS, cette fois servis à température. Les ***plats en sauce,*** notamment ceux avec des fruits tels que la pêche ou l'orange, s'accordent plutôt avec les XO, plus matures et épicés. Même accord pour les ***gibiers,*** qui aiment les notes de sous-bois et de cuir des XO. Côté ***fromages,*** de nombreuses associations sont possibles : le brie nécessite un VSOP, tout comme la ***mimolette***. Pour le roquefort, sortez plutôt un XO. Même traitement pour les ***tartes aux fruits,*** notamment celles garnies de fraises, framboises ou groseilles. En revanche, l'ananas appelle le VS (de préférence glacé). Pour le ***chocolat,*** tout dépendra de sa composition : VS pour celui au lait, VSOP pour la ganache noire, XO pour le chocolat blanc. Faites vos jeux ! L'application ***Cognac Pairing*** aide à trouver les meilleurs accords mets-cognac.

Avec le pineau des Charentes

Envie d'un ***melon charentais*** pour commencer le repas ? Accompagnez-le donc d'un pineau rosé servi frais : un grand classique ! Si c'est le moment des fêtes, les ***foies gras*** sont joliment sublimés par le Vieux pineau blanc ou le pineau rosé. La ***mouclade,*** plat de moules charentais préparé avec de la crème et du curry, révèle ses saveurs exotiques accompagnée d'un simple pineau blanc. Le pineau est aussi un compagnon idéal pour déguster des ***fromages.*** Un appenzeller s'accompagnera d'un simple pineau blanc ; pour un bleu ou un roquefort, un Vieux pineau blanc fera l'affaire ; un sainte-maure-de-touraine se mariera bien avec un Très Vieux pineau blanc ; avec le chabichou, privilégiez le pineau rouge. Reste encore les desserts, qui appellent une fois de plus les notes sucrées du pineau. On pense au ***tourteau fromager*** ou à la ***galette charentaise,*** tous deux excellents avec du pineau blanc (accord régional !). De même, les crêpes Suzette ou flambées fonctionnent bien avec le blanc. Les gâteaux aux fruits rouges s'accorderont mieux avec du pineau... rouge. Logique. Tout comme le chocolat.

Avec les vins charentais IGP

Enfants de l'Atlantique autant que de la terre, secs mais floraux, vifs et cristallins à souhait, les vins blancs des îles charentaises accompagneront à merveille tous les produits de la mer, particulièrement les ***coquillages*** et les crustacés. Pour les ***huîtres,*** optez plutôt pour un colombard d'Oléron, aux notes d'agrumes idéales. Pour les ***langoustines*** ou les ***moules marinières,*** on optera plutôt pour un sauvignon blanc, tandis que pour un ***filet de maigre de ligne rôti,*** les chardonnays feront des miracles. Les ***charcuteries*** s'accommodent bien d'un rosé de l'île de Ré ou du Sud Charente, dont les sols sont assez sableux. Moins tanniques, plus fruités, les rouges charentais se défendent bien face à une bonne volaille comme la ***poule de Barbezieux.*** Pour un bon steak de ***limousine,*** privilégiez le merlot ou le cabernet sauvignon (ou mieux encore, un assemblage des deux !). Quant aux fromages charentais comme les ***chèvres frais,*** ils se révèlent en compagnie des sauvignons ou des chardonnays.

PETIT LEXIQUE

Lexique du cognac

– ***Anges :*** ils ont aussi droit à leur part ! On désigne ainsi la quantité d'alcool qui disparaît par évaporation pendant un vieillissement en fût. Chaque année, l'équivalent de près de 32 millions de bouteilles s'évapore...
– ***Assemblage :*** procédé consistant à mélanger des eaux-de-vie entre elles. Elles ne sont pas forcément issues des mêmes crus, années, cépages ou producteurs. Une seule règle, elles doivent venir de la même appellation.
– ***Bouilleur de cru :*** viticulteur qui distille ses propres vins dans son alambic.
– ***Bouilleur de profession :*** distillateur professionnel qui achète des vins, les distille et revend ensuite les eaux-de-vie obtenues.
– ***Bousinage :*** c'est le fait de chauffer l'intérieur d'un fût de chêne, pour donner au bois des notes de vanille ou de fumé. La chauffe peut être légère, moyenne ou forte selon l'effet escompté. Ce sont les tonneliers qui procèdent au bousinage.
– ***Chais :*** ils accueillent généralement des fûts de cognac, mais peuvent aussi être destinés à la vinification, plutôt effectuée en cuves (béton ou inox). Ils peuvent être des chais de vieillissement (on n'y touche pas pendant longtemps) ou d'assemblage (on les mélange).
– ***Crus :*** il en existe 6 pour le cognac, délimités depuis 1938 ; Grande Champagne, Petite Champagne, Borderies, Fins Bois, Bons Bois et Bois Ordinaires.
– ***Distillation :*** on fait chauffer le vin dans un alambic et on en récupère les vapeurs pour fabriquer une eau-de-vie.
– ***Fût :*** pour le cognac et le pineau, il est forcément en chêne, provenant soit du Limousin, soit de la forêt de Tronçay.
– ***Lies :*** ce sont les dépôts qui restent dans l'eau-de-vie après la distillation. Certains les utilisent, d'autres les filtrent. Fortes en goût, elles donnent du caractère aux eaux-de-vie qui en contiennent.
– ***Maison de cognac :*** une autre manière d'appeler une maison de négoce installée sur l'appellation Cognac.

– ***Maître de chai :*** c'est le garant des choix aromatiques et des styles de chacune des 265 maisons de cognac. Il supervise la production du cognac, de la sélection des eaux-de-vie jusqu'à l'assemblage. Il surveille et élève les eaux-de-vie tout au long de leur vieillissement, entre fûts neufs ou roux, chais secs ou humides. Il déguste régulièrement les eaux-de-vie afin d'identifier celles qui sont prêtes à être assemblées et celles qui ont encore besoin de temps pour arriver à leur plénitude.
– ***Moûts :*** jus des raisins juste pressés.
– ***Remise à niveau :*** comme le cognac s'évapore lors du vieillissement, il est nécessaire de combler le vide régulièrement pour que le tonneau reste plein.

Lexique du pineau des Charentes

– ***Fondu du cognac :*** c'est le mariage progressif et harmonieux entre le moût de raisin et le cognac.
– ***Mutage :*** opération clé dans l'élaboration du pineau des Charentes, elle consiste à arrêter la fermentation des moûts par l'ajout d'eau-de-vie de cognac.
– ***Rancio :*** notes complexes de noix, de fruits secs et de figue, très marquées dans les Vieux et Très Vieux pineaux des Charentes.
– ***Très Vieux ou Extra Vieux :*** pineau qui a passé plus de 12 ans en fûts de chêne.
– ***Vieux :*** 7 ans en fûts de chêne.
– ***Vin muté :*** moût de raisin dans lequel on a ajouté de l'alcool, ce qui arrête la fermentation alcoolique. Le terme « vin de liqueur » est plus ou moins un synonyme.

Lexique des vins IGP charentais

– ***Fût, foudre, barrique... :*** tout contenant de bois cerclé. Font varier la taille du contenant, mais aussi la nature des bois employés, pour répondre à des objectifs précis de vinification. Les bois peuvent venir de partout, mais la plupart proviennent des mêmes sources que ceux destinés au cognac.
– ***Levure (indigène ou sélectionnée) :*** pour que s'opère la fermentation, le viticulteur peut s'appuyer sur des micro-organismes de 2 origines différentes : commerciale ou locale. Les levures « sélectionnées », normées, disponibles dans le commerce professionnel, offrent un résultat plus prédictible. Les levures « indigènes », elles, apparaissent issues directement à partir des raisins pressés. Un processus plus aléatoire, mais plus « bio » et « maison ».
– ***Vinification :*** un processus très précis qui démarre au grain de raisin pour aboutir à un vin défini. De 1,3 à 1,5 kg de raisin permet d'obtenir 1 l de vin.

Tonnellerie

© Charentes Tourisme

LE COGNAÇAIS, CŒUR DU VIGNOBLE CHARENTAIS

COGNAC ET LA VALLÉE DE LA CHARENTE

Véritable pays de cocagne, cette portion de la vallée de la Charente, très peu industrialisée, ne vit que par – et pour – les vignes... Elle relie entre elles deux villes majeures de l'appellation : Cognac et Jarnac. Au bord de l'eau, les chais de vieillissement sont nombreux à profiter de l'humidité ambiante pour accélérer le vieillissement des eaux-de-vie de cognac. Et dès que l'on quitte les agglomérations, les vignobles s'épanouissent sans retenue ! Au sud, les 1ers côteaux argilo-calcaires de la Grande Champagne sont ainsi recouverts par une impressionnante mer de vignes, qui donne tout son caractère au paysage.
Indubitablement, il fait bon vivre sur les rives paisibles de la Charente, aux paysages empreints de charme : méandres du fleuve, îlots de verdure, rangs de vignes bien peignés, ponts de pierre, belles maisons avec leurs fermes paisibles, le tout nimbé d'une lumière d'ambre... Pour ne rien gâcher, les curiosités abondent : on s'arrête presque à chaque kilomètre pour visiter quelque chose, que ce soit un site viticole, un musée ou une belle église !

COGNAC (16100)

Combien de petites villes françaises peuvent se vanter, comme Cognac, d'être célèbres dans le monde entier ? Riche, bourgeoise, chargée d'histoire, touristique, royale (François Ier y est né) et européenne (Jean Monnet est également un enfant du pays), Cognac est un cas à part en Charente. Aujourd'hui labellisée Ville d'art et d'histoire, elle affiche fièrement son patrimoine mais sait aussi se montrer dynamique et inventive.
Car Cognac demeure avant tout la ville de la précieuse eau-de-vie. Une grande partie de son activité est consacrée au fameux breuvage, véritable carburant de l'économie locale. D'ailleurs, partout où les murs sont noircis, c'est qu'il y a du cognac. Il s'agit de l'action d'un champignon microscopique se nourrissant des vapeurs d'alcool, le *torula compniacensis,* qui produit cette patine noirâtre.

UN PEU D'HISTOIRE

Recroquevillé autour d'un 1er château, Cognac n'est qu'un modeste village jusqu'au Xe s. Un prieuré bénédictin est alors fondé, et la ville se développe grâce à son port sur la Charente, par lequel transitent le sel et le vin. Au cours des 2 siècles suivants, le commerce du vin s'intensifie. Anglais, Hollandais et Scandinaves en raffolent tellement qu'ils viennent le chercher jusqu'ici !

À la même époque, l'héritière des seigneurs locaux, Amélie de Cognac, épouse le fils illégitime de Richard Cœur de Lion et revend Cognac à Jean sans Terre... roi d'Angleterre et duc d'Aquitaine. Puis ***la ville est intégrée au comté d'Angoulême.*** Occupée par les 2 camps pendant la guerre de Cent Ans, Cognac est enfin rattachée au royaume de France grâce à Du Guesclin. Mais elle restera sans seigneur pendant plus de 30 ans ! En effet, le « bon comte Jean » (de Valois) est prisonnier des Anglais. Après sa libération, le commerce du vin fleurit de nouveau.

Au XVe s, son fils Charles d'Angoulême entretient à Cognac une véritable petite cour, très prisée des artistes (dont, plus tard, un certain Clément Marot). Et, en 1494, l'épouse de Charles, Louise de Savoie, met au monde un beau bébé joufflu qui deviendra roi de France sous le nom de... ***François Ier.*** Grâce au petit François devenu grand, ***Cognac se transforme en ville royale.*** Le château est agrandi et héberge d'autres personnages fameux de l'histoire : Catherine de Médicis, Charles IX, la reine Margot.

La naissance du cognac

Le commerce du vin, de son côté, connaît une vraie révolution au XVIIe s. Les vins charentais, très légers, ne vieillissent pas franchement bien et voyagent donc encore moins bien. Pour réduire son volume au transport, ***les Hollandais ont l'idée de distiller ce vin*** qui remporte ainsi, de façon inattendue, un vrai succès dans tout le nord de l'Europe. Mais après une grave crise économique, des litres et des litres de ce vin distillé se retrouvent invendus. Un petit curieux goûte un jour à cette eau-de-vie vieillie en fûts de chêne et découvre à quel point elle s'est bonifiée. La méthode est reprise avec succès et perfectionnée : au fil des années, le commerce du cognac remplace celui du vin...

HIPS !

Savez-vous que l'évaporation du cognac représente chaque année l'équivalent de 32 millions de bouteilles ? C'est ce qu'on appelle joliment « la part des anges ». De quoi être quasi soûl rien qu'en respirant l'air du coin ! C'est d'ailleurs le cas des araignées vivant dans les chais, dont les toiles ne sont, paraît-il, jamais parfaitement géométriques...

Des ***maisons de négoce*** s'installent alors à Cognac. Les plus importantes, grâce auxquelles le cognac va faire le tour du monde – Martell, Hennessy, Otard –, voient le jour au cours du XVIIIe s. Au siècle suivant, avec l'arrivée d'autres grandes marques dynamiques, Cognac atteint son apogée et sa population croît considérablement grâce à l'industrialisation de tous les produits dérivés dont a besoin le cognac : tonnellerie, verrerie, fabrication des bouchons et des emballages, mais aussi impression des étiquettes, etc. Toute une économie dont va bénéficier la ville, mais qui profitera aussi à ses environs, les vignes s'étant en même temps développées sur plusieurs centaines de milliers d'hectares jusqu'à devenir les plus importantes... du monde !
Aujourd'hui, la vallée de la Charente représente à elle seule près de la moitié de la production mondiale de spiritueux haut de gamme avec, outre le cognac, de la vodka, du gin, du whisky... Depuis peu, la région s'est même autoproclamée « Spirits Valley » (voir p. 33). Une belle réussite !

Adresses et infos utiles

Office de tourisme *(plan Cognac, B1) : 48, bd Denfert-Rochereau. ☎ 05-45-82-10-71. ● tourism-cognac.com ● Juil-août,* *lun-sam et j. fériés 9h30-18h30, dim 9h30-13h ; avr-juin et sept, tlj sauf dim 9h30-18h (13h j. fériés) ; oct-mars, tlj sauf dim 9h30-17h30 (13h mar).* Propose un plan « Promenade à Cognac » indiquant 2 circuits dans le centre historique (le parcours du Roy et le parcours Belle Époque). Boutique de produits du terroir.

– Se procurer à l'office la brochure les flyers des animations « Les rendez-vous » qui recense toutes les visites et animations (concerts, foires, marchés) sur le territoire (voir aussi la rubrique « Agenda » sur leur site).

Croisières fluviales La Demoiselle *(plan Cognac, A1)* **:** *11, quai des Flamands. ☎ 05-45-82-10-71. • tourism-cognac.com • Presque en face du musée des Savoir-faire du cognac. Avr-oct, tlj sauf jeu ; horaires variables, se renseigner.* Croisières électriques de 2h sur la Charente, au départ du port de Cognac. On longe le château et la porte Saint-Jacques, on passe une écluse et flirte avec le fameux château de Bagnolet (joyau secret d'Hennessy), avant de rejoindre la maison de l'Octroi et le château de l'Yeuse, puis de revenir par le même chemin. Une chouette navigation !

Les Canalous *(plan Cognac, A2)* **:** *résas au ☎ 03-85-53-76-74. • lescanalous.com •* Location de bateaux qui se pilotent sans permis. Plusieurs circuits sont proposés le long de la Charente au départ de Cognac, de la journée à la semaine. Génial en famille ou entre copains. Très joli parcours au fil des méandres de la Charente.

– ***Foire :*** *le 2e sam du mois dans les rues piétonnes de Cognac.*

Où dormir ?

Camping de Cognac *(hors plan Cognac par B1,* ***10****)* **:** *bd de Châtenay. ☎ 05-45-32-13-32. • night-and-day.fr • À 2 km au nord du centre, sur la route de Sainte-Sévère. Ouv mai-fin sept. Forfait tente 20,70-23,90 €. Habitats toilés et mobile homes 4-6 pers. 145 empl.* Au bord de la Charente, un grand camping de 2 ha situé dans un coin verdoyant. Environnement superbe et camping très bien tenu. Emplacements champêtres et tranquilles, en partie le long de la rivière, bien délimités par des haies. Une multitude de services et activités. Piscine. Chouette promenade le long de la Charente, jusqu'à la base de plein air de Cognac, à 1 km du camping.

Hôtel Le Cheval Blanc *(plan Cognac, B2,* ***11****)* **:** *6, pl. Bayard. ☎ 05-45-82-09-55. • hotel-cheval-blanc.fr • Doubles 79-95 € ; familiales.* Petit hôtel de centre-ville, fonctionnel et pas trop cher. Les chambres sont simples mais bien tenues. Celles en rez-de-chaussée donnent sur une cour intérieure où l'on peut prendre le petit déj quand il fait beau.

Hôtel Héritage *(plan Cognac, B2,* ***12****)* **:** *25, rue d'Angoulême. ☎ 05-45-82-01-26. • hotelheritage.fr • Doubles 84-144 €.* Dans la rue (piétonne) la plus commerçante de Cognac, ce charmant hôtel particulier du XVIIIe s a toujours accueilli des voyageurs. La trentaine de chambres rénovées se révèlent particulièrement plaisantes et confortables. Accueil fort sympathique. Charmant patio intérieur, où le restaurant *La Belle Époque* prend ses aises en été (voir plus loin).

Quai des Pontis *(plan Cognac, A1,* ***13****)* **:** *16, rue des Pontis. ☎ 05-45-32-47-40. • quaidespontis.com • Doubles 84-130 € ; familiale env 130 €.* Du côté du quartier Saint-Jacques, sur l'autre rive de la Charente mais proche du centre-ville, un étonnant domaine niché au cœur d'un parc verdoyant. Plusieurs types d'hébergement sont proposés : des chambres façon *lodges* en bois, tout confort et dotées de terrasse face au vaste jardin ; quelques chambres plus classiques dans le bâtiment principal ; des cabanes sur pilotis (jusqu'à 4 personnes), sans doute les plus dépaysantes, surplombant la Charente ; et enfin, des roulottes bien espacées, chacune avec salon de jardin... Déco de bon goût et confort optimal. Piscine.

Hôtel François Premier *(plan Cognac, B2,* ***14****)* **:** *3, pl. François-Ier.*

☎ *05-45-80-80-80.* • *hotelfrancois-premier.fr* • *Doubles env 119-240 € ; suites plus chères.* Sur l'une des plus belles places de la ville, on ne peut manquer sa majestueuse façade (1870). Déco cossue et élégante des chambres réparties de part et d'autre de l'escalier monumental. Insonorisation parfaite, literies nickel, confort total... En prime, un service hyper pro. Spa et piscine(tte) en sous-sol, jardin sur le toit. Le *Bar Louise* et ses cocktails (voir plus loin) vous attendent juste à côté.

Logis des Tourelles *(plan Cognac, A1,* ***15****) : 40, rue du Charmant.* 📱 *06-84-30-80-28.* • *logis-des-tourelles.fr* • *Doubles à partir de 245. « Expérience Cognac » 65 €.* Magnifique maison d'hôtes au cœur du vieux Cognac, installée dans un hôtel particulier de 1850 en pierre de taille, dominé par 2 élégantes tourelles. Confort total dans les 5 chambres (dont 1 suite pour 3 personnes) et l'appartement bien équipé. On adore passer du temps dans le parc, où se niche une piscine. La maîtresse de maison propose aussi une expérience autour du cognac, avec un *pairing* entre un XO charmeur et quelques bouchées sucrées ou salées (payant). Une très belle adresse.

L'Yeuse : *65, rue de Bellevue, 16100* ***Châteaubernard.*** ☎ *05-45-36-82-60.* • *yeuse.fr* • *À 4 km à l'est de Cognac. Doubles 155-220 €. Resto ouv mar-sam soir ; menu 35 € ; carte env 62 €.* Cet amusant manoir du XIXe s s'est perché sur une falaise dominant la vallée de la Charente. À l'intérieur, une vingtaine de chambres confortables et originales, toutes décorées par un *street artist* différent. L'art urbain s'invite aussi dans les parties communes, au décor gentiment cossu et bourgeois, à l'image de la magnifique cognathèque de la maison. Le restaurant gastronomique, qui s'ouvre sur une agréable terrasse en belvédère, sert une cuisine régionale soignée. Belle piscine.

Où manger ?

Boutique Cocollos *(plan Cognac, B2,* ***20****) : dans les halles, 1, rue de Perth.* ☎ *05-17-22-64-65.* • *huitres-cocollos.com* • *Ouv ven-dim 8h30-13h30. Compter env 20 €.* Cet ostréiculteur originaire de Bourcefranc-le-Chapus, près de Marennes, a ouvert son comptoir marin au cœur du marché de Cognac. On peut s'y installer sur l'une des grandes tables recouvertes de toiles cirées pour déguster une soupe de poisson, une douzaine d'huîtres ou encore une assiette nordique. Vins IGP charentais ou d'ailleurs pour accompagner le tout. Un très bon plan !

L'Atelier des Quais *(plan Cognac, A1,* ***21****) : 2, quai Saint-Jacques.* ☎ *05-45-36-31-03.* • *atelierdesquais.fr* • ♿ *Juste après le Pont-Neuf, sur la gauche. Tlj sauf dim soir et j. fériés hors saison. Formules déj en sem 22,90-29,90 € ; menus 37-49 €.* Une position stratégique avec sa grande terrasse et ses coursives plantées face à la Charente. Les mauvais jours, on investit la grande salle décorée façon loft, avec ses tables orientées côté baies vitrées. Cuisine très soignée, savoureuse et inventive, qui tient ses promesses. On peut aussi y boire un verre en soirée, l'établissement s'étant doté d'un mixologue qui aime sublimer les cognacs dans ses cocktails. Bref, une super adresse !

Origins *(plan Cognac, B2,* ***22****) : 23, rue du Pont-Faumet.* ☎ *05-45-82-50-25.* • *origins.bar* • *Tlj sauf sam midi et dim. Menu du marché 22-26 € ; le soir, compter env 30 €.* Le midi, on se rue sur le menu du marché, qui met en scène de bons produits frais et volontiers gourmands. Le soir, place à de petites assiettes à partager, qui accompagnent à merveille les délicieux cocktails maison, dans lesquels cognacs et pineaux sont (forcément) en bonne place. Également quelques vins naturels. Ambiance sympa en terrasse quand arrivent les beaux jours. Une adresse dynamique et surprenante.

La Courtine (hors plan Cognac par B1, **23**) : allée Fichon, parc François-Ier. ☎ 05-45-82-34-78. Formule 26 € ; menu 37 €. Ce pavillon au décor champêtre boisé dispose d'une fabuleuse terrasse en pleine verdure, à 2 pas de la Charente. Difficile d'imaginer que le centre-ville n'est qu'à 2 mn ! Belles salades, viandes et poissons agrémentés de produits locaux, avec çà et là quelques touches plus exotiques. Accueil pro et sympathique.

La Belle Époque (plan Cognac, B2, **12**) : dans l'Hôtel Héritage (voir plus haut). ☎ 05-45-82-01-26. • hotel-heritage.fr • Tlj sauf dim-lun. Formules déj en sem 22-27 € ; le soir, carte env 35-40 €. Une adresse aussi discrète que convaincante, qui se déploie entre un patio ombragé d'une glycine, une écurie réhabilitée en salle à manger et un salon cossu. La cuisine de Maxence Jasica, jeune chef installé entre ces murs, fait l'unanimité pour son inventivité et sa légèreté. La carte suit le rythme des saisons et change chaque semaine.

Le Bistro de Claude (plan Cognac, A1, **24**) : 35, rue Grande. ☎ 05-45-82-60-32. • bistrodeclaude.com • Tlj sauf w-e. Formule et menu 24-29 € le midi, 39 € le soir ; carte env 50 €. Un bistrot à tendance marine, version chic : mobilier à la fois ancien et moderne, jolis luminaires, tables élégamment dressées... C'est cosy. Le maître des lieux prend le temps d'expliquer l'ardoise du jour, où l'on a bien du mal à choisir entre les plats alléchants. Pas donné certes, mais vraiment bon !

Poulpette (plan Cognac, A1, **25**) : 46, av. de Lattre-de-Tassigny. ☎ 05-45-82-22-08. • poulpette.squarespace.com • Dans le quartier Saint-Jacques, de l'autre côté du pont. Ouv le midi mar-ven, plus le soir mer-ven. Menu déj en sem 36 € ; carte 40-45 €. *Poulpette* rime avec chouette. Chouette comme la petite salle épurée et brute, dans le genre postindustriel, avec cuisine ouverte au long du comptoir ; et chouette comme l'ambiance, très relax. À la carte, de très jolis produits (pas mal de poissons), choisis au gré du marché et travaillés avec juste ce qu'il faut d'inventivité par un jeune chef aussi passionné que passionnant. Enthousiasmante carte des vins (naturels).

La Distillerie (hors plan Cognac par A2, **26**) : 50, av. Paul-Firino-Martell. ☎ 05-17-22-32-23. • chaismonnethotel.com • Dans l'Hôtel Chais Monnet & Spa. Tlj midi et soir. Formules déj en sem 29-36 € ; menu-carte 45 €. La brasserie de l'hôtel des *Chais Monnet* s'est installée dans l'ancienne distillerie du même nom, entre de solides piliers en pierre de taille et une impressionnante charpente en bois. Cuisine de saison bien sentie, qui puise son inspiration dans le terroir régional : truite de Charente, poisson de la criée de La Cotinière, viande limousine... En dessert, on craque pour le baba au cognac, arrosé comme il se doit ! Belles références de vins charentais IGP et large sélection de cognacs. On peut d'ailleurs goûter à un XO Monnet, distillé ici avant que la maison de cognac de Jean Monnet ne déménage. Si vous êtes en fonds, réservez aux *Foudres*, le flamboyant resto étoilé de l'établissement niché dans les anciens chais (menus 75-150 €).

Les Flâneurs (hors plan Cognac par A2, **27**) : 12, rue de la Nauve. ☎ 05-48-17-03-70. • almae-collection.com/lanauve • À l'hôtel La Nauve, dans le quartier de Crouin. Ouv tlj midi et soir. Menus 35-45 € ; carte 60 €. Carte 50-60 €. Cœur battant de *La Nauve*, hôtel de luxe installé dans une splendide demeure cognaçaise, cette brasserie constitue une escale gourmande de choix. On prend vite ses aises dans la longue salle aménagée dans un ancien chai dominé par un sequoia géant. Imaginée par le chef Anthony Carballo, la carte propose une litanie de classiques revisités, et en dessert, l'entremet chocolaté et croustillant s'accorde à merveille avec un cognac XO.

Pour ceux qui auraient envie de se faire (encore plus) plaisir, l'élégante table du ***restaurant gastronomique Notes*** les attend. Ouv mer-dim, soir et midi w-e, menus 70-110 €).

Où boire un verre ?

🍸 ***Le Verre à Pied*** *(plan Cognac, B2,* ***30****) : 28, pl. Bayard. 📱 06-27-73-49-64. ♿ Tlj sauf dim-mar midi 10h-13h, 17h30-minuit.* Un bar à vins au décor soigné avec murs laqués de noir, rayonnages de bois qui ondulent jusqu'au plafond et confortables fauteuils. Offre assez large, au verre comme en bouteille, de vins à tendance nature. Patron sommelier de profession, de très bon conseil. Quelques petites choses à grignoter.

🍸 La ville compte nombre de ***bars tendance*** qui feront le bonheur des amateurs de cocktails, en particulier à base de cognac bien sûr.

Pour un cadre branché qui jongle entre modernité, vieilles pierres et touche industrielle, on se posera au génial ***Bar Luciole*** *(plan Cognac, A1,* ***31****) : 14, pl. du Solençon. ☎ 05-45-81-70-11. • bar-luciole.com • Tlj (sauf dim-lun hors saison) 17h-minuit.*

Pour un cocktail élaboré selon votre humeur et votre personnalité, poussez la porte du ***Bar Louise*** *(plan Cognac, B2,* ***14****) : 1, pl. François-Ier. ☎ 05-17-22-31-67. En principe, tlj sauf dim 17h-1h (horaires disponibles sur Instagram).*

Pour prendre de la hauteur et jouir d'une vue imprenable sur Cognac, grimpez sur le toit animé et coloré de l'***Indigo by Martell*** *(plan Cognac, A2,* ***32****) : 16, av. Paul-Firino-Martell. ☎ 05-45-36-34-65. • martell.com • Au 5e étage de la Fondation Martell. Mai-fin sept, tlj sauf lun-mar 17h-minuit (1h sam, 22h dim).*

Enfin, le ***Rooftop des Chais Monnet*** *(hors plan Cognac par A2,* ***33****) (50, av. Paul-Firino-Martell ; ☎ 05-17-22-32-23 ; • chaismonnethotel.com • ; ouv en été seulement, tlj 15h-minuit)* offre lui aussi une vue extra sur Cognac, ainsi qu'une carte de cocktails très séduisante. Quand ce dernier est fermé, on peut se réfugier au ***Jazz Bar 1838*** du rez-de-chaussée *(mar-sam 17h-minuit),* où de petits concerts sont organisés le week-end *(ven-sam à 22h).*

Où acheter du cognac, du pineau des Charentes ou du vin IGP charentais ?

🧺 ***La Cognathèque*** *(plan Cognac, B2,* ***40****) : 10, pl. Jean-Monnet. ☎ 05-45-82-43-31. • cognatheque.com • ♿ Lun-sam 9h30-19h (plus dim 15 juin-15 sept).* Passage obligé ! Cette boutique propose un des plus grands choix de cognacs et de pineaux de France (plus de 1 000 références, pas moins !). Plus de 100 marques de cognac sont représentées, dans tous les crus, du petit producteur à la grande maison de négoce, du VS au XXO. Également un grand choix de pineaux des 3 couleurs et d'âges variés. Enfin, on trouve aussi nombre de liqueurs (et même de bières !) aromatisées au cognac ou au pineau. Conseils plus qu'avisés.

🧺 ***Cave Saint-Léger*** *(plan Cognac, B2,* ***41****) : 40, pl. d'Armes. ☎ 05-45-36-53-70. Tlj sauf dim-lun, 10h-13h, 15h-19h30.* Vins charentais IGP, cognacs de petits producteurs, pineaux rares, whiskys locaux, on trouve de tout dans cette jolie cave du centre de Cognac. Conseils personnalisés très précieux.

🧺 ***La Maison des Vins Charentais*** *(plan Cognac, A1,* ***42****) : 26, av. de Lattre-de-Tassigny. ☎ 05-17-22-00-00. Mar-sam 10h-12h30 et 14h30-19h.* Située dans le quartier Saint-Jacques, au cœur de l'avenue de Lattre de Tassigny, cette maison ouverte à tous permettra la découverte des vins IGP charentais et de ses vignerons : espace de dégustation, vinothèque, terrasse, espace de représentation de la filière... Vente directe possible.

À voir

Le musée des Savoir-faire du cognac (plan Cognac, A2) **:** *les Remparts, pl. de la Salle-Verte. ☎ 05-45-36-03-65. • grand-cognac.fr • Juil-août, tlj 10h30-18h30 ; sept-juin, tlj sauf lun 14h-18h. Fermé certains j. fériés. Entrée : 5 € ; réduc. Billet combiné avec musée d'Art et d'Histoire : 8 €.*

Dans un cadre qui allie vieilles pierres et architecture contemporaine, à l'emplacement de l'hôtel Perrin de Boussac – dont la façade est classée Monument historique – de la maison Augier, plus ancienne maison de négoce de la ville, de la tour Lusignan et d'un tronçon de rempart du XIVe s. Ce beau musée de 2 000 m² est consacré au patrimoine du pays de Cognac, dont la grande aventure humaine, industrielle et commerciale du cognac.

On y évoque les ***richesses du territoire*** à travers des maquettes, notamment celle du château royal, qui est présenté tel qu'il se dressait au XVIe s, un intéressant film interactif *La Charente au fil de l'eau,* et une poignée de dioramas sur l'art roman, les porches charentais, le fleuve, ou encore la faune et la flore. Une bonne introduction à la visite de la région !

Un 2e espace d'exposition est dédié à l'univers technologique de la ***production du cognac.*** Après l'évocation de l'évolution des bouteilles à travers les âges, la 1re partie s'intéresse à l'univers de la vigne : les saisons, les cépages, les terroirs, les vendanges, le tout agrémenté d'outils anciens tel qu'un beau pressoir à vis du XVIIIe s. Changement de registre avec l'art délicat de la distillation, où la chimie prend le pas sur les considérations climatiques, avant de détailler les métiers qui gravitent ou ont gravité autour du cognac.

Pour finir, intéressante rétrospective sur le ***packaging des grandes marques*** et collection d'affiches anciennes. En somme, une excellente mise en bouche avant d'aller arpenter les chais et distilleries. Un casque permet de vivre l'expérience de réalité virtuelle « Les voyageurs du virtuel », qui plonge le visiteur dans 6 époques différentes, du temps des dinosaures à aujourd'hui. Expos temporaires également. ***Boutique*** avec une belle sélection de produits régionaux.

Maison du négociant – musée d'Art et d'Histoire (plan Cognac, B1-2) **:** *48, bd Denfert-Rochereau. ☎ 05-45-32-07-25. • musees-cognac.fr • Juil-août, tlj 10h30-18h30 ; sept-juin, tlj sauf lun 14h-18h. Fermé certains j. fériés. Entrée : 5 € ; réduc. Billet combiné avec musée des Savoir-faire du cognac : 8 €. Réouverture au printemps 2024.*

Fondé en 1892 par des négociants, ce musée (musée de France) est le reflet de leurs goûts et de leurs passions. Il est installé depuis 1925 dans un ancien hôtel particulier de négociants, celui de la famille Dupuy d'Angeac.

– ***Au rez-de-chaussée,*** une section archéologique montre que la région était habitée depuis l'époque préhistorique, comme en témoignent des outils lithiques et surtout une étonnante pirogue néolithique retrouvée dans la Charente : c'est la preuve qu'on a circulé sur le fleuve depuis des temps immémoriaux ! Également une section d'arts et traditions populaires, avec la reconstitution d'un intérieur d'une ferme viticole charentaise du XXe s. Cet étage accueillera aussi les expositions temporaires.

– ***Au 1er étage,*** la scénographie invitera à entrer dans l'intimité des négociants : archéologues amateurs, voyageurs épris de curiosité, amateurs de peintures des écoles du Nord... Les visiteurs pourront se projeter dans un bureau de négociant, avec ses curiosités comme ce crocodile empaillé, un boudoir féminin, avec ses colifichets comme cet éventail emplumé, ou encore admirer la collection Claude Boucher, amateur de verrerie d'art et inventeur de génie. Tout un monde qui ressuscite, rehaussé d'œuvres d'art – Rodin, Marquet – et d'art décoratif – verrerie d'Émile Gallé… Un ensemble très parlant.

Fondation Martell (plan Cognac, A2) **:** *16, av. Paul-Firino-Martell. ☎ 05-45-36-33-51. • fondationdentreprisemartell.com • Dans les mêmes locaux que le chai*

Martell (voir aussi « Visites de chais » plus bas). Mer-dim 14h-19h (plus mer mat 10h-12h, en hiver, sam mat 10h-12h en été). GRATUIT. Un espace dédié à l'art contemporain et au mobilier d'artistes (le luminaire monumental zoomorphe dans le hall d'accueil donne le ton !), proposant des expos temporaires immersives occupant près de 800 m². L'endroit est aussi une résidence d'artistes, avec une poignée d'ateliers. Au dernier étage, en terrasse, le génial *Indigo by Martell* (voir « Où boire un verre ? »).

Le parc François-Ier et les rives de la Charente *(hors plan Cognac par A1)* **:** à 2 pas du centre, un superbe parc arboré de 50 ha entouré par une boucle du fleuve, qui offre quelques points de vue on ne peut plus romantiques. Également une ***base de plein air avec piscine*** et un resto bien agréable aux beaux jours (voir plus haut *La Courtine* dans la rubrique « Où manger ? »).

La vieille ville

Le vieux Cognac s'étend entre le centre-ville développé autour de la longue rue (piétonne) d'Angoulême et les quais. Ce quartier joliment conservé et bourré de charme est bizarrement peu fréquenté dans la journée (et carrément désert à la nuit tombée). Profitez-en !

Les rues anciennes : l'essentiel est regroupé autour du ***château des Valois*** (dont on parle à propos du cognac Otard dans « Visites de chais » plus loin). Il faut flâner au hasard de ces vieilles rues pleines de charme, jalonnées de maisons du XVe s et d'hôtels particuliers des XVIe et XVIIe s. Au ***nº 5, rue Grande,*** par exemple, ne manquez pas la *maison de la Lieutenance* (du XVe s et à pans de bois), avec son diablotin sculpté qui fait... pipi sur les passants ! Descendre ensuite la ***rue Magdeleine :*** au nº 14, l'*hôtel de Rabayne* (XVIe s), où une salamandre (emblème de François Ier) surplombe le portail ; au nº 29, l'*hôtel de Javrezac,* toujours du XVIe s, avec gargouille et tourelle. La ***rue de l'Isle-d'Or*** est aussi jalonnée d'anciens hôtels particuliers. La longue et encore pavée ***rue Saulnier*** (dont le nom évoque le commerce du sel), qui descend vers les quais, a traversé les siècles sans broncher. Au nº 15, jetez un coup d'œil à l'exceptionnelle façade de l'*hôtel Brunet-de-Bocage* (XVIIe s).

Le marché couvert *(plan Cognac, B2)* **:** *bd Denfert-Rochereau, derrière la pl. d'Armes. Tlj sauf lun jusqu'à 13h.* Splendide marché classé, typique de l'architecture métallique. On y trouve un bon comptoir pour manger huîtres et fruits de mer (voir plus haut dans « Où manger ? »).

Visites de chais

Une dizaine de maisons de négoce, parmi les plus prestigieuses de l'appellation Cognac, proposent des visites de leurs installations. En général, les visites se déroulent ainsi : tour commenté des chais et de la distillerie, puis dégustation. Certaines maisons se distinguent toutefois par leur originalité ou leurs efforts à l'intention des touristes. À chacun de choisir en fonction de ses préférences, historiques ou épicuriennes !

Château royal de Cognac – Maison des cognacs Baron Otard & d'Ussé *(plan Cognac, A1)* **:** *127, bd Denfert-Rochereau. ☎ 05-45-36-88-86. • chateaudecognac.com • ♿ (accueil et boutique seulement). Tlj sauf dim, 1er janv, 1er mai et 25 déc. Tlj 10h30-12h30 et 13h30-18h30. Prévoir 1h15 de visite (guidée) ; téléphoner à l'avance pour connaître l'heure de la visite en français. Visite « Au Cœur du Château », 24 €, 1h15 ; « Sunset », 20 €, 40 mn (slt en période estivale) ; « Secret des Chais », 75 €, 1h30 ; réduc ; gratuit moins de 12 ans.*

Cette prestigieuse marque de cognac fut créée en 1795 par le baron Otard, un Écossais né en Charente et devenu maire de la ville. Pour installer son négoce, il acheta carrément le château royal de Cognac en 1795, profitant à point nommé de la Révolution (la municipalité le vendait alors pièce par pièce, toutes raflées par le baron). Ironie de l'histoire, ce château n'était autre que ***la maison natale d'un roi de France : François Ier !*** Tout l'intérêt de la visite est là puisque l'on peut profiter de cette très belle demeure des XIIe-XVIe s, pleine de souvenirs historiques, tout en s'instruisant sur les méthodes de fabrication et de vieillissement du cognac... Les chais du château sont d'ailleurs les plus vieux de Charente et, paraît-il, les meilleurs (grâce à leur humidité, puisqu'ils sont juste au niveau du fleuve). Si la chambre du roi, transformée en bureau, n'est accessible que lors de visites privées, on découvre tout de même la plus vieille pièce des lieux, appelée ***salle au Casque*** (XIIe s), qui doit son nom à l'ornementation de sa cheminée. Richard Cœur de Lion y célébra le mariage de son fils avec Amélie de Cognac. Suivent une sellerie et le bel ensemble formé par la salle des États et la salle des Gardes. Notez les voûtes en X et en Y, les médaillons tous différents, et les graffitis dessinés par les marins irlandais qui y furent faits prisonniers pendant la guerre de Sept Ans (XVIIIe s).
Mais l'endroit le plus étonnant, outre les sombres caves voûtées envahies de barriques de chêne, reste le « ***paradis*** », un ancien cachot où sont entreposées les eaux-de-vie les plus exceptionnelles dans des dames-jeannes d'un autre âge (certaines datent de 1820 !). Elles seront assemblées pour donner les cognacs de prestige... On passe ensuite à la ***salle de l'Alambic*** (très beau, du XIXe s), où l'on apprend tout sur la distillation, le travail du maître de chai et la tonnellerie, avant de découvrir le chai à proprement parler, bâti sur le site de la chapelle où François Ier fut baptisé. Mazette ! Un ***petit musée*** retrace aussi l'histoire du baron Otard et de la marque à travers les siècles (collection d'affiches publicitaires, de bouteilles, de documents originaux d'expédition...). Pour terminer, une dégustation est organisée dans l'espace moderne attenant à la boutique.
Le château est également le siège de la marque ***D'Ussé,*** qui appartient à 50 % au rappeur américain Jay-Z. Certaines visites et expériences sont dédiées à cette marque, comme « Au cœur de D'Ussé » *(35 €, 1h15),* durant laquelle on déguste le cognac les yeux bandés pour détailler ses différents arômes.
🍸 L'été, le bar ***Le Lys*** prend ses aises entre la cour du château et un *rooftop* avec vue sur la Charente *(en principe, ouv mar-sam 17h-23h).*

© Théo Schuman

Maison Otard

Hennessy (plan Cognac, A1) **:** *quai Maurice-Hennessy. ☎ 05-45-35-06-44. • hennessy.com • ♿ Juil-août, tlj 9h15-20h ; avr-juin et sept-oct, tlj sauf dim 10h-19h (départ de la dernière visite) ; hors saison, ouv mer-sam 9h45-13h et 13h45-18h30. 1er sept-13 oct 2024 : ouverture exceptionnelle tous les dim. Visite « Initiation Immersive » : 29 €, 2h (avec expérience de réalité virtuelle incluse et dégustation de 2 cognacs) ; réduc ; gratuit moins de 12 ans. Également la visite « Hennessy XO » pour goûter des cognacs plus âgés (50 €, 2h) ou l'« Atelier Découverte Mixologie » (15 €, 30 mn), pour préparer un cocktail au cognac. Catalogue de visites privées qui zooment sur un savoir-faire de la maison (Destination Tonnellerie / Destination Distillerie / Destination Vignoble) et de visites privées exclusives (comme les visites « Exception Paradis » et « Exception Richard », qui explorent le fabuleux Chai du Fondateur, avec dégustation des cognacs les plus rares de la maison).*

En se lançant dans le négoce en 1765, le capitaine irlandais Richard Hennessy n'imaginait sans doute pas que sa maison deviendrait un jour la 1re marque internationale de cognac. Elle est aujourd'hui dirigée par le groupe de luxe ***LVMH,*** qui n'a pas lésiné sur les moyens pour proposer des visites œnotouristiques qui convoquent toutes (ou presque) les technologies modernes, notamment la réalité virtuelle. Même si, vous le constaterez vite, ici, la tradition n'est pas un vain mot : les maîtres de chai sont, par exemple, issus de la même famille depuis 8 générations !

L'autre originalité d'Hennessy, c'est que la visite débute par une ***courte balade en bateau électrique sur la Charente***, avant de débarquer sur l'autre rive, où sont situés les chais : une quarantaine au total – mais la visite n'en parcourt que 2 principaux. Le 1er (le chai des Pavillons) a été transformé en un vaste ***espace muséographique*** résolument contemporain, où on vous projettera un joli film sur la saga Hennessy. Ensuite, rapides explications sur les différents crus, les méthodes de vinification, la technique de la distillation et la tonnellerie. On enchaîne avec la formidable ***expérience de réalité virtuelle Mobilis,*** inspirée par les dessins de Richard Hennessy et réalisée par les artistes Olivier Kuntzel et Florence Deygas. Un voyage époustouflant, à la fois poétique et onirique dans l'univers du cognac, qui vous transportera du feu des alambics à l'océan Atlantique.

Après ces sensations fortes, on pénètre dans un univers bien plus paisible : un immense ***chai traditionnel*** de vieillissement. Superbes alignements de barriques (depuis des siècles, joliment calligraphiées, une par une, à la craie !) et de

Hennessy

dames-jeannes cerclées d'osier où sont conservées les eaux-de-vie séculaires du « paradis ». On traverse à nouveau la Charente pour passer à la séance dégustation, dans un agréable espace design, avant la clinquante boutique, riche en curiosités (c'est d'ailleurs la seule boutique de la marque au monde à vendre toute la gamme Hennessy !).

Martell *(plan Cognac, A2)* **:** *16, av. Paul-Firino-Martell. ☎ 05-45-36-34-98. • martell.com • Avr-oct, visite tlj 10h-19h ; le reste de l'année, mar-sam 10h-12h et 14h-18h. Visite « Découverte », 1h30, 25-35 € selon les cognacs dégustés ; « Savoir-faire », 2h, 75 € (flacon de cognac, dégustation et cocktail au bar Indigo compris). Autres visites 60-290 €.*
La plus ancienne des grandes maisons de cognac, qui occupe un vaste périmètre au cœur de la ville, propose jusqu'à 4 visites thématiques différentes. La visite *Découverte* retrace l'histoire de la maison Martell et de son site de production historique de Gâtebourse. Le circuit commence devant la demeure du fondateur Jean Martell, natif de l'île de Jersey et débarqué à Cognac en 1715. Mais le plus intéressant se trouve dans les chais. Rangs de vignes, alambics, tonnellerie et chai de vieillissement sont présentés à tour de rôle à travers une ***mise en scène très réussie.*** La salle des assemblages est particulièrement impressionnante avec son laboratoire high-tech où l'on aperçoit parfois le *master blender* en pleine action. On termine la balade par la découverte d'une collection de photographies anciennes, prélude à la dégustation organisée au cœur de la boutique.
Plus longue (2h), la ***visite Savoir-faire*** permet de repartir avec, à la clé, une « montre » de cognac (bouteille miniature) que l'on aura embouteillée soi-même, puis de déguster un cocktail sur le toit de l'*Indigo by Martell.* Quant à la ***visite nocturne,*** organisée à quelques dates durant l'été, elle offre un sublime moment d'intimité dans le silence des chais, avant, là aussi, de déguster un cocktail sur le *rooftop.* Les plus aventureux se lanceront dans la visite ***Vitiscoot :*** en trottinette électrique tout terrain, on parcourt le cru des Borderies, au départ de la distillerie de Gallienne (propriété Martell), et on termine par une dégustation à l'Atelier Martell à Cognac.

Camus *(plan Cognac, B1)* **:** *siège au 29, rue Marguerite-de-Navarre ; visites au 21, rue de Cagouillet. ☎ 05-45-32-70-14. • camus.fr • Mai-sept, circuit de visite et boutique tlj sauf dim-lun 10h-12h30, 14h-18h. Visite « Fine Island », 25 €, 1h30 (avec dégustation du cognac de l'île de Ré) ; « Intense Classique », 35 €, 1h30 (avec dégustation de 3 cognacs, VS, VSOP et XO) ; « Borderies Signature », 45 €, 1h30 (avec dégustation de 3 cognacs mono-crus) ; et enfin « Master Blender » 400 €, 2h30 (avec création de son propre cognac XO en 70 cl) ; gratuit moins de 18 ans (sans dégustation, évidemment). Possibilité également de dégustation commentée sans visite.*
Camus est l'une des dernières grandes maisons de cognac ***100 % familiale et indépendante*** depuis sa fondation, en 1863. Avec 190 ha nichés au cœur des Borderies, le cru le plus rare de l'appellation, la Maison s'emploie à créer des cognacs des plus aromatiques. Forte de son indépendance, elle n'hésite pas à innover en proposant des cognacs issus uniquement des Borderies, comme le délicieux Borderies XO, ou élaborés avec des raisins récoltés, distillés et vieillis sur l'île de Ré... Sans pour autant tourner le dos à la tradition et aux cognacs plus classiques qui ont fait sa réputation !
Cette prise de position atypique donne tout son sel à la visite, qui privilégie la convivialité des petits groupes. Elle commence par une présentation historique du site et des vignes, avec leurs différents cépages et terroirs, avant de revenir sur l'histoire de la maison familiale. À travers un parcours olfactif, elle aborde ensuite les différentes phases de distillation puis de vieillissement du cognac, et elle se termine dans un chai avec la dégustation de plusieurs cognacs.
Pour les passionnés, Camus propose aussi un ***atelier de maître assembleur,*** le *Master Blender :* on crée son propre assemblage et on emporte son cognac XO unique et personnalisé *(mai-sept ; 400 € ; durée 2h30).*

Meukow (plan Cognac, B2) **:** *26, rue Pascal-Combeau ; 7, rue François-Porché. ☎ 05-45-82-32-10. • visitemeukow.com • Tte l'année sur rdv : mai-sept, tlj sauf dim 10h-17h30 ; oct-avr, lun-jeu 10h-12h, 13h30-16h et ven 10h-11h30. Durée : 1h. Entrée : 10 € (avec dégustation) ; réduc ; gratuit moins de 12 ans.* Bienvenue à la maison de négoce Compagnie de Guyenne. L'ensemble architectural remarquable, typique du XIXe s, réunit en un seul site les bureaux commerciaux et les chais de vieillissement. Bien que l'unité de production ait été déplacée à Matha, à 20 km au nord de Cognac, le site a conservé son âme d'origine, entre maison bourgeoise, miroiterie reconvertie en showroom-galerie d'art et vénérables chais de vieillissement. Fondée en 1862 par les frères Meukow à l'initiative du ***tsar Alexandre II*** qui voulait approvisionner sa cour, la maison a profité de son 150e anniversaire pour ouvrir au public les portes de son site historique.

Visite des chais de vieillissement, de la section où sont entreposés de vieux foudres (très gros fûts de cognacs rares), et des dames-jeannes, ces bouteilles dodues qui renferment les plus vieux millésimes ; puis découverte de l'espace de travail du maître de chai de la maison, Anne Sarteaux... On se croirait presque dans le bureau d'un parfumeur ! De beaux effets sonores et visuels complètent une visite déjà bien documentée. Pour l'anecdote, la panthère, symbole de force, de souplesse et d'élégance tout à la fois, a été choisie à la fin des années 1990 comme emblème de la marque afin de conquérir le marché chinois qui lui attribue toutes les vertus ! Et enfin, ne pas manquer la dégustation des créations maison, notamment les originales liqueurs de cognac au café, fruits rouges ou vanille.

Restaurant Le Chai Meukow : *ouv à tous, tlj sauf dim, le midi seulement, sur résa. Menu unique env 36 €.* Dans une dépendance, un talentueux chef concocte, dans le cadre d'un atelier culinaire, des menus du marché à la plancha et autour du cognac (cela va de soi !). Terrasse exceptionnelle.

Rémy Martin : *à la maison (au 20, rue de la Société-Vinicole) ou au domaine (situé à* ***Merpins,*** *à 4 km au sud-ouest de Cognac en direction de Pons). ☎ 05-45-35-76-66. • visitesremymartin.com • Au domaine, visite sur résa de mi-avr à fin sept, tlj sauf dim ; durée : 1h30. Au siège, visite tte l'année sur résa ; durée : 1h30. Entrée : 25 € au domaine, 35 € à la Maison. Également d'autres visites plus exclusives sur résa, notamment « Entre Vignes et Distillerie » (50 €, voir site internet).*

La visite au domaine, au cœur de l'immense site d'élaboration de Merpins, s'effectue à bord d'un ***petit train*** pour rallier différents chais d'assemblage et de vieillissement (il y a plus de 30 sur le site !). Tous les aspects techniques sont passés en revue (de la fabrication du cognac, bien sûr, à la tonnellerie), émaillés d'anecdotes historiques sur cette maison fondée dès 1724. D'ailleurs, ***un petit tour dans le chai*** prestigieux où sont conservées les plus vieilles barriques permet de se faire une idée de l'ancienneté de la maison et de la pérennité de son style. Dans le dernier siècle, il n'y eut que 4 maîtres de chai ! À l'issue de la visite, les amateurs pourront déguster un verre de VSOP (servi en cocktail) et un autre de l'Accord Royal 1738 (un cognac distillé sur lie dans de petits alambics et vieilli en fûts de chêne du Limousin), le tout accompagné d'une bouchée gourmande.

Intéressant, mais les connaisseurs exigeants préféreront peut-être les visites privées organisées à la maison, à Cognac. On commence par visiter le ***musée*** qui revient sur l'histoire de la marque, son patrimoine et son savoir-faire, avant de passer en revue les différentes étapes de l'élaboration du cognac. L'expérience se termine par une dégustation des emblèmes de la marque, à savoir le VSOP et le XO, accompagnés de 2 bouchées salées ou sucrées.

Bache Gabrielsen (hors plan Cognac par B1) **:** *5, rue Louis-Dominique. ☎ 05-45-32-07-45. • bache-gabrielsen.com • Visite classique sur résa lun-ven, GRATUIT. Visite « Cellar Master Challenge » : 50 € (env 2h).* Cette maison familiale fondée en 1905 par un ***jeune Norvégien,*** Thomas Bache Gabrielsen, continue d'entretenir de solides liens avec la Scandinavie. Très complète et assez intime,

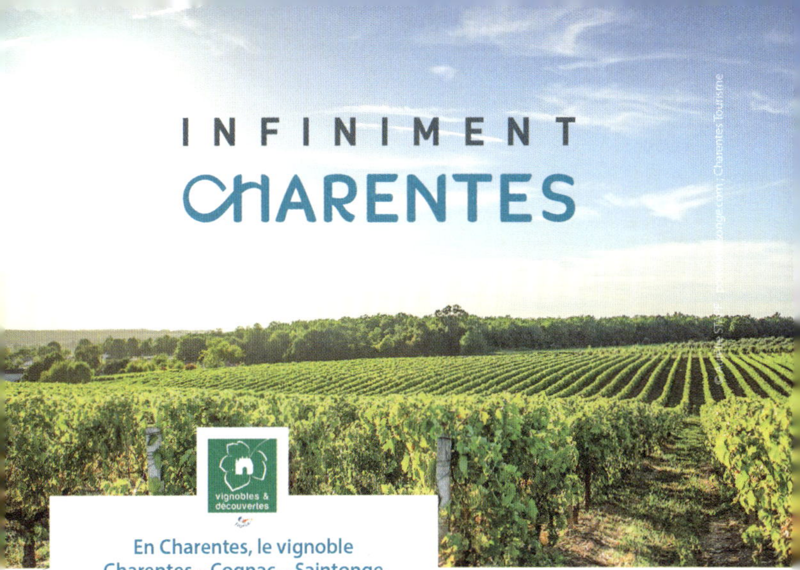

En Charentes, le vignoble Charentes – Cognac – Saintonge ainsi que celui de l'Ile d'Oléron sont labellisés Vignobles et Découvertes.

Retrouvez tous les sites de visite et d'activités, restaurateurs et hébergeurs qui vous assurent un accueil privilégié et de qualité sous le signe de la transmission et de l'authenticité.

www.infiniment-charentes.com

la Charente Maritime LE DÉPARTEMENT

CHARENTE LE DÉPARTEMENT

la visite se déroule dans les locaux historiques de la marque, à savoir une belle maison charentaise dotée d'un joli chai de vieillissement. Elle permet de découvrir le fascinant ***bureau du maître assembleur,*** avec son armoire et son bureau plein d'échantillons d'eaux-de-vie, le chai de vieillissement et le très secret chai paradis. Ensuite, place à la dégustation, qui se passe dans la boutique. Celle-ci propose une large gamme de cognacs maison (du VS au Hors d'Âge mais aussi des millésimés ou éditions limitées), ainsi que du pineau des Charentes (blanc ou rouge), 2 whiskys et de l'aquavit. L'expérience *Cellar Master Challenge* permet de se mesurer au maître assembleur en essayant de découvrir le contenu de son eau-de-vie. Ludique et pointu !

DANS LES ENVIRONS DE COGNAC

BOURG-CHARENTE *(16200)*

À 10 km à l'est de Cognac. ***Ravissant village*** avec une jolie église romane de style saintongeais dont la façade à 3 étages est ornée d'arcatures. À l'intérieur, remarquez les deux coupoles sur pendentifs et la fresque du XIIIe s figurant une ***Adoration des Mages.*** Plus loin, on aperçoit le château de Bourg, des XVIe et XVIIIe s (ne se visite pas pour l'instant, on y distille le fameux Grand Marnier). Ne pas manquer la ***balade le long de la Charente,*** sur l'ancien chemin de halage, où passe aujourd'hui la voie cyclable de la ***Flow Vélo.***

Où dormir ? Où manger ?

Camping du Port : *allée des Platanes.* *06-03-06-85-07.* • *campingbourgcharente.wixsite.com* • *Ouv Pâques-nov. Env 12 € pour 2. 40 empl.* Petit camping tout simple mais idéalement situé le long du chemin de halage et de la Flow Vélo, sur un terrain bucolique à souhait, face à la Charente... Emplacements assez bien ombragés et tranquilles. Aire de jeux pour les enfants et location de canoës et *paddles*. 2 mobile homes également.

Domaine des Platanes : *1, allée des Platanes.* *06-72-82-99-97.* • *charentedomainedesplatanes.com* • *À 10 km à l'est de Cognac. Compter env 120 € pour 2 ; familiale. Table d'hôtes sur demande env 30-35 €.* Magnifique maison charentaise de 1850. On y trouve 3 chambres du meilleur goût, cosy comme il faut et décorées de meubles anciens. Vaste salon commun avec billard et jolie piscine. Magnifique jardin également, où l'on prend le petit déj à la belle saison. La Charente est juste en face, ainsi que la Flow Vélo.

Les Pilotis du Cognac : *20, route de la Petite-Champagne.* *06-82-81-61-25.* • *lespilotisducognac.com* • *À env 6 km à l'ouest de Jarnac. Compter 85-108 € jusqu'à 4 pers ; juil-août, loc à la sem seulement.* Dans un jardin parfaitement entretenu, 4 agréables bungalows avec cuisine équipée et terrasse. Tous disposent d'une chambre, d'un salon avec sofa convertible et de la clim. Piscine chauffée et espace détente, avec jacuzzi et sauna (que l'on peut privatiser). Également un emplacement pour camper *(19-28 € pour 2).* Idéal en famille !

La Ribaudière : *pl. du Port.* ☎ *05-45-81-30-54.* • *laribaudiere.com* • *À 5 km au sud-ouest de Jarnac. Tlj sauf dim soir-mar. Au bistrot La Table du Fleuve, formules déj en sem 30-36 € ; au resto gastronomique, menus 64-140 €.* L'étape incontournable du circuit gastronomique charentais. Cuisine de terroir revue et corrigée, dotée d'une vraie personnalité et jamais en panne d'imagination : saveurs délicates, mariage subtil des produits locaux et des senteurs méridionales, c'est du grand art. Comme la carte des vins, hallucinante ! Avec même quelques vins charentais. La déco très sophistiquée, avec ses meubles contemporains et son plafond design composé de douelles de barriques de cognac, vous en mettra plein la vue. La partie bistrot, baptisée *La Table du Fleuve,* permet déjà d'avoir un bon aperçu de la cuisine de Thierry Verrat et de son fils Julien, pour un prix raisonnable. Magnifique terrasse face à la Charente.

JARNAC

(16200)

La souriante petite ville de Jarnac s'étire langoureusement le long de la Charente. Chef-lieu de canton, elle a prospéré discrètement, grâce, comme sa célèbre voisine, à ses importants chais de cognac. C'est d'ailleurs à Jarnac que s'est implanté le 1er marchand d'eau-de-vie, en 1610.
Outre ses maisons de cognac (Courvoisier, Hine, Braastad-Tiffon, Delamain...) et son coup de Jarnac, la commune s'enorgueillit d'avoir vu naître un président de la République : François Mitterrand. Jarnac a ainsi hérité d'une collection de cadeaux offerts à « Tonton » par les grands de ce monde ! Et depuis que François Mitterrand repose au cimetière des Grand'Maisons, la petite ville autrefois tranquille est devenue un lieu de pèlerinage...

LE COUP DE JARNAC

Contrairement à ce que des plaisantins ont pu écrire dans les journaux satiriques, le coup de Jarnac n'a rien à voir avec la ***naissance de François Mitterrand.*** Ce n'est pas non plus une expression désignant le fait de boire cul sec un verre de cognac. Il s'agit tout simplement ***d'une botte secrète*** rendue célèbre lors d'un duel survenu en 1547... Seulement, cet événement devenu historique n'eut pas lieu à Jarnac, mais au château de Saint-Germain-en-Laye ! L'affaire, un brin compliquée (on ne va pas entrer dans les détails), commença à la cour d'un autre François (François Ier). Le jeune Guy Chabot, baron de Jarnac et accessoirement beau-frère de la maîtresse du roi, lança une rumeur selon laquelle la belle-mère du Dauphin (futur Henri II) tentait de le séduire. Pour sauver l'honneur du Dauphin, un certain François de Vivonne, seigneur de La Châtaigneraie, fit croire au roi qu'il avait lui-même lancé la rumeur. Mais Jarnac le traita de menteur. Le duel était inévitable. La Châtaigneraie, excellent escrimeur, étant sûr de gagner, prépara un festin. Que nenni ! Guy Chabot de Jarnac s'entraîna avec un maître italien qui lui enseigna une botte secrète. Ainsi, le jour du duel, le jeune baron trancha-t-il par surprise le jarret de son adversaire. Celui-ci en mourut quelques jours plus tard...

Adresses et infos utiles dans le coin

Office de tourisme : *1, rue Carnot, 16200* ***Mainxe-Gondeville.*** *☎ 05-45-82-10-71. • tourism-cognac.com • Sur l'autre rive de la Charente, juste de l'autre côté du pont. Juil-août, tlj sauf dim 9h30-12h30, 13h30-17h30 ; avr-juin et sept, mar-ven 9h30-12h30, 13h30-17h30, plus sam en juin et sept ; oct-mars, le mat seulement mar-ven.*

– ***Marché couvert :*** *rue du Chêne-Vert.. Avr-sept, mar-dim 7h-13h ; oct-mars, fermé lun et mer.* Pratique pour les campeurs... et les gourmands. *Également une foire le 1er sam du mois.*

Location de VTT : *auprès de* ***VTT Concept,*** *à* ***Mainxe.*** *06-11-08-44-44. Tlj sur résa.* Location de vélos à la demi-journée, journée ou à la semaine. Randos accompagnées.

Excursions à vélo électrique, guidées par GPS : *avec* ***Ouest Charente Outdoor,*** *11, route de Julienne. 07-72-14-51-30. • ouest charente-outdoor.com • Sur résa, à partir de 22 €.* Pour découvrir les bucoliques environs de Jarnac à vélo électrique, en autonomie. Guidage GPS entre vignes et paysages aquatiques. À louer également, de rutilants canoës canadiens (du haut de gamme, très maniables !). Micro-aventures de 2 jours possibles également.

Balade fluviale : *avec* ***Béthanie,*** *quai de l'île-Madame. 06-82-26-32-21. • bethanie-peniche.fr • Balades-dégustation 60-70 €/pers. 4 pers min, 8 pers max.* Croisière gourmande sur la Charente, d'une durée de 3h environ, avec cocktail de bienvenue au cognac, dégustation de produits charentais, vin, dessert et café.

Canoë : *s'adresser au club, 19, quai de l'Île-Madame. ☎ 05-45-81-32-01.* Location en autonomie pour 5, 9, 12 ou 18 km le long du fleuve. Balade nocturne le vendredi en été, avec apéritif dinatoire au bord de l'eau *(compter 22 €/pers).* Très sympa !

– ***Marché aux truffes :*** *dans l'ancienne école Jules-Ferry, 16, rue des Fossés. Déc-fév, dim 9h-12h.* Unique en Charente !

Où dormir ? Où manger ?

Camping Île Madame : *rue de l'Île-Madame, 16200* ***Gondeville.*** *☎ 05-45-81-18-54. 06-26-91-40-92. • night-and-day.fr • C'est juste de l'autre côté du pont en fait ! Ouv de mi-avr à fin sept. Forfait env 15,60-19,40 € pour 2. Chalets et mobile homes. 86 empl.* Camping à taille humaine, qui n'est pas (comme son nom pourrait le suggérer) sur une île mais au bord d'un bras de la Charente. Très bucolique ! En plus, la piscine municipale n'est qu'à 50 m (entrée gratuite pour les campeurs).

Hôtel Ligaro : *74, Grand-Rue. ☎ 05-45-32-71-38. • hotel-ligaro.com • Doubles 139-250 € ; suites plus chères ; familiale.* Un petit hôtel de standing aménagé dans une ancienne demeure du XVIIe s, au cœur même de Jarnac. Chambres à la déco moderne et épurée, aux teintes sobres et reposantes. Mention spéciale pour la suite, dont la terrasse privée donne sur le jardin. La chambre située à l'écart du bâtiment principal et dont le mur arrondi épouse la forme de l'ancien rempart a aussi du charme.

Le Restaurant du Château : *15, pl. du Château. ☎ 05-45-81-07-17. • restaurant-du-chateau.com • Tlj sauf dim soir, lun et mer soir. Formule et menu déj en sem 24,50-26,50 € ; le soir, menus 55-66 €.* La façade élégante annonce la couleur : belles salles sobres et contemporaines (avec ce qu'il faut de couleurs vives pour dynamiser le tout), service souriant et discret, et surtout une cuisine qui ne laisse pas indifférent. Le choix des produits de 1re qualité (locaux de préférence) y est bien sûr pour quelque chose, mais c'est le doigté du chef et sa créativité qui font que chaque repas est une belle expérience gustative. Belle terrasse champêtre sur l'arrière.

Où dormir ? Où manger dans les environs ?

Le Verre Y Table : *42, av. Carnot, 16200* ***Mainxe.*** *☎ 05-45-35-07-28. • leverreytable.fr • À la sortie de Jarnac direction Cognac, vers la gare (pratiquement à Jarnac, en fait). Ouv mar midi-ven. Menu déj en sem 29 €, puis 46-66 €.* Vu la taille de la maison, cette adresse tenue par une jeune équipe est presque impossible à louper, qu'on entre ou qu'on sorte de la ville. Soit une salle (et des terrasses) gentiment design, mais aussi et surtout une jolie cuisine avec de l'idée, à base de produits frais locaux, qui évolue en fonction des saisons. Très belle carte des cognacs avec des dizaines de références. Vins charentais au verre ou en bouteille. Un beau moment.

Chambres d'hôtes La Cascade de Saintonge : *Saintonge, 16720* ***Saint-Même-les-Carrières.*** *☎ 05-45-32-40-28. • la-cascade-de-saintonge.com • À 6 km à l'est de Jarnac. Compter 95-105 € pour 2. Dîner sur résa 30 €.* Emplacement de rêve pour cette vénérable ferme du XVIIe s, tranquille derrière son solide portail et juste séparée de la Charente par un superbe jardin. 2 chambres, de bonne taille et à la jolie déco entre hier et aujourd'hui. Également un gîte.

Où acheter de bons produits locaux ?

Pâtisserie Christophe : *13, Grand-Rue. ☎ 05-45-82-51-49. Tlj sauf lun et dim ap-m, 8h-12h45, 15h-19h.* Ce pâtissier-chocolatier régale la ville de ses bons gâteaux et confiseries. Essayez donc le « coup de Jarnac », les galettes charentaises maison ou les délicieux chocolats. En été, on craque pour les glaces maison, notamment la « cognac raisins », une merveille à déguster sur les quais de la Charente, tout proches.

Épicerie Belle Lurette : *8, rue du Portillon. 06-84-66-64-76. Tlj sauf lun (plus jeu et dim ap-m).* Beaucoup de produits locaux comme des vins charentais IGP, du pineau, du miel, du jus de raisin, de la bière et des galettes charentaises (miam !).

À voir

L'église Saint-Pierre : *Grand-rue. Juin-sept, tlj sauf dim 14h30-18h ; oct-mai, mar 15h-17h.* De construction romane, mais ça ne se voit plus beaucoup. Rare vestige de l'époque, la ***magnifique crypte du XIIIe s,*** dédiée à l'archange saint Michel. Les élégantes voûtes partent d'un pilier central et sont soutenues aux angles par des cariatides. Aux murs, des colonnettes sculptées. Certaines clés de voûte sont également historiées : on reconnaît des feuilles et un visage. On est surtout saisi par les gracieuses nervures des ogives, qui donnent à cette petite pièce toute son harmonie. Également ***3 fresques murales ;*** la mieux conservée est celle évoquant saint Nicolas, ancêtre du Père Noël et patron des bateliers. À part ça, l'église est surtout devenue célèbre le jour où fut enterré François Mitterrand : c'est ici qu'a été célébrée la messe d'adieu, en toute simplicité.

La maison natale de François Mitterrand : *22, rue Abel-Guy. ☎ 05-45-35-46-08. • maison-natale-francois-mitterrand.org • Dans le prolongement de la Grand-Rue. Mai-oct, tlj sauf lun-mar 10h30-12h30, 14h30-18h ; nov, tlj sauf lun-mar 14h15-18h. Entrée : 5 € ; réduc ; gratuit moins de 8 ans.*
La maison du 4e président de la Ve République offre une idée du quotidien de l'enfance et de la jeunesse de celui qui y est né. Car rien, ou presque, n'a bougé. Même le papier peint a été reconstitué avec les couleurs d'origine ! La visite permet de découvrir le salon, la salle à manger, la cuisine, la chambre natale et la chambre de François Mitterrand (« la chambre aux oiseaux » comme il l'appelait), mais également le jardin et les dépendances. Le tout, sur fond de photos de famille et de documents

ARE FUNÉRAIRE

C'est au sommet du mont Beuvray, dans le Morvan, que François Mitterrand aurait souhaité être enterré. En 1995, il avait acheté un petit terrain d'un are (100 m²) à 810 m d'altitude, au lieu-dit La Chaume, pour un franc symbolique. Une association locale (L'Are pour tous !) s'opposa fermement au projet dans ce site protégé, et Mitterrand renonça finalement à son idée. Il repose au cimetière de Jarnac.

inédits. Dans la cour, l'ancienne vinaigrerie accueille des expos temporaires sur le parcours politique de l'ancien président.
François Mitterrand est mort le 8 janvier 1996 et est enterré dans le caveau familial, au ***cimetière des Grand'Maisons,*** à 800 m de l'église de Jarnac où il fut baptisé.

Visites de chais

Courvoisier : *2, pl. du Château. ☎ 05-45-35-56-16. • courvoisier.com • Au bord de la Charente. Avr-sept, tlj sauf dim-lun 10h30-13h, 14h-18h30 ; visites à 10h30, 11h15, 14h15, 15h30 et 16h30. Le reste de l'année, réserver en ligne (les 1ers choisissent la langue de la visite !). Visite guidée (compter 1h) : 20 € ; réduc ; gratuit moins de 12 ans. Également des visites privées (appeler au préalable).*
La célèbre marque n'a pas pris n'importe qui pour assurer sa promotion : son cognac, depuis 1811, est « officiellement » ***celui de Napoléon !*** Tout cela depuis que l'Empereur visita les entrepôts du négociant Emmanuel Courvoisier. Mais c'est véritablement en 1869 que Napoléon III décida formellement d'en faire son fournisseur exclusif (un titre officiel exposé ici en atteste). L'histoire de la marque et ses origines sont brièvement retracées avant d'enchaîner avec les ***explications sur l'élaboration du cognac*** (bel alambic traditionnel en cuivre), la fabrication des barriques (sans clous ni produits chimiques, attention !), les différents crus, les arômes (avec d'intéressantes barriques à parfum qui permettent de comprendre comment l'eau-de-vie s'imprègne de l'odeur du bois), les millésimes, etc. La visite traverse ensuite un ***1er chai :*** impressionnant amoncellement de fûts (à la verticale !) dans une semi-pénombre... L'odeur omniprésente d'alcool est due à l'évaporation. On appelle ça « la part des anges ». Poétique, non ? Puis, direction le ***chai Renard,*** dont le nom évoque un célèbre maître assembleur de la maison. Très proche de l'eau (et donc extrêmement humide), ce chai s'ouvre directement sur la Charente, offrant une vue unique sur le fleuve. Une belle façon de rappeler le lien entre le cognac et le cours d'eau. En fin de parcours, on découvre un petit ***film*** très réussi qui met en scène tous les acteurs participant à l'élaboration du cognac. Place ensuite à la dégustation !

© Sébastien LAVAL / Charentes Tourisme
Courvoisier

Cognac Thomas Hine & Co : *16, quai de l'Orangerie. ☎ 05-45-35-59-59. • hinecognac.com • Visites de 2h, sur résa seulement.* Fondée en 1763, la maison Hine était le fournisseur officiel la reine Elizabeth II, depuis 1962 s'il vous plaît ! Charles III renouvèlera-t-il le contrat ? *That is the question.* La visite permet de découvrir les chais historiques, nichés sous un beau bâtiment du XVIIIe s, avant de finir par une dégustation en bonne et due forme. La spécialité de cette maison dont l'emblème est un cerf : Les cognacs millésimés, en particulier les *Early landed,* produits en Charente, mais vieillis en Angleterre ou en Écosse, ce qui leur donne une petite touche très... *british*.

Cognac Delamain : *7, rue Jacques-et-Robert-Delamain. ☎ 05-45-81-08-24. • delamain-cognac.com • Lun-sam 8h30-17h30. Fermé w-e. Visites sur résa uniquement : « Introduction sensorielle », 25 €, 1h ; « Les Merveilles du Vieillissement », 50 €, 1h30 ; « Patrimoine et Luxe », 100 €, 2h.*
Fondée par l'Irlandais James Delamain en 1751, cette maison de cognac vend exclusivement des eaux-de-vie du cru de Grande Champagne, de 10 ans minimum. Maison familiale (qui appartient tout de même au groupe Bollinger), plutôt haute couture que *mass market,* toujours à la recherche d'une certaine pureté. Le maître de chai, Dominique Touteau, est d'ailleurs une vraie légende ! La maison dispose de 22 ha de vignes pour produire ses propres eaux-de-vie, qui viennent compléter son activité de négoce. La visite commence dans le ***showroom***, encombré d'œuvres d'art (expos temporaires), avant de se poursuivre juste en face dans l'***atelier du maître assembleur,*** avant de rejoindre les ***chais historiques*** du XVIIIe s, parmi les plus beaux et envoûtants de la région. C'est un lieu très intime et secret, sorte de boîte à bijoux, dans lequel il est possible d'organiser un dîner gourmand (sur résa seulement).

Cognac Braastad (établissement Tiffon) : *29, quai Île-Madame, 16200* **Mainxe-Gondeville.** *☎ 05-45-36-87-00. • braastad.com • Lun-ven 8h30-17h30 tte l'année (sam sur demande), sam 9h-17h également en juil-août. Fermé dim. Visite découverte : 15 €. Visite « Privilège » : 35 € (inclut le décor Art déco).* Si Braastad est aujourd'hui une marque célèbre en Scandinavie, la maison a d'abord été fondée par ***Médéric Tiffon***, en 1875. C'est en 1899 que Sverre Braastad, un Norvégien venu à Jarnac pour commercer des spiritueux, épouse la petite-fille de la famille Tiffon, Édith Rousseau, avant de reprendre la tête de la maison. Aujourd'hui, c'est la ***6e génération*** de Braastad qui est aux commandes. On visite ici le ***site historique,*** qui permet de suivre les étapes de fabrication de l'eau-de-vie charentaise : vinification, distillation, assemblage dans le bureau du maître de chai, embouteillage (dans un chai Eiffel !), etc. La visite « Privilège » permet d'accéder au oceur de l'entreprise, dont le bureau de Sverre Braastad, au décor Art déco inchange ! On termine par la dégustation de 3 cognacs Braastad (également du pineau et une liqueur, au choix). Parmi les fiertés de la maison, les cognac distillés à partir des 40 ha de vignes du domaine, plantées dans les crus de la Grande Champagne et des Fins Bois.

DANS LES ENVIRONS DE JARNAC

Visite de chai

Les Frères Moine : *1, rue de la Boucle, Villeneuve, 16200* **Chassors.** *☎ 05-45-80-98-91. • moinefreres.fr • À 3,5 km de Jarnac. Tlj sauf sam ap-m et dim, 9h-12h, 14h30-17h30. Visites (sur résa) : « La Distillation du cognac » : 9 € ; « Les Secrets du pineau et du cognac » 12 €. Pour le* **Circuit du Chêne** *: juil-août, mar-jeu, rdv à 14h à l'office de tourisme de Jarnac ; le reste de l'année, sur résa. Durée : 2h30. Tarif : 18 € (dégustation comprise) ; réduc et forfait famille.* Les frères Moine ne font rien comme les autres et c'est tant mieux ! D'abord, leurs fameux

cognacs (du VS au XO), pineaux (jeunes et vieux) et vins (charentais IGP ou vins de France) sortent du lot grâce à des choix audacieux sur la vinification, la distillation, les assemblages ou le vieillissement. Ils s'amusent aussi à faire des diverses liqueurs, élaborent un délicieux jus de raisin et produisent même... du ***safran.*** Leurs vignobles sont plantés de cépages extrêmement variés : ugni blanc (pour le cognac), chenin, merlot, cabernet et même du tempranillo espagnol. Leurs chais ? Ils ont longtemps abrité des expos de *street art*... Certaines créations sont restées, pour le plus grand bonheur des visiteurs.
En plus des ***visites déjà peu classiques*** de leur domaine, ils proposent une passionnante balade intitulée ***Circuit du Chêne.*** Un parcours qui rappelle que le cognac est bien le fruit d'une savante alchimie entre le bois, l'air et l'alcool. Car la qualité des barriques (où l'eau-de-vie se chargera de tanins, gagnera sa profonde couleur ambrée) influe aussi sur la qualité d'un cognac. Le circuit commence donc chez le fendeur de merrains. C'est lui qui choisit, sur pied, au cœur des forêts limousines, de superbes chênes centenaires. Du cœur du tronc, il va tirer de belles pièces (dans le droit fil du bois, sinon la barrique fuit !) qui sèchent pendant au moins 3 ans. Pourquoi du chêne et pas une autre essence ? Le petit morceau de bois qu'on vous donne à mâchonner pendant la visite devrait vous apporter la réponse ! La découverte se poursuit chez le tonnelier pour assister à la fabrication d'une barrique, technique qui a peu évolué au fil des siècles. Les douelles (pièces de bois qui, assemblées, formeront la barrique) sont toujours cintrées sur un brasero. Et le temps qu'elles passent sur la flamme a son importance : les tanins seront différents suivant le degré de brûlure du bois (que l'on appelle le « ***bousinage*** »). Le circuit se termine dans la distillerie, au coin de l'alambic, où l'on apprend tout sur la fameuse double distillation et sur la part des anges avant une dégustation de pineau !

Guy Pinard : *8, rue de l'Église, 16200* ***Foussignac.*** *☎ 05-45-35-87-57.* • *guy-pinard.com* • *Lun-ven 9h-12h, 14h-17h. Visite sur rdv. GRATUIT.* Installé dans le domaine de La Tour Vert, où l'on distille des eaux de vie depuis le XVIIe s, ce producteur de cognac, pineaux des Charentes et vins charentais IGP est ***officiellement bio depuis... 1969,*** rien que ça ! Guy Pinard était vraiment un précurseur dans la région. Aujourd'hui, son fils Jean-Baptiste perpétue la tradition familiale, assumant la gestion de la maison de la vigne à la bouteille. Belle gamme de cognacs du VSOP à l'XO Vieille Réserve. Essayez donc le XO 100 % folle blanche, atypique et fleuri. Une vraie merveille ! Également un whisky maison, La Tour Vert, un single malt élevé en fûts de chêne. Visite possible du domaine sur rendez-vous.

SAINT-SIMON (16120)

À mi-distance d'Angoulême et de Cognac, ce petit village étiré le long de la Charente cache bien son jeu. On pourrait le traverser comme ça, la tête dans les nuages, sans se douter un seul instant de son importance historique et, quelque part, viticole... Quand vous en aurez fait le tour, vous vous rendrez compte que Saint-Simon se classe sans peine parmi les lieux les plus attachants de la région.

UN PEU D'HISTOIRE GABARRIÈRE

Saint-Simon, qui possède peu de terres, a de tout temps été une commune de marins. Mais pas n'importe quels marins : ici, ce sont d'authentiques ***gabarriers***, ces hommes qui manœuvraient des gabares, grands bateaux à fond plat qui ont longtemps sillonné la Charente, chargés de vin, de sel, de bois... puis de milliers de tonneaux de cognac ! Outre les gabarriers, le village a également fourni d'éminents charpentiers et « calfats », chargés de la construction et de la réparation des gabarres. Ainsi, du Moyen Âge jusqu'aux années 1930, tout le village a vécu des gabares, puisque les femmes et les enfants s'occupaient du halage... Vu l'importance de la Charente, autrefois centre de communication privilégié entre l'océan et l'intérieur des terres, Saint-Simon est ainsi devenu l'un des centres vitaux de cette étonnante civilisation fluviale – mais l'avènement du chemin de fer a mis un terme à cette activité lucrative.

Où dormir ? Où manger dans le coin ?

La P'tite Gabare : *6, rue des Gabarriers, à Saint-Simon. ☎ 05-45-24-92-83. En saison, tlj 10h-22h ; horaires et jours d'ouverture plus réduits en dehors.* On aime bien la terrasse de ce petit bistrot situé face à la belle église de Saint-Simon. C'est l'endroit idéal pour boire un verre ou grignoter un petit quelque chose avant d'embarquer sur une gabarre.

Hôtel-restaurant Les Ombrages : *3, route des Ponts, 16120* ***Vibrac.*** *☎ 05-45-97-32-33. • lesombragesvibrac.com • (resto seulement). À env 2 km au sud-est de Saint-Simon. Resto tlj sauf lun, ven midi et dim soir. Double 76 €. Menu 18 € (déj en sem) ; menu-carte 39 €.* Dans un très joli coin, pratiquement en pleine nature, sous les frondaisons (normal, vu l'enseigne) et à 2 pas de la Charente, qui se perd ici en méandres délicieux... Un hôtel classique, sans fausse note, aux chambres simples mais nettes... Au resto, une cuisine traditionnelle soignée, à base de produits frais. Piscine à l'arrière.

L'Essille : *43, route de Condé, 16120* ***Bassac.*** *☎ 05-45-81-94-13. • hotel-restaurant-essille.com • À 3 km à l'ouest de Saint-Simon. Resto tlj sauf sam midi et dim. Doubles 92-127 € ; familiales. Menus 25 € (déj en sem), puis 46-58 €.* Bon pied bon œil, cet hôtel-restaurant confirme son statut de petite institution locale. C'est dans sa salle contemporaine aux grandes baies vitrées donnant sur le jardin que les habitués goûtent une belle cuisine classique aux envolées gastronomiques, tandis que les cols blancs de passage font le détour pour ses 1ers menus d'un bon rapport qualité-prix. Également des chambres spacieuses et confortables, toutes personnalisées. Une bonne adresse.

À voir. À faire

Un itinéraire fléché permet de faire le tour des curiosités du village, et notamment des nombreux graffitis. Ces vieilles inscriptions dans la pierre servaient d'enseigne (ou de fléchage publicitaire) aux différents corps de métier. Ouvrez bien les yeux en longeant les murs !

L'église Saint-Sigismond : *place centrale.* L'une des plus petites du département. On y trouve aussi, en ex-voto, une charmante maquette de bateau (un sloop) du XIXe s, pendue au plafond.

La Maison des gabarriers : *rue principale, face à l'église. ☎ 05-45-97-33-40. • village-gabarrier.fr • De mi-mai à mi-oct, tlj sauf mar 10h-12h, 14h-17h ; le reste de l'année, ouverture plus restreinte. Entrée : 5 € (10 € avec la balade en gabare, voir plus loin) ; réduc.* Dans un ancien bistrot, une ***petite expo*** est consacrée à l'histoire commune du fleuve et du village, ainsi qu'à la fabrication des gabarres, illustrée par quelques belles maquettes et une rare collection d'outils de charpentier. Pour terminer, une vidéo retraçant le voyage d'une gabarre donne une petite idée du quotidien des bateliers. Juste en face, l'***espace Caragraffi*** expose des moulages de graffitis que l'on peut observer dans le village.

L'impasse du Calfat : *dos à l'église, c'est la 1re ruelle à droite par rapport à la Maison des gabarriers.* On y trouve le beau portail sculpté (et restauré) de l'ancienne maison d'un charpentier (ou calfat), datée de 1602. Sur le fronton de pierre, les outils traditionnels : marteau et burin. Les gabarres étaient fabriquées ici même, devant la maison, puis remorquées jusqu'au fleuve.

Le cimetière : *en retrait du village, à l'opposé du fleuve.* L'un des plus originaux de la région, grâce aux décorations très particulières des quelques tombes de gabarriers qu'il abrite sur la gauche après l'entrée. La symbolique est en rapport avec l'univers batelier : ancres, cordages, silhouettes de bateaux, etc. On se croirait en Bretagne ! D'ailleurs, certaines images (enfants tenant un agneau et un panier) sont héritées de la tradition celte, sans doute rapportées par des gabarriers ayant rencontré des Bretons dans les ports...

UNE GLOIRE LOCALE

À l'entrée du cimetière de Saint-Simon se trouve la tombe d'un certain Philippe Mitterrand, mort en 1992. Il s'agit du frère de François, ancien maire de Saint-Simon, qui fut directeur de la vinaigrerie familiale de Jarnac, puis responsable des chasses présidentielles. Eh oui, Saint-Simon est aussi l'un des fiefs des Mitterrand !

Le mur des Gabarriers : *au bord du fleuve, à Juac ; à 800 m du village en direction de Bassac, fléché sur la gauche.* Au bout de la grande allée (on profite en même temps d'une agréable promenade le long du fleuve), à l'angle de la rue des Abreuvoirs, des centaines de graffitis anciens représentent des bateaux, la plupart émouvants de naïveté. Sur la rive opposée, le chemin de halage d'où l'on tirait les gabarres chargées de cognac.

Balade fluviale : *☎ 05-45-97-33-40. De mi-avr à mi-oct, tlj sauf mar (tlj juin-18 sept) ; départs à 10h30, 15h et 16h30. Tarif : 9 € (visite de la Maison des gabarriers incluse) ; 5 € pour les 4-12 ans ; réduc ; gratuit moins de 4 ans. Rens et résas à la Maison des gabarriers.* Belle balade de 1h30 environ jusqu'à l'écluse de Saintonge à bord de *La Charente*. Pour découvrir autrement chemins de halage et petites îles du fleuve, et pour vivre l'expérience réjouissante des passages d'écluse. Un must ! L'ancienne gabarre *La Renaissance,* en retraite, est également visible à quai.

DANS LES ENVIRONS DE SAINT-SIMON

L'abbaye de Bassac : *à 3 km à l'ouest de Saint-Simon. ☎ 05-45-83-08-35. 06-70-98-38-74. Mer-dim 14h30-18h (17h hors saison). Fermé de janv à mi-fév. GRATUIT ; audioguide 6 €. Possibilité de visite guidée en juil-août (ouv tlj), ven à 15h : 7 €/pers ; sur résa hors saison (à partie de 10 pers, 6 €/pers).*
Fondée en 1003 sur un bras d'eau de la Charente par Wardrade et Rixendis (ça ne s'invente pas !), seigneurs de Jarnac, cette superbe abbaye subit les débordements brutaux des guerres de Cent Ans et de Religion, avant d'être désaffectée à la Révolution. Réoccupée à partir de 1947 par les frères missionnaires de Sainte-Thérèse, elle est aujourd'hui animée par l'Association des amis de l'abbaye de Bassac.
Un étrange porche-galerie, voûté au XVIIe s, donne accès à l'ancien cloître, aujourd'hui jolie cour ornée d'un puits, puis à la remarquable église abbatiale, essentiellement du XIIIe s. Haute façade saintongeaise décorée d'un portail roman et important clocher à étages dont la base est du XIe s. À l'intérieur, on remarque surtout un lutrin énorme, en bois, du début du XVIIIe s, ainsi qu'un intéressant ***jubé de pierre*** et des stalles délicatement sculptées de la même époque. Jardins sur l'arrière, qui courent jusqu'à la Charente. Le reste des bâtiments abbatiaux

(cuisines, chauffoir, réfectoire, chapelle, salle aux boiseries...) ne se visite qu'en été, et avec un guide.

Boutique de produits monastiques : *avr-sept, mer-dim 14h30-18h ; le reste de l'année, jeu-dim. Fermé janv-fév.*

Vibrac : *à 1,5 km au sud-est de Saint-Simon.* Ce village charentais est situé au cœur d'un des ***paysages les plus bucoliques*** de la vallée, où la Charente s'éparpille en de multiples bras. Joli pont de pierre du Bouet, qui surplombe une toute petite plage de galets au bord d'eaux translucides. Autour, une petite cascade en arc, des vaches et les ruines d'un château médiéval (sur l'île d'en face). Jolie vue depuis le pont sur le canal des Moulins, bordé d'alignements de saules.

CHÂTEAUNEUF-SUR-CHARENTE (16120)

La plus grosse bourgade entre Jarnac et Angoulême. Le château (qui fut neuf !) est tombé en ruine au XVIIIe s. Le vieux pont qu'il défendait a, lui aussi, disparu. Cette petite ville tranquille, qui taxait les gabarres faisant commerce de vin ou de sel, est une cité majeure de l'AOC du cognac, rassemblant un grand nombre de producteurs et négociants, souvent prestigieux. De son passé, le petit bourg a conservé quelques vestiges qui méritent découverte.

Adresse utile

Office de tourisme : *Aire de loisirs du Bain-des-Dames. ☎ 05-45-82-10-71. • tourism-cognac.com • Ouv juin-sept, mar-sam 9h30-12h30, 13h30-17h30 (plus dim juil-août).*

Où manger ? Où boire un verre dans le coin ?

Graines et Garenne : *17, route de Roullet, à Châteauneuf. ☎ 05-45-62-06-48. • graines-et-garenne.fr • À 1 km au sud-est du centre (discrètement fléché). Tlj sauf mar-mer et le soir dim-lun. Formule et menu déj en sem 28-30 € ; menu 44 €.* Le chef a travaillé auparavant dans pas mal de belles adresses de Strasbourg à Singapour : un parcours qui se retrouve dans ses assiettes, entre produits d'ici et saveurs d'ailleurs. Jolie cuisine donc, au gré du marché, inventive mais sans en faire des tonnes et à bon prix au déjeuner. Accueil aussi impeccable que le service. Charmantes salles aux murs en pierre ou agréable terrasse-jardin. Intéressante carte de cognacs...

Le Mas Charentais : *route de Hiersac, 16120* ***Saint-Simeux.*** *☎ 05-45-64-08-48. • lemascharentais.com • À 4,5 km au nord-est de Châteauneuf. Ouv le midi mer-ven et le soir ven-sam, plus dim midi et soir. Formule et menu déj en sem 18-25 € ; le soir, menu 35 €.* Cadre idyllique, aux parfums méditerranéens, pour cette maison charentaise, exposée plein sud, sur un versant qui regarde la vallée de la Charente. Depuis la terrasse, on en prend plein la vue ! La salle en pierre n'est pas mal non plus. Des viandes et des grillades principalement, auxquelles s'ajoutent pizzas et salades en été. Simple et efficace. Belle carte des vins, avec de nombreux crus bio.

Gabariers Pub : *Les Corbeaux, 16120* ***Saint-Simeux.*** *☎ 05-45-66-23-11. À Saint-Simeux, suivre le panneau « Halte nautique ». Tlj 11h-1h (2h les soirs de concert). Entrée libre (les consos sont un peu majorées).* Au bord de la Charente, un bar très sympa, avec une terrasse fantastique au bord de l'eau. Atmosphère populaire. Un excellent point de chute pour boire un verre à toute heure ou croquer un petit quelque chose. Concerts avec une dominante blues et rock (le week-end en été).

À voir. À faire

L'église Saint-Pierre-aux-Liens : *un peu excentrée (fléché).* Construite au XIIe s et restaurée au XIXe s, c'est l'une des plus élégantes de la région. Elle a conservé sa très belle façade aux influences saintongeaises et poitevines, largement inspirée par celle de la cathédrale d'Angoulême. Intéressantes sculptures, notamment sur le portail à voussures ornées de feuillages et d'animaux, la frise et les arcades de l'étage. La statue équestre (un peu fatiguée par les années...) dans la partie médiane représenterait l'empereur chrétien Constantin. À l'intérieur, chœur gothique (du XVe s) et chapiteaux très bien travaillés.

Entre l'église et l'hôtel de ville (sur lequel est inscrit « Tribunal de Paix » !), quelques ***vieilles rues*** jalonnées d'anciens hôtels particuliers et d'antiques devantures de bois... Place des Minimes, élégante tour, seul vestige d'un ancien couvent. *Parcours disponible à l'office de tourisme.*

Le Bain des Dames : *à 2 km du centre ; accès à pied en longeant la berge (du centre, direction Saint-Simeux puis, juste après la voie ferrée, prendre le chemin sur la droite) ; en voiture, direction Nersac, puis fléché sur la gauche.* Agréable plage de sable en bord de Charente, face à l'île Mattard. Baignade surveillée en juillet-août, location de canoës-kayaks, tir à l'arc, jeux pour petits et grands. Location de trottinettes avec ***Trott in Charente*** *(● trott-in-charente.fr ●).* La Flow Vélo passe ici...

Visites de chais

Tesseron : *2, bd Charles-Franc. ☎ 05-45-62-52-61. ● tesseroncognac.com ● Visite possible sur rdv, lun-ven.* Fondée en 1905, cette maison possédant 40 ha de vignes est toujours installée dans la demeure familiale d'origine, comme en témoignent les vieux meubles, fauteuils et tapisseries du salon d'accueil. Ici, on ne produit presque que des ***vieux cognacs,*** tous issus des crus de Grande Champagne et Petite Champagne, et distillés avec raisins d'ugni blanc mais aussi de colombard ou de folle blanche. La visite des lieux, généralement assurée par Noé, le charmant fils de la famille (4e génération), permet de découvrir l'histoire de la maison et sa philosophie en même temps que ses magnifiques chais historiques, comme celui installé dans la crypte d'une ancienne église du XIIe s. Quant au chai paradis, il recèle une collection extraordinaire de vieux cognacs, mais chut...

Jean-Luc Pasquet : *Chez Ferchauds. ☎ 05-45-97-07-49. ● cognac-pasquet.com ● Visite « L'Organic » 18 €, 1h30 ; « Trésors de Famille » 28 €, 2h.* Situé entre les crus de Grande et Petite Champagne, ce petit domaine de 15 ha né en 1977 est passé au ***bio*** depuis 1998. Pas si fréquent dans la région ! Ainsi, il a reçu de nombreux trophées pour récompenser sa pratique vertueuse et engagée de la viticulture. Ici, on n'hésite pas à utiliser des infusions naturelles plutôt que des produits phytosanitaires pour traiter les maladies de la vigne, on se sert des levures indigènes du domaine pour la macération alcoolique et récupère toutes les eaux de pluie. L'objectif ? Arriver à une autosuffisance complète. Par ailleurs, Cognac Pasquet est une maison ***100 % indépendante,*** qui ne fournit pas d'eaux-de-vie aux grandes marques. Cela lui permet de garder son indépendance !
Les cognacs élaborés sur place font preuve d'une finesse exceptionnelle et ce dès leur plus jeune âge (4 ans minimum). Coup de cœur pour le 100 % folle blanche (né d'un cépage ancien dont on vous montrera les jolies petites grappes dans les

vignes), vinifié et distillé séparément. Également un séduisant pineau rosé. Les différentes visites, qui passent par le vignoble, le chai de vinification, la distillerie et les chais de vieillissement, permettent de découvrir le travail de cette maison qui figure définitivement parmi nos favorites !

DANS LES ENVIRONS DE CHÂTEAUNEUF-SUR-CHARENTE

Saint-Simeux (Mosnac-Saint-Simeux) : c'est l'une des cartes postales de la Charente ! Depuis le pont, ***très beau panorama*** sur la boucle du fleuve et ses anciennes pêcheries, appelées également « anguillards ». Revenir ensuite sur ses pas pour rester rive droite. Un autre panorama, tout aussi beau, 2 ou 3 km plus loin. Enfin, un 3e du pont sur la route qui mène à Châteauneuf. En partant vers Trois-Palis, route ravissante le long de la Charente (via Sireuil).

© Jean-Claude BRUNET / Charentes Tourisme

Saint-Simeux

Trois-Palis : *à 14 km au nord-est de Châteauneuf ; sur la rive droite du fleuve, en face de Nersac.* Village bien tranquille, connu pour son adorable église romane de Notre-Dame... et sa ***chocolaterie !*** On remarque d'abord l'étonnant clocher à 2 étages, recouvert d'écailles de pierre. Puis le portail, usé mais richement orné de végétaux et de monstres d'inspiration orientale. À la place d'honneur, le Christ en majesté (un peu fatigué, lui aussi) cerné par les symboles des évangélistes. La nef unique, dépourvue de transept, se distingue par sa coupole sur pendentifs dont les chapiteaux sculptés reprennent les thèmes du péché originel et de la lutte entre le Bien et le Mal.

La chocolaterie Letuffe : *22, rue du Bourg, 16730* ***Trois-Palis.*** *☎ 05-45-91-05-21. • chocolaterie-letuffe.com • Boutique tlj sauf dim mat 9h (9h30 sam)-12h, 14h-18h30. Visite lun-ven 9h-11h, 14h-16h ; sam 14h-16h. Visite guidée avec dégustation et film vidéo : env 1h. GRATUIT. Atelier chocolat durant l'été (sur résa 1 sem à l'avance, 1h30, 11,50 €).* Fondée en 1873, cette petite fabrique artisanale reprise en 1950 par la famille Letuffe est aujourd'hui la plus réputée de Charente. On y prépare mille et une gourmandises : truffandines charentaises (truffes à tous les parfums), guinettes (cerises au cognac), duchesses (nougatines pralinées), marguerites d'Angoulême (chocolats aromatisés à l'orange) et toutes sortes de pâtes de fruits, nougats charentais, fruits enrobés, pâte de praline, confitures... ***Visite du laboratoire, des ateliers et de la cuisine*** avec ses vieux chaudrons, ses cylindres, ses nappes en cuir et ses petits moules aux formes les plus amusantes : crevettes, abeilles, etc. Possibilité de s'inscrire à un ***atelier chocolat et cognac,*** durant lequel on fabrique l'équivalent d'un ballotin de chocolats à l'eau-de-vie charentaise.

SEGONZAC, CAPITALE DE LA GRANDE CHAMPAGNE

Mais quelle mouche a bien pu piquer les géologues qui ont accolé le nom de « Champagne » aux 2 premiers crus de cognac ? Une nostalgie pour les frimas hivernaux du Grand Est ? Un goût immodéré pour les bulles ? L'envie d'ajouter un peu de glamour à l'appellation Cognac ? Rien de tout ça ! Ce sont les sols de cette zone située entre la Charente, Jonzac et Barbezieux-Saint-Hilaire qui les ont poussés à reprendre ce terme. Car les calcaires locaux, légèrement crayeux et formés au Crétacé, évoquent en effet les sols champenois. Cette épaisse couche de calcaire, présent dès la surface, permet un drainage efficace du terrain et un épanouissement optimal... de la vigne. La longue histoire des carrières de Saint-Même témoigne de la qualité de la pierre locale, tout comme les différents édifices des villages alentour. En termes de vignoble, la Grande Champagne est donc considérée comme le cru le plus noble de l'appellation, le 1er selon le fameux décret de 1909. En le visitant, on est donc sûr de trouver des producteurs d'eau-de-vie d'exception... et les adresses ne manquent pas ! Mais on vient aussi dans ce coin pour profiter des paysages, particulièrement charmeurs avec leurs coteaux peignés de vignes et leurs villages de pierre blanche qui s'embrasent superbement au soleil couchant.

SEGONZAC (16130)

Cette petite bourgade labellisée *Cittaslow* constitue l'épicentre de la Grande Champagne. Outre sa belle église romane, Segonzac vaut le détour pour ses dizaines de producteurs de cognacs, pineaux ou vins charentais IGP accueillant tous les visiteurs : de petits panneaux au bord des routes vous les indiqueront. Ils vous feront goûter leur production et vous expliqueront volontiers leurs secrets de fabrication. On conseille aussi de se balader dans le coin de décembre à février, époque de la « chauffe », quand les vieux alambics se mettent en marche et que la distillation bat son plein.

Adresse utile

■ ***Maison de la Grande Champagne :*** *2, rue Gaston-Briand.* ☎ *05-45-35-39-72. Juil-août, lun-sam 10h-12h30, 14h30-18h30, dim 9h30-12h30 ; avr-juin et oct-déc, mar-dim ; janv-mars, mer-dim seulement.* À la fois office de tourisme et boutique où l'on trouve les meilleurs cognacs et pineaux du cru de Grande Champagne, ainsi que des vins charentais IGP. Quelques autres produits locaux également (comme des charentaises !). Liste des viticulteurs ouverts au public à dispo.

Où dormir ? Où manger dans le coin ?

Chambres d'hôtes Domaine des Collinauds : *Les Collinauds, 16130* **Lignières-Sonneville.** *☎ 05-45-80-51-23. 📱 06-63-97-06-41. • lescollinauds.fr • À 8 km au sud de Segonzac. Compter 75-82 € pour 2. Également 2 gîtes (4-11 pers).* Très belle propriété du XIXe s, au milieu des vignes, avec piscine à flanc de colline. Pas mal de charme avec sa vaste cour intérieure pleine d'arbres, flanquée de dépendances encombrées de vieilles calèches et d'anciennes machines agricoles : un vrai musée ! Et il y a même une distillerie comme au XIXe s. Une poignée de chambres décorées de manière rustique ou bourgeoise, dont une pour les familles. Cuisine aménagée avec coin repas. Possibilité de louer le petit moulin (avec sa roue !) situé au pied de la colline. Excellent accueil de la famille Matignon (anciens viticulteurs).

Chambres d'hôtes chez Monique et Henri Geffard : *lieu-dit La Chambre, 16130* **Verrières.** *☎ 05-45-83-02-74. • cognac-geffard.fr • À 7 km au sud-ouest de Segonzac. Compter 56 € pour 2 ; familiales.* Un des viticulteurs-producteurs du coin, qui propose des chambres simples et bien tenues. Ça vous permettra de goûter sans risque aux produits maison, cognac et pineau des Charentes ! On dort dans l'annexe mitoyenne de la ferme, un ancien hangar à matériel impeccablement réaménagé. Vaste salon commun (avec baby-foot) fermé par une grande baie vitrée. Cuisine équipée à disposition. Les Geffard font aussi visiter leur exploitation et leur distillerie avant de proposer une dégustation de leur cognac.

Gueuleton : *1, rue Millardet. ☎ 05-45-83-46-97. Tlj sauf lun et les soirs dim-mer. Formule et menu déj 16,30-19,50 €, carte 30-50 €.* Ce resto chaleureux et animé, lieu de rendez-vous préféré des habitants de la région, mise sur une authentique cuisine de terroir. En été, les plats du jour permettent de retrouver un peu de légèreté. Belle sélection de cognacs et de vins charentais, cela va sans dire...

La Cagouillarde : *18, rue Gaston-Briand. ☎ 05-45-83-40-51. Tlj sauf sam midi, dim soir et lun. Menu 28 € ; carte 35-40 €.* Derrière une bonne vieille devanture de bois, dans l'assiette, une généreuse cuisine régionale à base de... cagouilles (petit rappel : c'est le nom charentais de l'escargot), de mogettes ou de cognac. Pour le cadre : un bistrot des années 1930, dans une jolie salle d'auberge de campagne. Terrasse dans le jardin.

À voir. À faire

L'église Saint-Pierre : *sur la place centrale.* Immanquable avec son curieux clocher-porche à flèche de pierre couverte d'écailles. La construction date des XIe et XIVe s mais cette église a été, en très grande partie, détruite au cours des guerres de Religion. L'intérieur, gothique, a été rénové au XIXe s. À l'extérieur, sur le côté droit, émouvant monument aux morts de la Première Guerre mondiale : une femme éplorée, tout simplement...

Les Nuits blanches en Pays Jaune d'or : *ts les ven soir début juil-fin août. Résa obligatoire au bureau d'information touristique. 25 €/voiture (jusqu'à 5 passagers).* L'association Animation Culture Grande Champagne organise un circuit guidé et nocturne assez original. Il s'agit d'un parcours à faire en voiture, avec un support audio diffusant des anecdotes sur l'histoire locale. Au long du parcours, arrêt sur des sites animés par les gens du pays, qui racontent l'histoire des pierres, mais aussi la vie des hommes. Le circuit se termine par un verre de l'amitié.

Sites viticoles et visites de chais

Frapin : *6, rue Pierre-Frapin. ☎ 05-45-83-40-03. • cognac-frapin.com • Lun-ven 9h-12h, 14h-17h. Circuit « Découverte » : 15 €, 1h (dégustation de 4 cognacs comprise) ; circuit « Savoir-faire » : 60 €, 1h30 (visite du vignoble et de la distillerie en plus) ; circuit « VIP » : 250 €, 2h30 (visite vignoble, distillerie, château, dégustation des cuvées d'exception).* Établi dans le village de Segonzac, Frapin a la particularité d'être l'une des dernières grandes ***maisons indépendantes.*** À la tête de 240 ha de vignes d'un seul tenant et localisées uniquement dans le cru de la Grande Champagne, ils maîtrisent leur production de A à Z. Ils peuvent ainsi pousser leur niveau d'exigence vers des sommets inégalés. Il faut dire que la famille Frapin sait y faire : ***elle cultive la vigne depuis... 21 générations.*** Des documents attestent même de leur présence dans la région dès 1270. Difficile de faire plus traditionnel ! Les eaux-de-vie de Frapin se signalent par leur finesse et leur puissance, grâce à une utilisation savante des lies. Une fois dans les barriques de chêne limousin, le cognac est mis à vieillir dans des chais humides ou secs selon le style recherché.
Le circuit « *Découverte* », qui passe par le ***petit musée Frapin,*** les chais d'assemblage conçus par Gustave Eiffel et ceux de vieillissement, vous permettra d'avoir un bel aperçu du savoir-faire unique de la maison. Après la dégustation, peut-être vous laisserez-vous tenter par l'un des différents cognacs : Frapin 1270 (idéal pour les cocktails), VSOP, XO, Extra... Très réputé, le Château Fontpinot porte le nom d'une belle demeure appartenant à Frapin, cachée au cœur de leur vignoble.

Cognac Painturaud-Frères : *3, rue Pierre-Gourry. ☎ 05-45-83-40-24. 📱 06-63-36-79-22. • cognacpainturaud.fr • Tlj sauf dim 9h-12h30, 14h-18h30 (sam 10h-12h30, 15h-18h). Visite sur rdv : 8 € (avec dégustation) ; visite complète avec pique-nique dans les vignes : 65 €.* Aujourd'hui gérée par ***4 frères*** entreprenants, cette maison fondée en 1934 possède 40 ha de vignes dans le cru de la Grande Champagne. Si la maison élabore d'excellents cognacs (du VSOP au Hors d'Âge), elle est aussi très réputée pour ses pineaux des Charentes, déclinés en une large gamme : blanc ou rosé, jeune ou (très) vieux, il y en a pour tous les goûts (et les bourses). Au passage, essayez donc la gelée artisanale au cognac... Menée par un membre de la famille, la visite permet de découvrir la distillerie, les superbes chais d'origine – qui possèdent déjà une belle patine – et la mise en bouteilles. Également de chouettes pique-niques organisés dans les vignes.

Cognac Guillon-Painturaud : *lieu-dit Biard, 1, rue de l'Ancien-Puits. ☎ 05-45-83-41-95. • cognac-guillon-painturaud.fr • Mar-sam 10h-12h, 14h-18h. « Visite vigneron » : 12 € (avec dégustation de 3 cognacs) ; « Atelier pineau » : 60 € ; « Escape Game Spirits » : 25 €.* Ici, tout est fait à la propriété, de la vigne au verre, par ***2 jeunes sœurs*** passionnées qui représentent la 3e génération de vignerons. Situé au cœur du cru de la Grande Champagne, ce domaine de 19 ha a le goût de l'indépendance et des choses bien faites. Bref, il sait respecter son terroir ! Mais aussi innover : classique « *Visite Vigneron* » (avec dégustation de 3 cognacs directement au fût), « *Atelier pineau* » durant lequel on fabrique son propre breuvage (unique en Charentes !) ou encore l'***Escape Game Spirits***, où on défie le maître de chai en essayant de deviner la « recette » de son cognac. De quoi s'amuser tout en apprenant un paquet de choses. À la boutique, des pineaux des Charentes blancs ou rosés, avec différents degrés de vieillissement, ainsi que des cognacs issus à 100 % du cru de la Grande Champagne (VSOP, Vieille Réserve, XO, Hors d'Âge et Renaissance).

Cognac Forgeron : *Chez Richon. ☎ 05-45-83-43-05. • cognacforgeron.com • Tlj 9h-18h (ferme à 12h dim). Visite à tte heure, GRATUIT (avec dégustation).* Tout commence en 1965, quand ***Michel et Francine*** s'installent sur le domaine familial et achètent un 1er alambic pour distiller leur propre eau-de-vie. Aujourd'hui ce sont leurs enfants, Christophe et Pierre, qui ont repris le flambeau, perpétuant un savoir-faire aussi noble que précieux. Quant aux visites, elles sont toujours assurées par la formidable Francine, qui n'a pas son pareil pour expliquer la (longue) fabrication des cognacs et pineaux des Charentes, de manière à la fois simple, vivante et... drôle ! Elle vous entraînera ainsi de la vigne aux chais de vieillissement en passant par les cuves de pressurage ou le vieil alambic. Les cognacs de la maison, qui peuvent avoir de 3 à 50 ans d'âge, s'avèrent très intéressants, mais le 100 % folle blanche nous a particulièrement plu (distillé à partir d'un cépage devenu rare dans l'appellation !). Également de très beaux cognacs millésimés ainsi que des pineaux blancs ou rouges.

Domaine Garancille : *Garancille. ☎ 05-45-83-41-74. • domaine-garancille.com • Lun-ven 8h30-12h, 13h30-17h. Dégustation 4-7 vins : 15-20 € (résa indispensable).* Non, on ne produit pas que du cognac en Grande Champagne ! Les sols calcaires et légèrement crayeux du coin font aussi naître de bons vins blancs (cuvées *Saute Bergère* en chardonnay ou en sauvignon gris) ainsi que des rouges remarquables, comme le *G de Garancille,* un merlot aux arômes de fruits noirs et de pain brioché (élevé 12 mois en fûts neufs). Le vin doux *Les Demoiselles de Garancille* a aussi ses adeptes. À noter : en conversion bio, le domaine pratique l'écopâturage. La formule dégustation permet de faire le tour des différentes productions maison.

DANS LES ENVIRONS DE SEGONZAC

ANGEAC-CHAMPAGNE

À 10 km au sud-ouest de Segonzac. Un bourg viticole riche en producteurs, planté au cœur d'un paysage vallonné, colonisé par les vignes... et les distilleries. On y compterait d'ailleurs près de 100 alambics ! Impressionnant.

Sites viticoles et visites de chais

Maison Boinaud : *140, rue de la Bonne-Chauffe. ☎ 05-45-83-72-72. • boinaud.com • Lun-ven mat, 8h30-17h30. Visites sur résa : « Initiation au cognac » : 13 € ; « Immersion » : 20 € (plus plein d'autres, voir site).* Avec 600 ha de vignes (le plus vaste vignoble de l'appellation) et 41 alambics (!), Boinaud est un acteur majeur de l'AOC Cognac (notamment à travers la marque De Luze, mais pas

© ROY Philippe / hemis.fr

Vignoble près de Segonzac

uniquement). Établie sur le cru de la Grande Champagne depuis le XVIIe s et 22 générations, la maison a su conserver son côté familial, préservant jalousement son identité et son savoir-faire. Aujourd'hui, ce sont les cousins Charles et Rémi Boinaud qui élaborent les spiritueux, prenant soin du terroir légué par leurs aïeux. Les visites offrent différentes expériences : retour sur les étapes de l'élaboration du cognac, découverte du vignoble, parenthèse gourmande autour des spiritueux maison, dégustation au coucher du soleil avec vue sur les vignes, etc. La visite le « ***Sentier de la biodiversité*** » détaille les pratiques environnementales de Boinaud via un parcours pédestre de 3,7 km ponctué de bornes interactives. Original et salutaire ! À la boutique, le cognac De Luze est en bonne place (décliné du VS à l'Extra) mais on trouve aussi le whisky Hériose.

Cognac Raison Personnelle : *137, rue des Porches. 06-84-85-56-97. • raisonpersonnelle.wixsite.com • Visite simple gratuite et visite avec chocolat (sur résa) : 15 €.* À la tête de ce domaine depuis 1994, Bernard et Sabine se sont lancés dans la viticulture sur un coup de tête. Un choix gagnant puisqu'ils produisent aujourd'hui un excellent cognac (100 % issu du cru de Grande Champagne), qui a la particularité d'être ***distillé au feu de bois,*** comme autrefois. La visite permet de revenir sur leur expérience tout en révisant ses connaissances sur le processus de fabrication du cognac. Pour finir, on découvre les différents arômes de l'eau-de-vie charentaise au cours d'une dégustation accompagnée de chocolat.

BOUTEVILLE

À 9 km à l'est de Segonzac. Au détour d'un virage, le spectacle de ce village blotti au pied d'un ***château*** perché sur son éperon rocheux surprend après les étendues de vignes.

Bouteville et son château : *château ouv vac scol de Pâques-31 oct ; juil-août, tlj 10h-13h, 14h-18h30 ; hors été, horaires plus réduits (se renseigner). Fermé nov-mars. Entrée : env 7 € ; réduc.* ***Ouverture prévue en principe à partir de juin 2024.*** Entourée de douves, cette imposante bâtisse fut érigée au XVIIe s pour les seigneurs de Bouteville. La visite permet de découvrir les 2 étages encore debout de l'édifice, ainsi que la cour haute, sur l'arrière. C'est l'occasion de dérouler l'histoire du site, de faire connaissance avec ses hôtes illustres (comme Isabelle Taillefer), de détailler les vestiges sculptés issus des fouilles ou de suivre les étapes de la récente restauration. Au 2e étage, une vaste salle accueille une superbe cheminée Renaissance. On y organiserait bien un banquet ! Dans son prolongement, la galerie sud offre une vue sublime sur les paysages viticoles des environs.

Église de Bouteville

À voir. À faire

Les jardins du Chaigne : *Le Chaigne, 16120* ***Touzac.*** *06-23-10-68-81. • jardinsduchaigne.com • À 12 km au sud de Segonzac. Mai-fin sept, mer 10h-12h, 14h-17h, jeu-ven 9h-12h, 14h-18h ; le reste de l'année sur rdv. Entrée : 7 € ; réduc ; gratuit moins de 12 ans.* 4 ha de jardins enchanteurs (labellisés Jardin remarquable) dans un site initialement dédié à la culture de la vigne.

Visites de chais

Cognac Paul Giraud : *sur la rue principale, en direction de Segonzac. ☎ 05-45-97-03-93. • cognac-paulgiraud.com • Visite simple (30 mn) : GRATUIT ; visite complète 1h30 : 10 €.* Ce domaine possède 50 ha de vignes plantées sur les côteaux autour de Bouteville, dans le cru de la Grande Champagne. Ici travaille la même famille depuis... 1635 ! Aujourd'hui, on en est à la ***11e génération.*** Une grande partie du vignoble est encore vendangé à la main, permettant une meilleure sélection des grappes. La visite complète du domaine vous permettra de cheminer au milieu des vignes, d'admirer ses alambics rutilants, de pénétrer dans les chais de vieillissement (particulièrement humides car une rivière passe en dessous !) et, enfin, de déguster l'un des excellents cognacs ou pineaux de la maison. À la boutique, gamme très large, avec des vieillissements supérieurs à ceux exigés par l'AOC : cognacs Élégance (équivalent du VS), VSOP, Napoléon, XO Vieille Réserve, Héritage ou Très Rare... chaque palais y trouvera son compte. À cela s'ajoutent 2 cocktails maison au cognac ainsi qu'un jus de raisin gazéifié.

Le Baume de Bouteville : *1, rue Montmorency, au pied du château. ☎ 05-45-64-92-76. • bouteville.com • En été, lun-sam 10h-18h ; fermé dim. Visites commentées : « Flash » 5,50 €, 15 mn ; « Classique » 11 €, 30 mn ; « Conviviale » 24 €, 45 mn avec dégustation d'huîtres et/ou charcuteries. Boutique en accès libre.* Un lieu original puisqu'on y fabrique ***différents vinaigres,*** dont le plus fameux est *Le Baume de Bouteville,* un condiment balsamique longuement vieilli dans des fûts de cognac. À essayer aussi, les vinaigres gastronomiques Le Végétal, Le Fumé ou La Pomme (avec un peu de cidre). Les visites guidées permettent de comprendre tout le processus de fabrication (le travail sur les arômes, le rôle du maître de chai, l'importance de la tonnellerie, etc.). Le Baume travaille avec 5 viticulteurs partenaires, tous situés sur le cru de la Grande Champagne.

SAINT-PREUIL

À 5 km au sud-est de Segonzac. Ce ***ravissant village,*** typique de la Grande Champagne, est lové dans le creux d'un plateau calcaire envahi par les vignes. Faites quelques pas pour rejoindre la belle église de Saint-Projet, bâtie au XIIIe s.

Où dormir ?

Le Relais de Saint-Preuil : *10, rue du Bois-Mongin. ☎ 05-45-80-80-08. • relais-de-saint-preuil.fr • Doubles 110-150 €.* Établie au cœur des vignes de la Grande Champagne, cette demeure de charme nichée dans un hameau des XVIIe et XVIIIe s a longtemps été un relais de poste. Aujourd'hui, elle accueille les hôtes dans ses vastes chambres et suites, au décor typiquement charentais, avec murs en pierre et poutres apparentes. Belle piscine pour se rafraîchir entre 2 balades dans les vignes. Une adresse au calme, idéale pour se ressourcer.

➢ Quelques ***jolies randos*** à faire dans le coin, notamment le circuit des fontaines et des lavoirs (env 20 km) dans les paysages du vignoble de la Grande Champagne. Beaux points de vue (table d'orientation, étang et vignes), un joli petit patrimoine rural (fontaines, lavoirs) et l'église Saint-Projet, église romane du XIIIe s entourée de vignes....

LE SUD CHARENTE

Ce coin de Charente baigné par une lumière intense déroule des paysages de toute beauté, où alternent rangs de vignes, champs dorés, bois secrets, forêts profondes et vallées humides... Jetés aux 4 coins de ce pays vallonné, une ribambelle de villages irrésistibles : chaque localité a ses petits trésors, son église romane de pierre blanche à la beauté émouvante (il y en a plus d'une centaine sur le territoire !), son domaine viticole, sa ferme fortifiée, son moulin, son lavoir ou sa fontaine... Le Sud Charente est également riche en activités de plein air : randonnées au cœur du vignoble, vélo le long de la voie verte ou dans les vignes, chacun y trouvera son compte.

BARBEZIEUX-SAINT-HILAIRE (16300)

Autour de Barbezieux, les paysages se composent de douces collines, tantôt envahies par les rangs de vignes, tantôt ouvertes sur des champs de blé ou de tournesol. Côté est, la vallée du Né se révèle légèrement plus humide : forêts alluviales et herbes aquatiques affleurent le long de cette rivière qui termine sa course dans le fleuve Charente, plus à l'ouest. Mais cette zone flirtant avec le Cognaçais est aussi très dense en vignobles : pas étonnant quand on sait que l'on se trouve ici au cœur du cru de la Petite Champagne, l'un des plus prestigieux de l'AOC ! Plus au sud, l'influence de la Gironde se fait déjà sentir : les sols deviennent limono-sableux et les forêts de pins envahissent de plus en plus le paysage, entrecoupées de landes odorantes.
Quant à cette petite cité dynamique, elle s'organise autour d'un château du XVe s dont une grande partie a aujourd'hui disparu. Au départ de sa vaste esplanade, on prend plaisir à arpenter les ruelles pittoresques qui descendent doucement vers l'église Saint-Mathias, aux dimensions impressionnantes. En chemin, on croise nombre de belles demeures : le commerce du cognac a généré d'importantes richesses dans la région !
Côté gastronomie, la ville est connue pour sa poule de « race Barbezieux », une volaille à la chair particulièrement savoureuse. Autre spécialité de Barbezieux, un gâteau façon chou à la crème appelé « pine » (ce qui vous donne une idée de sa forme disons... évocatrice).

Adresse et infos utiles

ℹ ***Office de tourisme :*** *au château, pl. de Verdun. ☎ 05-45-78-91-04. • sud-charentetourisme.fr • ♿ Juil-août : lun-sam, 9h30-12h30, 14h-18h ; sept-juin : mar-mer, ven ap-m et sam, 10h-13h, 14h-17h. Visite guidée du château mer à 10h30, ven-sam à 14h30 en juil-août ; le reste de l'année, sam à 15h uniquement.*

– ***Marché :*** *sam mat, sur le champ de foire, mar mat et ven mat, pl. de l'Église.*

– ***Foire :*** *2e mar du mois, pl. de l'Église.*

Où dormir ? Où manger ? Où boire un verre ?

Hôtel-restaurant La Boule d'Or *: 9, bd Gambetta. ☎ 05-45-78-64-13. • labouledor.net • Dans le centre (fléché). Resto tlj sauf dim soir. Double 78 €. Formules midi et menu sem 25-41 € ; autre menu 41 €.* L'institution de Barbezieux, campée sur le boulevard arboré ceinturant la vieille ville. Plutôt modestes, ses chambres se révèlent néanmoins bien agréables. Joli jardin à l'arrière, où l'on prend le petit déj en été. Quant au restaurant, il mérite le détour ! On y déguste une cuisine fraîche et savoureuse, qui fait honneur aux produits du cru et évolue au gré des saisons. Très bel accueil. Concerts en été.

La Crêperie *: 64, rue Sadi-Carnot. ☎ 05-45-78-54-50. Mer-dim. Fermé jeu soir et lun-mar. Galettes et crêpes 3-13 €. Salade env 12 €.* Posée sur une belle place tout en longueur, voici une excellente crêperie. Ses galettes craquantes, classiques ou plus originales, sont préparées avec du sarrasin local et agrémentées d'ingrédients triés sur le volet... Et les crêpes sucrées ne sont pas en reste ! Belle terrasse, cour intérieure ou espaces aux accents contemporains, à vous de choisir. Service charmant et efficace.

Le Bistrot de Damien *: 1, bd Gambetta. ☎ 05-45-98-37-27. Resto ouv mar-sam, le midi seulement (plus « casse-croûte » le dim). Menu midi en sem 17 € ; carte 25-30 €. Épicerie ouv mar-dim midi.* La carte de ce bistrot locavore fait la part belle aux viandes grillées, complétées par quelques salades ou poissons. Le samedi, on se régale d'un poulet de Barbezieux rôti, servi avec ses frites maison ! L'épicerie fine attenante, ***La Réserve,*** regorge de bons produits charentais : conserves artisanales, cagouilles, foie gras, bières locales, vins charentais IGP, pineaux et cognacs.

L'Alchimiste *: 1, pl. du Haut-Faubourg. ☎ 05-45-79-41-04. • restaurant.alchimiste-coworking.fr • Tlj sauf dim (plus jeu-sam soir). Formules midi 16,90-19,90 € ; carte 25-30 €.* Un lieu jeune et éclectique, logé dans une belle maison bourgeoise sise à la croisée de 2 rues. On y trouve un bar à vins ainsi qu'un restaurant servant de petits plats convaincants, mais aussi un concept store proposant objets et vêtements originaux. Terrasse côté rue ou dans la cour intérieure. Concerts en été.

Où dormir dans les environs ?

Domaine de Pladuc *: lieu-dit Pladuc, 16300* ***Lachaise.*** *☎ 05-45-78-46-89. • domaine-de-pladuc.business.site • Doubles 90-125 € ; suites familiales 4-5 pers 135-170 €. 2 nuits min en août. Table d'hôtes 30 €. Expérience « samossa et cognac » 70 € (prix dégressif en fonction du nombre de pers).* Superbe maison de maître typiquement charentaise avec son portail d'entrée et sa façade de pierre blanche, qui recèle 3 agréables chambres d'hôtes et 2 confortables suites. La déco est soignée, avec quelques touches contemporaines bienvenues, et l'accueil très prévenant. Le grand parc boisé, où coule une rivière, accueille une ancienne distillerie et quelques dépendances, autour desquelles on a aménagé le bel espace piscine. À la table d'hôtes, délicieuse cuisine réunionnaise (la maîtresse de maison vient de là-bas). Les propriétaires proposent aussi un amusant atelier « samossa et cognac » : après avoir cueilli les ingrédients au potager, on met la main à la pâte pour préparer une fournée de ces délicieux triangles (fourrés au choix de thon ou de blettes). Le tout est ensuite servi avec un bon cognac pour un mariage très réussi !

Où acheter du vin et du cognac ?

L'Antre du Sommelier : *21, pl. du Marché. 06-60-20-61-26. Tlj sauf dim-lun, 10h-19h.* Sommelier émérite, Sylvain Delenclos propose une réjouissante sélection de vins de petits producteurs (locaux pour certains), complétés par un choix pointu de pineaux, cognacs et alcools divers. Également des thés et cafés de qualité. L'été, une poignée de tables est jetée sur la jolie place devant la cave. Dégustations régulières et concerts.

À voir

L'église Saint-Mathias : *rue Victor-Hugo, en plein centre.* Bâtie au XIe s, puis reconstruite au XIIIe, elle a été largement remaniée par la suite. Particulièrement composite donc, avec un clocher gothique et un portail du XIIIe s aux voussures sculptées. À l'intérieur, d'une belle amplitude (c'est la 3e plus grande église de Charente), sous des voûtes du XIXe s (signées Paul Abadie, l'architecte du Sacré-Cœur à Montmartre), tableaux et statues du XVIIIe s, vitraux contemporains très colorés. En revanche, on ne verra pas ce qui fit longtemps la réputation des lieux : la tête de saint Mathias, détruite au XVIe s !

Le château : *au sommet de la ville. ● cdc4b.com ● Visite guidée : mer à 10h30, ven-sam à 14h30 en juil-août ; le reste de l'année, sam à 15h uniquement ; résa obligatoire au ☎ 05-45-78-91-04. Tarif : 5 € ; réduc.* Du fief seigneurial, autrefois propriété de la dynastie des Barbezieux puis de la puissante famille ***La Rochefoucauld,*** il ne reste que l'entrée flanquée de belles tours à mâchicoulis du XVe s et l'ancien bâtiment des Granges, qui abrite le nouveau théâtre de la ville, moderne et confortable. L'immense esplanade qui s'étend devant donne une idée de la surface qu'occupait autrefois ce château ! Les imposants bâtiments qui bordent aujourd'hui la place sont en fait d'anciennes dépendances. Accessible par un escalier, le chemin de ronde offre de belles vues sur les vignobles de l'appellation Cognac, très nombreux côté nord-ouest. La visite se termine par une reconstitution d'un intérieur charentais typique.

DANS LES ENVIRONS DE BARBEZIEUX-SAINT-HILAIRE

Barret : *à 6 km à l'ouest de Barbezieux.* Un village minuscule, perché sur une butte dominant une mer de vignes, qui vaut le détour pour sa magnifique église romane de Saint-Pardoux. On reste bouche bée devant son sublime portail sculpté dont les chapiteaux représentent divers animaux réels ou imaginaires ainsi que divers personnages (certains évoquent le péché de luxure, regardez bien !). Faites le tour de l'édifice pour détailler l'élégant chevet, décoré d'arcs et de modillons sculptés.

La voie verte « Galope chopine » : *départ à 2 km au sud du centre, derrière la médiathèque de Barbezieux. ● scandiberique.fr ●* Tronçon de l'Eurovélo 3 (aussi appelé Scandibérique), cette ***voie verte de 21 km*** relie le sud de Barbezieux à Chantillac, un village situé au sud du département, à la limite avec la Charente-Maritime. Le parcours, vallonné et souvent ombragé, permet de découvrir des paysages variés – vignobles, bois, champs cultivés – ainsi qu'une poignée de beaux villages (comme Reignac). Possibilité de prolonger la balade en Charente-Maritime, cette fois le long de la voie verte de Haute-Saintonge (compter env 14 km de plus jusqu'à Clérac).

Les étangs bleus de Touvérac : *à 14 km au sud-ouest de Barbezieux en direction de Bordeaux (par la N 10), puis de Baignes-Sainte-Radegonde ; parking* *(discrètement) fléché sur la droite. Accès libre et GRATUIT.* **2 sentiers** d'interprétation (45 mn et 1h30) permettent de découvrir cet étonnant milieu naturel, qui doit beaucoup à la main de l'homme puisque ces étangs sont d'anciennes carrières de kaolin (argile blanche, utilisée pour fabriquer la porcelaine). La présence de silices dans le sol explique le bleu outremer de l'eau qui contraste avec le vert d'une abondante végétation. On pourrait presque se croire au bord d'un lagon ! Mais, ATTENTION, baignade strictement interdite (sol argileux et mouvant !) et équilibre naturel très fragile. Ne sortez jamais des sentiers et respectez les consignes.

Visites de chais

Au sud de Barbezieux

Conte et Filles : *Chez Grimaud, 16480* **Chillac.** *06-62-38-37-06. • contefilles.com • À 13 km au sud-est de Barbezieux. Tlj sauf dim 10h-12h, 15h-19h. Visites (sur résa) : « L'Introduction », lun-sam 15h, 30 mn, GRATUIT ; « De A à Z », lun-sam 10h ou 17h, 1h30, GRATUIT ; en été, « Visite Fraîcheur » (avec amuse-bouches), lun-sam 20h, 1h30, 16 €. Également des ateliers pour enfants en été et des balades en 2CV dans le vignoble (avec dégustations).* Ici, on distille du cognac (et du bon !) depuis ***5 générations,*** majoritairement sur les crus de Petite Champagne et Fins Bois. Blandine et Anne-Laure, les 2 sœurs ayant repris les rênes du domaine familial, se feront un plaisir de vous initier à la fabrication de l'eau-de-vie charentaise lors de leurs différentes visites guidées, qui se terminent par une dégustation. En été, celle du soir offre un chouette moment d'intimité, qui se conclut par un petit « apéro » à la charentaise. À la boutique, on retrouve tous les cognacs de la maison (âgés de 3, 5, 10 ou 15 ans) ainsi que ses pineaux des Charentes (blanc ou rosé), vins IGP charentais et jus de raisin. Excellent accueil.

Le Petit Cousinaud : *Le Petit Cousinaud, 16480* **Guizengeard.** *06-72-64-65-96. • lepetitcousinaud.com • À 24 km au sud-est de Barbezieux. Tlj sauf w-e, 10h-12h, 14h-17h30.* Un producteur de vins charentais IGP réputé, qui a su tirer parti des sols limono-sableux des environs. Excellent rosé en particulier, mais les chardonnays ou colombards ne sont pas mal non plus. Également du cognac et du pineau.

Au nord de Barbezieux

Trott in Charente : *10, La Métairie, 16300* **Criteuil-la-Magdeleine.** *07-63-44-32-47. • trott-in-charente.fr • À 9 km au nord-ouest de Barbezieux. Loc trottinette 1h : 25 € ; 1h30 : 35 € ; 2h : 40 €.* ***À partir de 12 ans.*** On part à l'aventure entre vignes et bois sur des ***trottinettes électriques*** tout terrain, en suivant l'une des traces GPS des 10 parcours déjà créés. Très amusant pour découvrir les beaux paysages du cru de la Grande Champagne. Après la balade, on peut aussi visiter la distillerie et les chais du ***Domaine Landreau,*** situé sur le même site (voir ci-après). Coin pique-nique sur place. Également des départs du port de Saint-Simeux en saison (en face du pub *Les Gabarriers*).

Domaine Landreau : *10, La Métairie, 16300* **Criteuil-la-Magdeleine.** *06-81-25-76-36. • domaine-landreau.com • À 9 km au nord-ouest de Barbezieux. Visite : 8 € (avec dégustation).* Établi depuis 1859, ce domaine familial est aujourd'hui à la tête de 27 ha de vignes, plantées sur le cru de la Grande Champagne. Informelle, riche et chaleureuse, la visite vaut le détour car Thomas, le proprio passionné du domaine, aime beaucoup partager avec les visiteurs. Il vous entraînera de son alambic à ses chais de vinification avant de rejoindre un chai de vieillissement bien patiné par les années. Et pour finir : dégustation bien sûr. À la boutique, gamme complète de cognacs : VS, VSOP, XO et même un « Âge d'Or » de 50 ans et la

« Réserve d'Émile » composé d'eaux-de-vie de plus de 100 ans ! Un vrai morceau d'histoire liquide. Également des pineaux (blanc et rouge).

LES COTEAUX-DU-BLANZACAIS

Aux frontières de l'Angoumois, cette région marquée par une alternance de paysages très ouverts et de bois regorge de petites églises romanes. On y cultive aussi la vigne, ici classée dans les crus des Fins et Bons Bois.

BLANZAC-PORCHERESSE

À 15 km à l'est de Barbezieux, un gentil bourg serré autour de sa vieille église, au cœur d'une région riche en vignobles et curiosités.

L'église Saint-Arthémy : *au centre-bourg. Possibilité de visite commentée sur rdv ; s'adresser au Comité de découverte du patrimoine en Blanzacais (06-07-69-88-31).* Remaniée plusieurs fois, elle a toutefois conservé un clocher roman et une haute et fine façade du XIIIe s. Admirer le portail polylobé de la même époque. L'intérieur, aux proportions impressionnantes, évoque presque une cathédrale. La nef est de style gothique, mais le chœur est roman (le carré du transept est la partie la plus ancienne de l'édifice). Des vestiges de peintures murales des XVe et XVIe s y voisinent avec de romantiques (et naïves) fresques du XIXe s. Quelques esquisses du XIIe s sur le pilier nord-est du clocher. Au sommet des colonnes, sur les chapiteaux sculptés, 4 atlantes supportent la voûte.

Blanzac-Porcheresse

Sites viticoles et visites de chais

Le manoir du Maine-Giraud : *Maine-Giraud, 16250* ***Champagne-Vigny*** *(fléché à gauche). ☎ 05-45-64-04-49. • mainegiraud.com • À 3 km au nord de Blanzac. ♿ (distillerie seulement). Tlj sauf dim 9h-12h, 14h-18h. GRATUIT. Visite guidée et commentaire audio.*
Ancien domaine d'Alfred de Vigny, qui y vécut de 1827 à 1863, se lançant avec ténacité dans la production de cognac entre 2 poèmes ! Une bien jolie demeure à tourelle, construite en 1464. Notez les initiales AV sur la flèche de la tour. Dans celle-ci, au dernier étage, le cabinet de travail d'Alfred, pièce entièrement boisée, grande comme un placard ! C'est dans cet ascétique refuge qu'il écrivit *La Mort du loup* en une nuit. Au moins, il pouvait surveiller son vignoble de la fenêtre. Déjà, Vigny vendait son eau-de-vie à... Hennessy. On visite également la salle à manger (transformée en modeste musée consacré au poète), avant de rejoindre le chai et la distillerie.
Car *Le Maine-Giraud,* c'est encore et toujours un domaine viticole. Avant la dégustation de rigueur, vous aurez droit à une explication détaillée sur les secrets de fabrication du cognac et du pineau des Charentes. Belle boutique installée dans les anciens chais, avec toutes les productions du domaine : cognac, pineau des Charentes, vin IGP charentais, mais aussi un délicieux jus de raisin blanc, légèrement pétillant. Expos temporaires en saison.

Les plus sportifs pourront enfourcher un ***vélo*** pour se lancer sur les traces du poète à travers le Blanzacais en suivant le parcours de géocaching ***Terra Aventura*** « *In Vigny Veritas* ».

Le Domaine des Quillets : *Les Quillets, 16250* ***Champagne-Vigny.*** *☎ 05-45-64-02-92. • domainedesquillets.com • À 3 km au nord de Blanzac. Mar-ven 14h-18h. Visite (sur rdv) : GRATUIT.* Bienvenue au Domaine des Quillets, installé au cœur du Sud Charente et à la tête de 50 ha de vignes. Ici, pas de surprise, tout est produit, distillé et vieilli sur place. Né du travail de plusieurs générations de vignerons, le cognac Paul Rumeau est aujourd'hui l'emblème de la maison. La visite du domaine permet de suivre l'évolution du raisin et de découvrir les méthodes de production du cognac et du pineau des Charentes. En guise de conclusion, place à la traditionnelle dégustation. À la boutique, des cognacs (VS, VSOP ou XO) et pineaux des Charentes (rouge ou blanc) ainsi que des liqueurs (Guill'Orange ou Sève Charentaise).

AUTOUR DE MONTMOREAU-SAINT-CYBARD

On se trouve ici aux confins de l'AOC Cognac, à quelques kilomètres du Périgord. La vigne se fait de plus en plus rare, laissant la place à de grands champs de céréales ou à des forêts très profondes.

BORS-DE-MONTMOREAU (16190)

Un hameau qui s'étire sur l'arrête d'une colline, s'organisant autour de sa rue principale et de son église. Côté ouest, on devine quelques vignobles qui s'invitent dans le paysage.

Où manger ? Où boire une bière ?

La Cloche : *6, pl. du Monument. ☎ 05-45-23-94-69. • bar-lacloche.com • À 8 km au sud de Montmoreau. Mer-ven soir seulement, 18h-23h (minuit ven).* Face à l'église, une adresse conviviale à la déco façon pub britannique. Bonne sélection de bières brassées sur place. Quelques burgers maison pour éviter le délirium tremens.

À voir

Le moulin de Perdrigeau : *à 3 km du centre du village, en direction de Monboyer. Accès libre.* Construit au XVIIIe s, le moulin à vent de Perdrigeau a cessé de moudre à la fin du XIXe s. Pendant la Seconde Guerre mondiale, il servit de poste d'observation pour les Allemands. Aujourd'hui, il a été reconverti en tour de guet pour la prévention des incendies. Table d'orientation au sommet. Aire de pique-nique.

Site viticole et visite de chai

Le château des Plassons : *Le Plasson. ☎ 05-45-64-16-13. • toulouze-et-rastignac.com • Tlj sauf dim. Visite (sur rdv) : GRATUIT.* Ce producteur de cognac possède près de 120 ha de vignes réparties entre les crus de Bons Bois, Grande Champagne et Fin Bois. Le domaine est installé dans une ***belle demeure du XVe s,*** qui a longtemps appartenu à la seigneurie d'Aubeterre (un joli village plus au sud). Rachetée par la famille Hennessy au XIXe s, elle a alors été reconvertie pour la production du cognac. Redevenue indépendante depuis 2009, la maison se visite : après avoir fait quelques pas dans la cour d'honneur, passage par la distillerie et son alambic puis dans les chais de vieillissement, encombrés de barriques de chêne. Tout ça se termine par... une dégustation, bien sûr ! À la boutique, les cognacs et pineaux de la maison portent tous le nom de Rastignac, hommage au personnage angoumoisin de Balzac.

Cognac Decroix : *Chez Caillaud, 16480* **Saint-Laurent-des-Combes.** *☎ 05-45-60-23-49. • alcools-vivant.com • À 15 km à l'ouest de Bors. Visite possible sur rdv.* Sur son vignoble, Jean-François Decroix produit du cognac et du pineau des Charentes en ***agriculture biologique*** depuis 1994. La maison est liée à Alcools Vivants, société charentaise qui produit divers spiritueux bio (cognac, whisky, rhum, etc.).

ANGOULÊME ET LES VIGNOBLES ALENTOUR

ANGOULÊME ET SES ENVIRONS

Certes, Angoulême est quelque peu décentrée par rapport au cœur du vignoble charentais. Mais dès que l'on quitte la ville, on retrouve rapidement les alignements de vignes et les belles propriétés viticoles en pierre calcaire, notamment côté sud et ouest.

ANGOULÊME (16000)

Autrefois capitale de l'Angoumois, aujourd'hui préfecture de la Charente, labellisée Pays d'art et d'histoire, Angoulême n'en reste pas moins une cité à taille humaine. Quel plaisir de battre les pavés du vieux centre, perché sur un large plateau dominant la Charente, en furetant dans ses ruelles serrées autour de jolies placettes... Sans être véritablement une cité vigneronne, Angoulême a longtemps eu destin lié avec le vin – et surtout le cognac – qui transitaient par le fleuve, via le quartier populaire de l'Houmeau. Et puis, les vignobles de l'AOC ne sont guère loin, apparaissant promptement aux limites ouest et sud de l'agglomération. Enfin, les fameuses papeteries locales – celles qui produisaient naguère le vélin – ont aussi été, pendant longtemps, les principales pourvoyeuses d'étiquettes pour les négociants et les producteurs d'eaux-de-vie de la région.
Aujourd'hui, Angoulême trouve aussi son dynamisme dans la culture, accueillant plusieurs festivals de dimension internationale comme celui de la B.D. Sans parler des nombreux étudiants, fréquentant les bancs de la quinzaine d'écoles liées à l'image installées par ici.

Adresses et infos utiles

i ***Office de tourisme du pays d'Angoulême :*** *1, pl. de l'Hôtel-de-Ville, BP 20222.* ☎ *05-45-95-16-84.* • *angouleme-tourisme.com* • Plein de docs (dont un plan de la ville avec le circuit des murs peints). Mensuel gratuit *Sortir Label Charente* (disponible également dans de nombreux commerces, et sur • *sortir-label-charente.net* •).

Gare routière : Citram Charente, *2 bis, bd Pasteur.* ☎ *05-45-25-99-99.* • *citram-charente.fr* • Bus pour Cognac, Jarnac, Barbezieux, etc. Tarif : 2,30 € pour tous (4,10 € l'A/R dans la journée).

MOBIUS – Réseau bus : *pl. du Champ-de-Mars.* ☎ *05-45-65-25-25.* • *stga.fr* • *Service réduit dim et j. fériés.* Les bus de la *STGA* desservent les communes du Grand Angoulême, dont Fléac, Gond-Pontouvre, La Couronne, Puymoyen...

– ***Le train des Valois :*** *06-60-17-36-96.* • *visitecharente.fr* • *Mai-sept. Résa sur le site. Tarifs : 8-14 € selon* *parcours ; réduc ; également des formules avec bateau.* Visite commentée de la ville. Circuit ville haute, ville basse, murs peints, ou avec un *pass* bateau et train.

Où dormir ?

Hôtel d'Orléans : *133, av. Gambetta. ☎ 05-45-92-07-53. • hotel-orleans-angouleme.fr • Doubles 65-95 € ; triple.* Une adresse idéale pour les petits budgets, située juste en face de la gare. Avec sa façade bleu ciel et ses chambres aux couleurs acidulées, l'hôtel n'a pas à rougir. Chambres simples, bien tenues, avec double vitrage.

Hôtel du Palais : *4, pl. Francis-Louvel. ☎ 05-45-92-54-11. • hotel-angouleme.fr • Doubles 72-160 €.* Planté sur une agréable place envahie de terrasses, face au palais de justice. Et il a une sacrée personnalité : dès la réception, on sent la patte d'une vraie décoratrice, avec un penchant pour les œuvres d'art et les couleurs pop ! Chambres toutes différentes, pour tous les goûts et à tous les prix.

Les chambres des Sources de Fontbelle : *1 bis, rue des Meules-à-Grains. ☎ 05-45-23-51-75. • sourcesdefontbelle.com • Dans le quartier de Ma Campagne. Doubles 95-210 €.* Le fameux restaurant gastronomique des *Sources de Fontbelle* (voir plus loin) propose aussi 5 chambres d'hôtes tout confort et au charme indéniable, logées dans un ancien prieuré. Grande terrasse commune avec vue sur le curieux bassin triangulaire situé en dessous, au cœur d'un vallon verdoyant où coule... une source. Un lieu à l'atmosphère paisible. Et vous n'êtes pas loin des 1ers vignobles !

Hôtel de France Mercure : *1, pl. des Halles-Centrales. ☎ 05-45-95-47-95. • mercure.com • Doubles 110-180 €. Au resto, formules et menus 19,50-25,50 € ; carte 30-40 €. Parking payant.* Si la belle façade ancienne rappelle qu'ici est né l'écrivain Guez de Balzac, les chambres modernes et tout confort n'ont rien conservé du charme de l'époque, privilégiant un style contemporain pour certaines, design pour les autres. Ravissant jardin intérieur, dont les allées bordées de bancs s'entrecroisent à l'abri des regards indiscrets derrière un haut mur d'enceinte. Et superbe terrasse pavée... de pierres charentaises ! En prime, un resto gourmand *(Le Jardin des Arceaux)* au style bien dans l'air du temps, ainsi qu'un bar à cognacs cossu.

Hôtel Le Saint-Gelais : *12, rue du Père-Deval. ☎ 05-45-90-02-64. • hotel-saint-gelais-angouleme.com • Resto tlj sauf lun, sam midi et dim. Mai-sept ouv dim midi ; brunch. Doubles 105-360 €.* À 15 mn à pied du centre historique et dans un quartier éminemment tranquille, voici une petite perle de l'hôtellerie locale : un 4-étoiles installé dans une longue bâtisse XIXe s (ancienne maison de retraite du diocèse...) avec jardin et piscine. L'ensemble, de la réception aux chambres, est franchement design. Agréable resto *(L'Algorithme)*, à visées gastro.

Où manger ?

La Voile Bleue : *au cœur des Halles. Tlj sauf lun 8h-13h30 (15h sam-dim). Huîtres 10-16 € ; plateaux de fruits de mer 22,50-35,50 € ; moules-frites env 19 €.* Caché au fond du magnifique marché couvert d'Angoulême, ce bar à huîtres et comptoir marin où l'on se régale sans se ruiner sur de grandes tablées partagées. Très convivial.

Le Saint-André : *6, rue Saint-André. ☎ 05-45-92-25-85. • le-st-andre.fr • Ouv le midi mar-sam, plus le soir mar et jeu-ven (tlj midi et soir en période de festival). Formules déj en sem 17,50-20 € ; menu 38 € ; carte* *env 40 €.* Une terrasse qui s'éparpille sur un petit square au chevet de l'église (Saint-André, évidemment), face à l'un des plus beaux murs peints de la ville. Et une salle de bistrot contemporain juste comme il faut. La cuisine est dans le même esprit, bistrotière mais avec le goût de l'époque, entre simplicité et inventivité. Accueil et service irréprochables.

Le Comptoir de Brice : *50, rue de Genève. 06-61-82-91-61. • lecomptoirdebrice.com • Tlj sauf dim-lun 12h-15h, 19h30-minuit. Carte 30-35 €.* À 1re vue, on pourrait croire que c'est le genre de resto qui mise tout sur son cadre, actuel et décontracté. Mais le contenu de l'assiette tient la route, les préparations sont de qualité et les prix raisonnables, et les menus renouvelés chaque semaine. Quelques tables dans la rue piétonne.

La Cour : *22, rue de la Cloche-Verte. 05-16-16-26-94. • restaurant-lacour.com • Tlj sauf dim soir. Formules déj 18-22 € ; carte 35-40 €.* Nichée autour d'une cour pavée au charme irrésistible, cette adresse branchée, dont les espaces colorés ont su conserver une certaine intimité, ne désemplit pas. Les formules du midi, qui misent sur les produits locaux et suivent le goût des saisons, se révèlent particulièrement convaincantes... Tout comme la carte du soir, un peu plus élaborée et originale, que l'on peut accompagner d'un savoureux cocktail (au cognac ou pas) imaginé par le mixologiste maison. Atmosphère géniale les soirs d'été.

Les Sources de Fontbelle : *1 bis, rue des Meules-à-Grains. 05-45-23-51-75. • sourcesdefontbelle.com • Dans le quartier de Ma Campagne. Bistrot ouv mar-sam. Resto ouv mer-dim. Au bistrot, formule déj 21,90 € ; carte env 40 €. Au resto, menus 37 € (le midi, mer-ven), puis 70-130 €.* Le chef étoilé Guillaume Veyssière fait coup double dans cet espace contemporain ouvert sur la nature, situé à quelques minutes du centre d'Angoulême. Au bistrot *La Forêt,* on se régale d'une cuisine de saison futée, qui marie les saveurs avec bonheur. Mais c'est au restaurant gastronomique *La Source* que l'on prendra la mesure du talent exceptionnel du chef : sublimant le terroir charentais, ses assiettes pleines d'harmonie font naître des émotions uniques. Service à la hauteur. Partout, on pourra déguster vins charentais IGP et cognacs (en cocktails ou pur).

Où dormir ? Où manger dans les environs ?

Chambres d'hôtes L'Épicerie de Vénat : *9, rue Jean-Ravanaud, 16710* ***Saint-Yrieix-sur-Charente.*** *06-12-94-35-51. • lepicerie-de-venat.com • À 6 km au nord-ouest d'Angoulême. Doubles 65-80 €.* Épicerie-café du village rénovée, qui arbore un look vintage attachant. Il y a aussi un salon (avec baby-foot...), l'ancien bistrot avec son bar en formica et une terrasse avec tonnelle noyée sous la glycine pour les petits déj (essayez donc la confiture au cognac !). À l'étage, 4 chambres, plus contemporaines et design, toutes différentes mais dans le même esprit : simplicité, confort et bon goût. Une adresse très chouette !

Gîte La Templerie : *440, rue des Lys, Denat, 16430* ***Champniers.*** *05-45-68-73-89. 06-87-13-14-65. À 5 km au nord d'Angoulême. Pour 10 à 15 pers. À partir de 720 €. W-e 10 pers. À partir de 420 € le w-e.* Rien de médiéval chez cette *Templerie* : c'est une belle ferme viticole du XIXe s, dont la grange a été repensée pour accueillir les hôtes avec la manière : salle commune au beau volume dotée d'une cheminée, cuisine équipée, terrasse couverte pour manger paisiblement, chambres confortables donnant directement sur le jardin ou à l'étage. Cerise sur le gâteau : la piscine, cachée à l'arrière de la maison. Idéal pour les familles.

La Guinguette de Fléac : *rue du Tranchard, 16730* ***Fléac.*** *06-87-55-20-49. • visitecharente.fr • À 5 km du centre d'Angoulême. En saison, tlj 10h-22h. Compter 20-25 €. Loc de canoës 14 €/2h.* Une guinguette posée sur les rives de la Charente, avec lampions et grandes tablées de rigueur. Et le patron met l'ambiance ! Location de canoës et bateaux (sans permis) possible en journée.

Bar à vins

La Cave : *13, rue Ludovic-Trarieux. 06-08-86-83-93. ● lacave angouleme.fr ● Jeu-sam 10h-12h30, 14h30-19h30. Tlj sauf dim ap-m en continu (9h30-19h30). Autre adresse dans le quartier de Ma Campagne, 456, av. de Navarre.* Une cave faisant aussi bar à vins qui propose de nombreux vins charentais IGP, au verre ou à la bouteille. Comptoir à l'intérieur ou tables hautes dans la rue pour s'installer. En boutique, un large choix de cognacs, pineaux des Charentes et spiritueux fabriqués dans la région.

Où acheter du cognac, du pineau des Charentes et des vins charentais IGP ?

Boutique Maurice – Maison Soulat : *24, rue des Postes. 06-08-08-20-20. ● maison-soulat.fr ● Ouv mar-sam 14h30-19h.* La Maison Soulat, productrice de vins charentais IGP dans le vignoble de Saint-Sornin, vend ici ses différentes cuvées (notamment le *Sapiens*), mais aussi celles d'autres vignerons locaux. Grand choix de cognacs et pineaux des Charentes, complétés par une large gamme de spiritueux, apéritifs et liqueurs de la « Spirits Valley ».

Caves Charlemagne – Maison des Maines : *15, impasse du Tropic. ☎ 05-45-95-02-77. ● boutique.charle magne.fr ●* C'est en 1921 que Lucien Charlemagne, œnologue originaire de Reims, créa ces caves. Aujourd'hui, Emmanuel Bouyer y crée toujours des vins effervescents en méthode traditionnelle. Quant aux vins charentais IGP de la maison des Maines, ils sont régulièrement primés. Également un bon choix de cognacs et de pineaux des Charentes.

– Voir aussi, plus haut, ***La Cave.***

Achats gourmands

Chocolaterie Duceau : *18, pl. de l'Hôtel-de-Ville. ☎ 05-45-95-06-42. ● chocolaterie-duceau.com ● Mar-ven 9h-19h, sam 9h-13h, 14h-19h ; plus lun 14h30-19h oct-avr. Fermé dim.* Pour son décor immuable, son vrai chocolat noir (notamment sous forme de marguerite à effeuiller), sa « charentaise garnie » et surtout son « liqueur cognac ». Également des glaces maison en été.

À voir

Le vieil Angoulême

La cathédrale Saint-Pierre : *au bout du rempart Desaix. Tlj 9h-17h. Mars-déc, tlj sauf lun, possibilité de visite guidée du trésor : 5 € ; résa obligatoire auprès de l'office de tourisme (☎ 05-45-95-16-84).*
Construite au début du XIIe s sur les ruines de 3 autres cathédrales, dont une érigée, paraît-il, par Clovis avant d'être incendiée par les Normands au Xe s. On doit l'actuel bâtiment au richissime évêque Girard de Blaye, légat des papes : le résultat est superbe. Elle fut ensuite restaurée au XIXe s par l'architecte Paul Abadie (celui du Sacré-Cœur de Paris !), qui l'a dotée de 2 clochetons, d'un pignon et d'un tympan sur le portail central (en gros, toute la partie supérieure de la façade).

En venant du centre, on remarque tout d'abord la gigantesque coupole et le très joli clocher à 6 étages, haut d'une soixantaine de mètres, de style presque italien. Mais l'édifice est surtout célèbre pour sa ***sublime façade sculptée,*** chef-d'œuvre de l'art roman. Pas moins de 75 personnages y ont été représentés !
On entre dans la nef unique par un beau portail de bois orné de ferronneries. Le regard est tout de suite happé par les ***vastes coupoles*** du plafond, dont la plus haute, située à la croisée du transept, n'est autre que la base du dôme que l'on voit de l'extérieur. Ce genre de nef à coupoles, que l'on ne trouve que dans le Sud-Ouest, serait d'origine orientale. À noter, les badigeons avec faux joints qui donnent l'illusion de pierres assemblées une à une. Autre particularité, qui ajoute à la majesté des lieux : les galeries latérales soutenues par des arcatures.
Enfin, la cathédrale expose son ***trésor*** dans 3 salles du transept sud. Époustouflant décor conçu par l'artiste contemporain ***Jean-Michel Othoniel*** (à qui l'on doit, entre autres, l'habillage de la bouche du métro Palais-Royal à Paris).

Le musée d'Angoulême : *rue Corneille (entrée par le sq. Girard-II). ☎ 05-45-95-79-88. • angouleme-tourisme.com • Tlj sauf lun 10h-12h30, 13h45-18h (oct-mai, fermé le mat sam-dim et l'ap-m à 17h30). Entrée : 5,30 € ; réduc.*
Installé dans l'ancien évêché d'Angoulême, le musée mérite une visite, à la fois pour le soin apporté à la muséographie (on peut faire une partie de la visite en imagerie virtuelle grâce à une technologie « 3.0 ») et pour la qualité de ses collections, qui s'articulent autour de 3 thématiques : la ***paléontologie et l'archéologie de la Charente,*** les ***arts d'Afrique et d'Océanie,*** et les ***beaux-arts.***
Au *rez-de-chaussée,* grand écart entre les temps géologiques et l'époque médiévale ! On y découvre une saisissante reconstitution d'un chantier de fouilles de 1er ordre (on y exhuma plus de 10 000 ossements de vertébrés et des empreintes de dinosaures), de belles pièces gauloises, comme le superbe casque d'Agris (Ve s av. J.-C.). Au *1er étage,* très intéressante collection d'Afrique et d'Océanie. Un espace est dédié aux instruments de musique du monde entier.
Le *3e étage,* lui, est consacré aux beaux-arts, avec de nombreuses œuvres des écoles flamande et hollandaise, quelques préimpressionnistes comme Félix Ziem, Maurice Denis et Henri Martin, ainsi qu'une section consacrée à des artistes charentais comme Léonard Jarraud et Henry Daras.

La place du Minage : cœur de la ville au Moyen Âge, elle abritait autrefois des halles (le minage est une unité de mesure du grain) remplacées au XIXe s par une gentille fontaine. D'une tranquillité presque campagnarde, les rues à proximité invitent à une balade dans le temps : la rue de Turenne avec le superbe portail de style baroque (XVIIe s) de l'ancien couvent des Carmélites, la rue Vauban jalonnée d'hôtels particuliers ou la rue Froide (qui donne, histoire de se réchauffer, sur la rue du Soleil !).

L'église Saint-André : *rue Taillefer.* L'une des plus vieilles églises de la ville, construite au XIIe s, puis agrandie au XVe s (le beau clocher carré est de cette époque). La façade classique ne date, elle, que du XIXe s. On la doit au papa Abadie, dont le fiston retapa ensuite la cathédrale. L'intérieur est un curieux mélange de roman (l'avant-nef) et de gothique flamboyant (la nef et le chœur). Derrière l'église, place Saint-André, belle fresque en trompe-l'œil d'après un dessin d'Yslaire.

De la place Saint-André, la rue du même nom conduit à un charmant quartier de petites rues piétonnes aux airs médiévaux. Flânez dans la ***rue des Trois-Notre-Dame*** jusqu'à la *place du Palet,* passez devant la ***maison de Calvin*** (à l'angle des rues de Genève et du Chapeau-Rouge). On est au cœur de la partie la plus animée du *vieil Angoulême,* plein de bars et de petits restos.

La place New-York : jolie promenade plantée d'arbres, aménagée au XVIIIe s. Elle est bordée sur un de ses côtés par le théâtre d'époque Second Empire (mais l'intérieur, rénové, est moderne), à la façade chargée, surmontée d'anges musiciens. En face, une banque occupe un joli immeuble Art nouveau. Depuis l'esplanade, large panorama sur la vallée.

ANGOULÊME, C'EST L'AMÉRIQUE !

L'ancienne place du Parc est devenue place New-York en 1956 en souvenir de l'ancien nom de la ville américaine : la Nouvelle-Angoulême ! En effet, au XVIe s, l'explorateur Verrazano, envoyé par François Ier à la découverte du Nouveau Monde, baptisa ainsi la future New York en se souvenant que le roi était duc... d'Angoulême.

Parcours B.D.

Les murs peints : depuis 1998, les murs de la ville, du centre-ville à la périphérie, se sont couverts d'une grosse **trentaine de fresques,** inspirées d'œuvres de célèbres dessinateurs de B.D. Si vous avez fait le trajet gare/centre-ville, vous n'avez, par exemple, pas pu manquer le *Samedi à Malakoff* de Margerin, qui occupe un large pan de mur au no 153 de l'avenue Gambetta, ou la bande des Dalton incarcérée par Lucky Luke au no 58. Sinon, *La Fille des remparts* de Cabanes, perdue dans ses rêveries, est accoudée au 6, boulevard Pasteur, sous le marché couvert. On vous conseille de vous procurer à l'office de tourisme le plan détaillant un circuit des œuvres (évolutif).

Le musée de la Bande dessinée : *quai de la Charente. ☎ 05-45-38-65-65. • citebd.org • Dans la ville basse, le long de la Charente. Juil-août, mar-sam 10h-19h, dim 14h-19h ; sept-juin, mar-sam 10h-18h, dim et j. fériés 14h-18h. Fermé lun, 1er janv, 1er mai et 25 déc. Entrée : 10 € ; réduc. Ateliers enfants 6 €.*
Angoulême est **LA ville française de la bande dessinée.** Il lui fallait par conséquent une vitrine à la hauteur de sa renommée. C'est chose faite depuis la création du musée de la B.D., partie intégrante de la Cité internationale (voir ci-après). Pour s'y rendre, on emprunte de préférence la passerelle piétonne qui enjambe la Charente, histoire de saluer Corto Maltese, dont la belle statue contemple les eaux du fleuve.
Installé dans des chais de 1857 qui ont longtemps renfermé des eaux-de-vie, le musée a été pensé dans un style sobre et contemporain du meilleur effet. Planches originales, revues anciennes et croquis sont présentés par roulement, regroupés par **sections chronologiques (de 1830 à nos jours).** De nombreuses vidéos d'interviews d'auteurs jalonnent le parcours. Au comptoir des matières sont présentés matériaux et outils utilisés dans la technique du dessin. Juste à côté, le **petit musée des enfants,** un espace ludique avec déguisements à disposition, permet aux plus jeunes de se divertir pendant que les adultes profitent du musée. Plusieurs expos temporaires par an.
La **librairie** *(mêmes horaires que le musée)* regroupe un très large choix de B.D., des plus grands auteurs aux nouveaux talents, pour adultes et pour enfants. Plus de 30 000 références disponibles qui couvrent toute l'histoire du genre !

Le Vaisseau Mœbius : *121, rue de Bordeaux. ☎ 05-45-38-65-65. • citebd.org • Dans la ville basse, en face du musée, par la passerelle. Mar-ven 13h-18h (bibliothèque fermée jeu sauf vac scol), w-e et j. fériés 14h-18h.*
Avec le musée (voir ci-dessus) et la Maison des auteurs (inaccessible au public car elle accueille des artistes en résidence), le Vaisseau Mœbius constitue la **Cité internationale de la bande dessinée et de l'image.** Il s'agit d'un vaste centre installé dans un bâtiment de métal et de verre, construit à la place d'une ancienne brasserie (on ne sort pas des bulles !) par l'architecte Roland Castro. Sur le « parvis

Musée de la Bande dessinée

des stars », inauguré par Mœbius, on découvre les dalles dédicacées par les artistes, sur le modèle des empreintes de Hollywood. Immense, le centre contient des salles d'expos temporaires, une bibliothèque contenant 45 000 B.D. et 2 salles de cinéma d'art et d'essai...

Le musée du Papier – Le Nil : *134, rue de Bordeaux. ☎ 05-45-38-71-61. ● angouleme-tourisme.com ● ♿ En face de la Cité internationale de la B.D. Tlj sauf lun et certains j. fériés 13h45 (13h ven)-18h. Entrée : 3,20 € ; réduc.*
Installé sur la Charente, ce bâtiment-pont permettait d'utiliser l'énergie hydraulique. Moulin à papier en 1792, papeterie industrielle en 1835, fabrique de papiers à cigarettes de 1918 à 1970, il accueille finalement le musée du Papier à partir de 1988 ainsi qu'une artothèque.
Une visite intéressante, notamment pour le bâtiment lui-même, plein de charme avec, en « rez-de-Charente », ses vieilles passerelles et ses salles traversées par le fleuve. Derniers témoignages d'un passé révolu, une roue à aubes et des cuviers où l'on fabriquait la pâte à papier. ***L'exposition « Charentes Confluence »*** y raconte le fleuve et les différentes activités ou industries liées à son histoire (comme le commerce du cognac), et présente l'évolution des lieux, depuis l'artisanat préindustriel et l'abbaye Saint-Cybard jusqu'à l'actuel Pôle Image. Au détour des vitrines, on évoque aussi la fabrication des étiquettes de cognac. Expos temporaires.

Au bord de la Charente

Le quartier de l'Houmeau : il s'est développé autour de l'ancien port, florissant dès le Moyen Âge mais abandonné en 1926, car concurrencé par le train. C'est notamment par ici que le cognac transitait. Les bombardements de la Seconde Guerre mondiale n'en ont malheureusement pas laissé grand-chose : l'ancienne capitainerie sur les quais, quelques vieilles maisons dans la bien nommée rue Petite et des hôtels particuliers au long de la rue de Paris.

– **Croisière sur « La Reine Margot » :** *port de l'Houmeau, bd Besson-Bey. 📱 06-60-17-36-96. ● visitecharente.fr ● Mars-nov. Résa sur le site. Croisière simple (1h30) tlj à 14h30 et 16h15 (juin-août) ; 12 €, réduc. Excursion avec repas, départ à 12h ; 55-66 €.* Croisières au long de la Charente. Aussi des départs à Cognac.

DANS LES ENVIRONS D'ANGOULÊME

À voir

L'Oisellerie : *au lycée agricole de l'Oisellerie, 16400* ***La Couronne.*** *☎ 05-45-67-36-90. • epl-charente.com • À 3 km au sud d'Angoulême par la N 10, sortie La Couronne (fléché). Visite libre des extérieurs du château. Boutique ouv mar-ven 9h-12h, 13h30-18h ; fermée sam-lun.* *L'Oisellerie,* c'est avant tout un beau château du XVe s, avec châtelet, tour à mâchicoulis, façade gothique, etc., où François Ier aurait séjourné lors de chasses. Le château était d'ailleurs connu à l'époque pour son élevage de faucons gerfauts dressés pour la chasse royale (d'où son nom).
Aujourd'hui et depuis plus d'un siècle, le domaine de l'Oisellerie sert de support de formation au monde viticole et agricole charentais. Avec une surface de 33 ha, dont 6,5 ha sont conduits en agriculture biologique, l'exploitation produit du cognac, du pineau des Charentes, des vins charentais IGP ainsi que des jus de raisin, tous commercialisés à la boutique. Tous les produits sont confectionnés sur place, grâce à des installations modernes de vinification et de distillation.

Au pied du pont, à ***Vindelle,*** chouette petite plage en herbe, au bord de la Charente. Aire de pique-nique et buvette. Baignade surveillée en été. Locations de canoës-kayaks, d'embarcations à pédales et de *stand up paddle* (*07-68-16-56-85 ; • canoevindelle.fr •*).

Le château de Balzac : *à 3 km de* ***Balzac*** *(16430), sur la route de Vindelle, et à 8 km au nord-ouest d'Angoulême. ☎ 05-45-68-15-16. • chateaudebalzac.fr • Ouv env 10 juil-20 août, tlj 12h-18h pour les extérieurs ; visite guidée à 17h pour l'intérieur. Également des visites guidées organisées par l'office de tourisme d'Angoulême, sur demande. Entrée : 10 € ; réduc.*
Datant du XIIIe s puis restauré aux XVIIe-XVIIIe s, labellisé Maison des illustres, il a appartenu à ***Jean-Louis Guez de Balzac,*** écrivain né à Angoulême en 1597 et l'un des 1ers académiciens. Rien à voir avec l'autre, Honoré de Balzac. Jean-Louis fut l'ami de Richelieu, mais aussi de Marie de Médicis, qui séjourna ici en sa compagnie.
À voir : la chapelle du XIIIe s reconvertie en cuisine, l'escalier en bois monumental d'origine, la salle à manger et le salon, parfaitement restaurés. Mais le véritable chef-d'œuvre des lieux, ce sont les ***fresques du XVIIe s*** qui ornent les murs de l'ancien vestibule d'entrée. Intégrées dans un harmonieux décor en trompe-l'œil, les silhouettes de Mercure (avec son caducée), de Neptune (armé d'un curieux trident fleuri), d'Apollon et de 2 cupidons fascinent. En ressortant dans la cour, jeter un œil à l'harmonieuse galerie à colonnes, au joli porche charentais ainsi qu'au jardin, où se trouve un étonnant puits-lavoir.

Saint-Saturnin *(16290) :* *à 10 km à l'ouest d'Angoulême.* Entre le fleuve et la route nationale, un joli village étonnamment préservé. On longe d'étroites rues bordées de vieilles maisons assoupies pour dégotter la jolie petite église romane à côté de laquelle Calvin séjourna, il y a de cela bien longtemps...

Sites viticoles et visites de chais

Maison Roussille : *21, rue de Libourdeau, 16730* ***Linars.*** *☎ 05-45-91-05-18 • pineau-roussille.com • Visite sur rdv.* Fondée en 1863, la maison Roussille propose des pineaux (blanc, rouge, rosé) et cognacs d'exception (VSOP, Vieille Réserve, XO), ainsi que des liqueurs.

Bourgoin Cognac : *14, rue du Puits, 16290* ***Saint-Saturnin.*** *07-85-23-01-23 • bourgoincognac.com • À 10 km à l'ouest d'Angoulême. Boutique tlj 9h-12h, 14h-18h. Visite commentée « Initiation – Les Secrets du cognac » (env 1h30) avec dégustation : 30 € ; visite premium avec pique-nique dans les vignes (ou dans la distillerie en hiver) : 55 € ; safari viticole 75 €.* Frédéric Bourgoin, vigneron et bouilleur de cru, s'impose comme l'un des acteurs les plus intéressants du vignoble de cognac. La visite de son domaine est un complément idéal (indispensable ?) à celle des grandes maisons de négoce. Une visite criante d'authenticité ! Tout le processus d'élaboration des eaux-de-vie charentaises est expliqué – avec de l'humour et un réjouissant parti pris –, de la culture de la vigne à la mise en bouteilles, en passant par la (double) distillation et le vieillissement. Le narratif n'oublie jamais de prendre de la hauteur, revenant à point nommé sur l'histoire du cognac, la constitution de ses crus ou encore les nouvelles tendances dans le vignoble. Bref, on apprend énormément de choses tout en s'amusant.
En boutique, la large gamme de produits présentés illustre, une nouvelle fois, la créativité de la maison. Le cognac *Bourgoin Marée Haute* a ainsi été réduit avec un zeste d'eau de mer (unique en Charentes !). Intéressants aussi le *Microbarrique*, le *Brut de Fût* ou *La Gloire de mon Père*, cognac d'exception produit en pleine crise par le papa de Frédéric (et qui a donc dû patienter de longues années, faute de clients). Quant au pineau des Charentes, il est considéré ici comme... le nouveau vermouth ! L'huile de pépin de raisin, le verjus (que les grands cuisiniers s'arrachent) et le sirop de sucre démontrent la volonté de la maison d'utiliser le raisin dans son intégralité. Le rêve de la famille Bourgoin ? Réconcilier les Français avec le cognac !

Château Maillou : *74, route des Chaumes, 16290* ***Saint-Saturnin.*** *06-80-62-50-25. À 10 km à l'ouest d'Angoulême. Visite sur rdv.* Ce vignoble familial d'une vingtaine d'hectares est orienté en majorité vers le cognac, mais a développé un vignoble produisant aussi des vins charentais IGP (notamment du rouge et du rosé), commercialisés en vente directe à la propriété.

Distillerie des Moisans : *9, impasse des Chais, 16440* ***Sireuil.*** *☎ 05-45-90-55-45. • distillerie-des-moisans.com • À 15 km à l'ouest d'Angoulême. Lun-jeu 10h-12h et 14h-17h 9h-17h. Ven-sam sur rdv. Fermé dim. Visite (sur rdv) : 10 € (avec dégustation).* Domaine de 60 ha bordé par la Charente, sur les crus de Fins Bois et Petite Champagne. À travers le parcours guidé, découvrez l'esprit et l'histoire des lieux. Mais aussi ses 12 alambics rutilants et ses chais de

Distillerie des Moisans

vieillissement, encombrés par 1 300 fûts et une cinquantaine de tonneaux en chêne du Limousin. C'est l'endroit idéal pour s'initier aux secrets du vieillissement du cognac, savant travail orchestré par le maître de chai. Pour terminer, une dégustation personnalisée.

Domaine Croisard et fils : *Fonfroide, 16440* ***Roullet-Saint-Estèphe.*** *☎ 05-45-66-38-42. • pineau-cognac-croisard.com • À 16 km au sud-ouest d'Angoulême. Visites possibles sur rdv.* Datant du XVIIe s, le logis de Fontfroide possède des vignes sur les crus de Petite Champagne et Fins Bois. Si la famille Croisard a acquis le domaine en 1939, c'est aujourd'hui la 4e génération qui produit ici vins charentais IGP, pineau des Charentes, cognac et jus de raisin.

– **Dominique Prunier :** *12, rue de la Ferme, 16400* ***Puymoyen.*** *☎ 05-45-61-59-87.* Cette « sommelière Conseil » propose des ateliers et animations autour du vin, ainsi que des formations à la dégustation.

ABK6 Cognac : *1, route du Ménager, 16440* ***Claix.*** *☎ 05-45-66-35-72. • abk6-cognac.com/abk6 • À 21 km au sud d'Angoulême. Lun-ven 9h-17h, sam sur demande. Fermé dim. Visites sur résa : « Passion Cognac » 16 € (gratuit moins de 18 ans) ; « Atelier Création Cocktails » 40 € (2 pers min) ; « Atelier Maître de chai » 150 € (3-4h, à quelques dates seulement).* Les 386 ha de vignes des Domaines Francis Abécassis en font l'un des producteurs indépendants les plus importants de l'appellation Cognac. Certifiés HQE, les 4 vignobles de la maison sont répartis entre les crus de Grande Champagne, Petite Champagne et Fins Bois. **On maîtrise ici la production de la vigne à la bouteille,** ce qui est rare pour une exploitation de cette dimension. ABK6 peut donc s'affirmer comme un « *single estate cognac* ». La gamme de cognacs est large : Ice Cognac, VS, VSOP, XO Family Cellar, XO Renaissance, Extra... À cela s'ajoutent les Artist Edition, dont les bouteilles sont décorées par des artistes locaux, des *single cask* (cognac d'un seul fût) et une série spéciale Grande Champagne. Au domaine, 3 visites sont possibles : *Passion Cognac* permet de découvrir la vinification, la distillation et le vieillissement, avec même un passage dans le chai des pineaux des Charentes.

Les jardins du Logis de Forge : *9, route de la Garenne, 16440* ***Mouthiers-sur-Boëme.*** *☎ 05-45-67-84-22. • jardinsdulogisdeforge.com • À 14 km au sud d'Angoulême. De juil à mi-août, tlj sauf sam 10h-12h, 14h-18h ; mai-juin et de mi-août à sept, sur rdv. Entrée : 7 € ; gratuit moins de 10 ans.* Ces superbes jardins, conçus par quelques paysagistes stars, prennent place dans un cadre d'exception. Baignés d'eau (on trouve ici une importante résurgence), ils se déploient autour d'un magnifique ensemble de bâtiments : un logis à tourelles du XVe s, un moulin à papier du XVIIIe s, ainsi que des bâtiments et communs de diverses époques, qui servaient à l'exploitation agricole. Du point de vue viticole : le domaine a appartenu aux Sazerac de Forge, une famille charentaise fondatrice d'une maison de cognac en 1782. Ils ont donné leur nom au fameux *Sazerac,* un cocktail créé à La Nouvelle-Orléans, aux États-Unis.

LE SAZERAC, UN CLASSIQUE DES COCKTAILS AU COGNAC

Dans La Nouvelle-Orléans du milieu du XIXe s, le restaurant Exchange Coffee House avait l'habitude de servir son cognac sucré, puis allongé d'un trait d'absinthe et de Peychaud, un amer élaboré par un apothicaire du même nom. Or, le patron du resto se fournissait en cognac auprès de la maison charentaise de Sazerac de Forge... Le nom du cocktail était donc tout trouvé ! Aujourd'hui, à New Orleans, le Sazerac est le plus souvent préparé avec... du rye américain. Tout fout le camp !

AUX PORTES DU PÉRIGORD

À l'est du pays d'Angoulême, cette région fait la transition entre la Charente et le Périgord, offrant une grande diversité de paysages. C'est ici que l'on trouve l'un des vignobles les plus surprenants de Charente, l'un des rares à ne pas produire de cognac : celui de Saint-Sornin.

LA ROCHEFOUCAULD-EN-ANGOUMOIS

(16110)

Un nom pareil, celui d'une famille prestigieuse, ça en impose ! La partie ancienne, qui s'organise autour d'une sorte de grand-rue assez pittoresque vous mènera jusqu'au château de La Rochefoucauld, le plus beau des Charentes. Pas beaucoup de vignes sur ce territoire de la ville, mais Saint-Sornin ne se trouve qu'à 7 km !

Adresse utile

Office de tourisme : *1 ter, rue Adolphe-Maillard. ☎ 05-45-63-07-45. • tourisme.rochefoucauld-perigord.fr • Juil-août, tlj sauf dim 9h-13h, 14-18h (16h sam) ; le reste de l'année, lun-ven plus sam mat.* Pour découvrir la ville, suivre les panneaux du patrimoine ou le parcours de géocaching Tèrra Aventura.

Où dormir ? Où manger ? Où boire un verre ?

Chez Steph : *48, rue des Halles. ☎ 05-45-62-09-11. En contrebas du château. Juil-août, tlj sauf lun-mar ; le reste de l'année, fermé lun et le soir mar-mer et dim. Formules 16,90-19,90 € ; carte 25-40 € (plus pour les viandes d'exception).* L'adresse conviviale à la carte bien fournie, qui s'adresse à tous les budgets et à toutes les envies : pizzas, salades, tartines, mais aussi des viandes limousines grillées, accompagnées de frites maison persillées. Terrasse face au château.

L'Intemporel : *2, rue des Gaillaudes. ☎ 05-45-91-72-60. 📱 06-62-47-35-01. Tlj sauf lun-mar et dim soir. Menu midi 27 € ; sinon menus 45-67 €.* C'est d'abord la véranda en bord de rivière, face au magnifique château de La Rochefoucauld, qui attire l'œil. Puis, lorsqu'on découvre la carte affichée à l'extérieur, plus aucune hésitation... C'est ici qu'on mangera ! Baptiste Laurent, jeune chef ayant fait ses classes dans de belles maisons, y propose une cuisine précise et séduisante, tout en contrastes, évoluant au gré des saisons : ravioles de crabe relevées de yuzu, truite de Bellet au safran de l'Angoumois, veau à la crème de céleri vanillée... On se régale ! Et ce dès le menu du marché, à prix très sage. Pour accompagner les agapes, quelques vins charentais bien choisis (domaine de Garancille, *Sapiens* de la cave de Saint-Sornin...).

Le Patio de la Roche : *38-40, rue des Halles. ☎ 05-45-61-34-06. • lepatiodelaroche.com • Tlj sauf lun-mar. Resto ouv en été seulement, le midi plus le soir le w-e. Double à partir de 65 € ; familiale env 115 €. Au resto, menu 25 €.* Lieu hybride installé dans une superbe maison du XVIIe s, dotée d'un grand patio à arcades et colonnes : librairie de voyage (cuisine assortie), café-salon de thé cosy qui déborde allègrement dans la cour, petit restaurant (en saison). Quelques concerts de jazz en été. Également 3 chambres d'hôtes joliment décorées.

Achats

Chocolaterie La Pichotte : *33, rue des Halles. ☎ 05-45-63-00-26. • chocolaterie-la-pichotte.fr • Tlj sauf sam ap-m au lun 9h30-12h30, 14h30-18h (en principe, horaires légèrement réduits en été, voir site ou Facebook).* Cette petite boutique est connue pour sa Liqueur Cognac (chocolat noir relevé d'eau-de-vie) et sa Pichotte, un bonbon au chocolat à base d'amandes et de sucre glace, au léger goût alcoolisé. Elle est fabriquée artisanalement selon une recette tenue secrète depuis 1940.

La Pantoufle et Maison Rondinaud : *43, rue des Halles. ☎ 05-45-63-01-09. Tlj sauf dim-lun 9h30-12h, 14h30-19h.* Cette boutique est installée à l'emplacement du 1er atelier ouvert en 1907 par Théophile Rondinaud : le début de l'histoire de cette entreprise familiale qui a inventé la charentaise contemporaine, avec imprimé écossais. Petite boutique mais jolie gamme (des modèles les plus classiques aux plus tendance en passant par les séries limitées).
On peut également découvrir ***l'Atelier Charentaises*** *(6367, chem. de la ZI • rondinaud.shop •)* qui produit la véritable charentaise et respecte les techniques traditionnelles dont le fameux cousu-retourné, ce qui a valu au chausson une IGP en 2019 !

À voir

Le château : *sur les hauteurs de la ville. ☎ 05-45-62-07-42. • chateau-la-rochefoucauld.com • ♿ (accès partiel). De mi-fév à déc, tlj sauf mar 10h-19h (18h oct-déc) ; fermé de janv à mi-fév. Visite libre sauf pour les bibliothèques et la salle des archives. Entrée : 12 € ; réduc.*
On y accède par un joli pont de pierre (XVIIe s) qui franchit la Tardoire tout en offrant un beau point de vue sur les remparts et les imposantes tours. La cour d'honneur réserve une 1re surprise, avec le spectacle rare (pour l'époque) des ***galeries à arcades*** des étages, à l'italienne. On visite d'abord la chapelle (au fond de la cour), bien jolie et très lumineuse. Ensuite, 3 salons en enfilade, tous meublés (et décorés de photos de famille), superbes avec leurs boiseries du XVIIIe s et leurs poutres du XVIe. Au fond, ravissant petit ***boudoir*** qui porte le nom de ***Marguerite d'Angoulême,*** en hommage à la sœur de François Ier. Décoration assez exceptionnelle : les murs sont recouverts de peintures sur bois du XVIIe s.
En montant vers le 1er étage, admirer le ***superbe escalier à vis,*** en grande partie sculpté, dont les plans auraient été imaginés par Léonard de Vinci *himself.* La plus longue des marches fait 4 m...
On découvre ensuite la chambre à coucher d'Anne de Polignac et de François II de La Rochefoucauld, devenu comte sur décision de François Ier. Dans l'autre aile, on tombe sous le charme des ***bibliothèques,*** où se répartissent quelque 21 000 volumes, les archives de la famille (du XIIIe s à nos jours) et des cartes (ces salles ne sont accessibles que durant la visite accompagnée, à heures fixes).
On redescend ensuite vers l'entresol et les ***cuisines,*** avec une batterie en cuivre (nickel !) aux initiales de la famille. 2 immenses cheminées, adossées, laissent imaginer les festins qui s'y préparaient... À gauche de l'escalier, la grande salle des gardes. Tout au fond, un escalier et un souterrain mènent à une petite grotte, appelée « la roche à Foucauld ». Une magnifique visite !

DANS LES ENVIRONS DE LA ROCHEFOUCAULD

SAINT-SORNIN

Ce ***village de Charente*** est une vraie curiosité du point de vue viticole. Il est en effet le ***seul de la région à avoir le droit d'accoler son nom à l'IGP vins charentais.*** En revanche, pas de cognac par ici ! Saint-Sornin se trouve en effet en dehors de l'AOC (pour quelques kilomètres seulement). Cette décision avait-elle pour but de préserver la typicité des vins locaux, qui existeraient depuis le Moyen Âge ? Mystère... Le vignoble s'épanouit sur des coteaux pentus, parfois à une altitude plutôt élevée pour la région (jusqu'à 250 m !). Ce qui fait une partie de sa typicité. Sur ces contreforts du Massif central, la fraîcheur du climat est propice à l'élaboration de remarquables vins rouges et blancs. Bref, vous allez vous régaler...

Où manger dans les environs ?

Le Moulin de la Tardoire : *lieu-dit La Forge, à* ***Montbron.*** *☎ 05-45-66-41-46. • moulindelatardoire.fr • À env 2 km au nord-est de Montbron ; accès fléché depuis le centre. Tlj sauf dim soir-lun et mar soir. Formule déj en sem 28,50 € ; menus 42 € (en sem seulement), 60 et 85 €.* Le coin, avec sa passerelle qui franchit la Tardoire surplombée d'un joli château, est très pittoresque. À 2 pas, la terrasse au bord de la rivière l'est tout autant, comme les salles résolument contemporaines aménagées dans cet ancien moulin à farine du XVe s. Le chef étoilé, Matthieu Brudo, revivifie très joliment le terroir avec des produits soigneusement sélectionnés comme le bœuf du Limousin, la truite locale ou le canard gras. Le 1er menu est une véritable aubaine ! Tout pour plaire, donc.

Sites viticoles

Cave de Saint-Sornin – Maison Soulat : *1, route de Montbron. ☎ 05-45-23-11-95. • maison-soulat.fr • Mar-sam 9h-12h, 14h-18h ; fermé dim-lun.* Ici, on se trouve sur des terres bien différentes de celles de la vallée de la Charente et c'est pour cela que les vins y sont très différents. Créée en 1967, cette cave coopérative perpétue la tradition d'un vignoble très ancien. Elle est reprise en 2019 par Jacques Soulat qui s'associe à Olivier Pucek pour restructurer le vignoble historique de Saint-Sornin, seul cru de zonage en Charente. Le *Sapiens*, premier grand vin rouge en IGP charentais Saint-Sornin, assemblage de gamay et cabernet franc vifs et charmeurs, travaillé comme des vins de renom. Sa richesse et son élevage maîtrisé en barriques lui donnent structure et potentiel de garde. La boutique propose aussi d'autres domaines du coin, comme celui de Maverlan (en bio), du vin d'autres régions viticoles, une très belle sélection de cognacs et pineaux des Charentes de petits producteurs, ainsi que des alcools charentais (gin, whisky, etc.).

Domaine Le Guimbelot : *4, route de La Fenêtre. 06-29-18-84-62. • leguimbelot.com • Visite possible en sem (sur rdv).* Ce petit domaine artisanal regroupe 4,5 ha de vignes, plantées en cépages blancs uniquement sur un coteau exposé plein sud, à près de 250 m d'altitude. Freddy Radepont, le vigneron installé ici, a quitté son activité de paysan laitier en vente directe pour se reconvertir dans le vin. Passionné par son (nouveau) métier, il produit une dizaine de cuvées du sec au liquoreux toutes en monocépage. Ses plus belles réussites ? Les chardonnay et chenin, très à leur aise sur ces terres d'argile à silex sont vinifiés et élevés en barriques pendant un an avec 1/3 de fûts neufs dans une cave voûtée.

Les grandes tables de la région se les arrachent ! Également quelques ceps de chauché (cépage charentais), du viognier et du pinot beurot. Discussions passionnantes avec Freddy en perspective. Les amateurs de raretés seront comblés.

Domaine Maverlan : *Miaulant, à* ***Yvrac-et-Malleyrand.*** *06-07-21-37-68. Sur rdv.* Un domaine de 3 ha créé par Olivier Pucek, un expérimentateur audacieux, créateur du premier vignoble sur un terril du Pas-de-Calais et qui vinifie en agriculture biologique à Saint-Sornin des cépages oubliés, hybrides comme le villard blanc ou le villard noir, ou très rares en Charente comme la syrah ou le jurançon noir. Ses pinots noirs et ses gamay, vins de garde, sont par ailleurs servis sur les meilleures tables des Charentes.

LE NORD DE LA VALLÉE DE LA CHARENTE

Bordée à l'est par la Charente, cette vaste région qui court de Rouillac à Tusson s'avère encore très viticole. On se trouve ici essentiellement sur le cru des Fins Bois, qui produit de belles eaux-de-vie, assez florales. À mesure que l'on remonte vers le nord, les vignes cèdent peu à peu la place aux champs de blé et aux rangs de tournesols. Un paysage qui a bien changé si on le compare à celui du XIXe s : avant le phylloxéra, on se trouvait ici presque au cœur du vignoble ! Du reste, la région a séduit l'homme depuis bien longtemps, comme en témoignent de nombreux tumulus du Néolithique, dont 4 parmi les plus importants d'Europe situés vers Tusson (non, ce ne sont pas des bosquets, mais bien une nécropole !).

Adresse utile

Office de tourisme Nord Charente, antenne de Mansle-les-Fontaines : *3 pl. du Gardoire, 16230* ***Mansle-les-Fontaines.*** *☎ 05-45-20-39-91 • destination-nordcharente.com • Juil-août : lun 14h-18h, mar-ven 9h-13h, 14h-18h, sam-dim 9h30-12h30 ; avr-juin et sept : mar-mer et ven 9h30-12h30, 14h-17h30, sam 9h30-12h30 ; oct-mars : mar-mer et ven 9h30-12h30.*

TUSSON (16140)

Ce charmant village vaut le détour pour sa poignée de rues lumineuses, bordées de vieilles demeures restaurées où fleurissent les artisans d'art. Un vrai charme et pas mal de curiosités architecturales, héritage d'une prospérité passée liée à l'activité viticole, mais surtout à la présence d'une abbaye, aujourd'hui presque entièrement disparue.

Où manger ?

Le Compostelle : *1, route de Souvigné. ☎ 05-45-31-15-90. • lecompostelle-tusson.fr • Dans le centre. Juil-août, tlj sauf dim soir, sam midi et lun ; sinon, ouv ts les midis sauf lun et sam, plus le soir ven-sam. Menus 24 € (déj en sem) puis 45 et 60 €.* On vient de loin pour *Le Compostelle,* et cela n'a rien à voir avec un quelconque pèlerinage ! Le secret : un menu du marché d'un très bon rapport qualité-prix, et surtout une cuisine de terroir personnalisée qui mérite toutes nos louanges. Accueil et service charmants.

Gâteaux : *7, route de Souvigné. 06-70-32-51-64. Tlj sauf mar et jeu 10h-18h.* Salon de thé (belle terrasse), où l'on vient de loin pour se fournir chez Lydia, une Écossaise, en délicieux gâteaux maison.

Achats

La Maison de Charente : *8, rue de Ruffec. ☎ 05-45-30-31-85. • lamaisondecharente.com • Lun-sam 9h30-12h30, 14h30-18h30 ; plus dim mat en juil-août et déc.* Un des spécialistes (depuis 1988) charentais du foie gras. Mais cette jolie boutique propose bien d'autres spécialités maison à base de canard (cou farci, confit, magret, grillades), entre autres produits du terroir (miel, huile, vins, pineau des Charentes...).

À voir

Espace muséographique et d'expositions : *face à l'église, route d'Aigre. ☎ 05-45-31-70-49. (jardin et rdc du musée). Tlj 10h-13h, 15h-18h. GRATUIT.* Ce beau logis du XVIe s, où Marguerite d'Angoulême y aurait séjourné plusieurs fois, se distingue par sa jolie façade Renaissance. En entrant sous son porche, on accède à un réseau de cours bordées de bâtiments anciens, où l'on peut croiser différentes machines agricoles (presses, alambic, cuves, etc.). Derrière cet ensemble, le ***charmant jardin monastique,*** réalisé à partir de documents d'époque, rassemble des plantes cultivées entre le XIIe et le XVe s, copie (presque) conforme d'un jardin médiéval typique. On y trouve des carrés de simples (culture des plantes médicinales), un jardin bouquetier (plantes servant au culte), un potager, ainsi qu'un verger.

Tusson

Balade dans le village : *petit circuit historique fléché.* Juste derrière la maison de Marguerite d'Angoulême (prendre la 1re petite rue à gauche en sortant) s'élèvent, dans les champs, les ruines de l'abbaye des Dames, fondée au début du XIIe s, filiale de celle de Fontevraud en Anjou ; un peu plus loin, en suivant le chemin, on tombe sur le logis du Prieur (XVe s), seul bâtiment survivant de l'ancien couvent des Hommes. On peut ensuite monter la rue de l'église (on y découvre une très ancienne boutique – XIVe s) jusqu'à l'ancien presbytère et l'élégant logis Nicolas Pasquier (XVe s), flanqué d'une tourelle.

DANS LES ENVIRONS DE TUSSON

L'Isle Nature – Les Jardins éphémères et Maison de l'eau : *24, rue du Chant-du-Coq, 16140* ***Saint-Fraigne,*** *à env 10 km au nord-ouest de Tusson. Infos à la Maison de l'eau : ☎ 05-45-21-57-65. Juin-sept, lun-ven 9h-19h, w-e 10h-18h ; horaires et jours d'ouverture plus réduits hors saison. Entrée : 4,50 € ; visite combinée des jardins et de l'église (aux surprenantes fresques contemporaines classées) : 6 € (9 € en visite guidée) ; réduc. Nombreuses animations.* Charmant endroit, entre nature et culture, baigné par 2 petites rivières qui sortent de leur lit tous les hivers et inondent le site : c'est pourquoi on recommence tout à zéro chaque année ! On confie alors la création de 10 jardins éphémères à de jeunes paysagistes et artistes qui s'expriment autour d'un thème principal. La Maison de l'eau accueille des expositions sur la nature. Pour les enfants, un labyrinthe végétal, des tipis en osier, un sentier pieds nus...

Sites viticoles et visites de chais

Domaine des Chaillis – Cognac Tallon : *7, rue des Chaillis, 16140* ***Ligné.*** *06-31-16-50-55. Visite complète possible sur rdv.* Aux confins du cru des Fins Bois, la maison Tallon effectue assemblage et vieillissement sur sa propriété. Son vignoble de 14 ha lui permet de produire plusieurs types de cognacs, du VS à la Vieille Réserve en passant par le XO. Rondeur et légèreté caractérisent ces eaux-de-vie d'artisan. La visite, qui permet de découvrir le chai de vinification, la distillerie et les chais de vieillissement, se conclut par une dégustation. Possibilité de dormir sur place dans un grand gîte installé dans une belle maison charentaise dotée de 3 chambres et de tout le confort (cuisine, terrasse, BBQ, etc.). Le tout au calme, en pleine campagne.

Cognac Pierre Lecat : *rue de l'Alambic, Villeret, 16140* ***Saint-Fraigne.*** *☎ 05-45-31-63-41. 06-33-08-25-21. • cognac-lecat.com • Visites possibles sur rdv.* Labellisé Vignobles et Découvertes, ce domaine familial possédant 25 ha de vignes produit de bons cognacs (VS, VSOP, XO) et du pineau des Charentes (blanc, rosé, rouge). Coup de cœur pour le XO Mémoire, avec beaucoup de caractère !

AIGRE

Un bien ***joli petit village,*** qui suit le cours de la rivière de l'Osme. Avant la crise du phylloxéra, les vignobles étaient très nombreux dans la région et une bonne partie des habitants d'Aigre travaillaient dans les vignes. De cette époque révolue subsiste la belle maison de cognac Gautier, au cœur du bourg.

Site viticole et visite de chai

Maison Gautier : *28, rue des Ponts. ☎ 05-45-21-58-67. • cognac-gautier.com • Tlj sauf dim-lun 9h30-12h30, 14h-18h (16h sam). Visites mar-sam à 10h et 14h, sur résa. Tarif : 4 €.* Cette maison de cognac qui existe depuis 1755 est installée au cœur du village d'Aigre, dans un ancien moulin à eau construit sur une île, au milieu de la rivière de l'Osme. Pourquoi là ? Car l'humidité ambiante s'avère primordiale pour le vieillissement des eaux-de-vie. La visite débute dans la maison de maître – où se trouve l'accueil – par un ***petit film*** retraçant l'histoire du commerce du cognac et celle de Gautier. Ici, le savoir-faire maison est transmis depuis ***10 générations :*** la famille était à l'origine spécialisée dans l'exploitation du bois en forêt de Tronçais (permettant de fabriquer des barriques d'exception). La visite se poursuit dans les chais, entrecoupée d'un passage par le bureau du maître assembleur. Plus loin, une amusante machine censée rendre le cognac plus « hygiénique » pour répondre aux préoccupations du XIXe s. On découvre ensuite un autre chai où se trouvent des barriques plus anciennes ainsi que le « paradis », recelant les eaux-de-vie les plus précieuses (certaines datent de 1840 !). La visite se termine par une généreuse dégustation. Boutique avec les VS, VSOP, XO et 1755 (cognac de plus de 45 ans d'âge élaboré pour les 250 ans de la maison). Une curiosité : le Pinard el Rio, assemblé avec un expert cubain du cigare.

Roland Vilneau : *4, rue Vincent, Le Breuil, 16140* ***Verdille.*** *06-70-70-03-88 ou 06-10-18-29-05. • rolandvilneau.fr • Visites sur rdv.* Viticulteur depuis son plus jeune âge, Roland Vilneau est animé par la passion. Ses 35 ha de vignes situés sur des terrains de pierrières sont propices à la production de vins charentais IGP de qualité, régulièrement primés dans les concours. Son sauvignon blanc et son merlot nous ont bien plu !

ROUILLAC (16170)

À l'écart de la vallée de la Charente, ville carrefour depuis l'Antiquité romaine, cette bourgade est au cœur du « cru des Fins Bois ». D'ailleurs, on n'est ici plus très loin de Cognac ou de Jarnac ! Rouillac est surtout connue pour sa pittoresque foire du 27 (qui se tient donc chaque 27 du mois depuis 1882), avec produits du terroir...

Adresse utile

Office de tourisme du Rouillacais : *pl. Gambetta. ☎ 05-45-21-80-05. • rouillac-tourisme.fr • Tte l'année ; juil-août, tlj sauf sam ap-m et dim-lun ; le reste de l'année, le mat seulement mar-ven, mer ap-m et ven ap-m.*

Où manger ?

Auberge des Fins Bois : *222, av. Jean-Monnet. ☎ 05-45-70-86-79. Ouv le midi mar-dim, plus le soir mer-sam (sur résa mer-jeu). Fermé ts les 27 du mois le soir. Formules et menu midi 19 €, le soir et w-e 25-42 €.* L'auberge de campagne pur jus avec ses 2-3 tables au pied du comptoir et sa grande salle rustico-coquette, prolongée d'une grande terrasse. Bonne cuisine, à base de produits frais, qui reste dans un registre traditionnel.

Sites viticoles et visites de chais

Maison Dhiersat : *477, rue du Moulin-à-Vent, Le Breuil. ☎ 05-45-21-75-75. • maison-dhiersat.com • Tlj sauf dim 9h30-12h30, 14h-19h. Visites guidées possibles sur rdv. GRATUIT.* Une maison familiale qui possède 54 ha de vignes. Les pineaux des Charentes de la maison sont très réputés, notamment le Très Vieux (également des pineaux blancs et rouges plus jeunes). En cognac, une gamme complète avec des 3 étoiles (VS) aux XO en passant par le Napoléon. Également d'intéressants vins charentais IGP, parfois vinifiés avec de vieux cépages (comme le ***chauché***, très minéral, qui était très présent dans la région au Moyen Âge) ou des plus classiques colombard, merlot ou cabernet sauvignon. Visite guidée possible de la distillerie, des chais et du poste d'embouteillage. Dégustation gratuite et accueil charmant. Une belle adresse !

Françoise Fleuriet : *293, rue d'Angoulême. ☎ 05-45-21-72-75. • francoisefleuriet.com • Sur rdv. GRATUIT.* Voici une adresse très originale ! Ici, on élabore un fameux ***vinaigre de pineau des Charentes*** (blanc ou rosé, de 4 ans d'âge et produit par la maison Dhiersat), passé dans d'anciens fûts à cognac en chêne. Également toute une gamme de vinaigres parfumés mais aussi des condiments divers, des soupes de légumes et un « glacis » au pineau (une sorte de gelée).

Rémi Landier : *133, rue de Châteauneuf. ☎ 05-45-61-77-65. • cognacremilandier.com • Tlj sauf dim 10h-12h, 14h-18h. Visites possibles du domaine sur rdv. Compter 10 €/pers. Durée : 1h30.* Jean-Yves Landier et sa fille Géraldine, 4e et 5e générations de vignerons et bouilleurs de cru, proposent une gamme complète de cognacs en cru Fins Bois, des plus jeunes (VS) aux plus anciens (XO). Ils produisent également du pineau des Charentes (blanc ou rosé) et plusieurs vins charentais IGP (L'Orée du Bosquet), vinifiés à partir des cépages chardonnay, sauvignon, merlot, cabernet et même... pinot noir ! L'ensemble est présenté dans la cave du ***Chai 27,*** qui propose aussi d'autres vins venus de tout l'Hexagone, des spiritueux (pas de cognac mis à part la production Landier) et des liqueurs (essayez Le Capucin, apéritif maison à la croisée d'un pineau, d'un vermouth et d'un amer). Visites possibles du vignoble et de la distillerie sur rendez-vous.

DANS LES ENVIRONS DE ROUILLAC

À voir

L'espace d'interprétation du gallo-romain : *ferme des Bouchauds, 200 m avt le théâtre, 16170* ***Saint-Cybardeaux.*** *☎ 05-45-65-26-19. • eigr-bouchauds.fr • Juil-août, tlj 10h-13h, 14h-18h (seulement l'ap-m le w-e) ; vac scol de Pâques et de la Toussaint, tlj sauf lun-mar et j. fériés 14h-18h. Entrée : 3 € ; réduc.* Niché dans une ferme charentaise du XIXe s habilement rénovée, l'espace d'interprétation s'impose comme le complément indispensable à la visite du site des Bouchauds (lire ci-dessous), dont la splendeur passée est difficile à imaginer. L'histoire du site et sa découverte y sont expliquées de façon claire et pédagogique.
– En été, des ***visites guidées*** du site archéologique ainsi que de l'espace d'interprétation sont organisées *(sur résa).* Également des ateliers pour enfants.

Le théâtre gallo-romain des Bouchauds : *à* ***Saint-Cybardeaux,*** *à 5 km à l'est de Rouillac ; suivre la direction d'Angoulême puis fléché. Accès libre et GRATUIT. Audioguide 3 € (commentaire lu par Lorànt Deutsch), à retirer à l'espace d'interprétation (voir ci-dessus). Appli Legendr (gratuite) avec casque de réalité virtuelle (4 €).* Vaste théâtre en ruine, dans un site paisible et sauvage, en bord de forêt. Construit au Ier s, il fut probablement abandonné 3 siècles plus tard quand la religion chrétienne s'imposa. On y accède par un chemin qui traverse d'abord les vestiges d'un sanctuaire, avant de déboucher en haut des gradins, histoire d'appréhender de façon saisissante l'immensité du théâtre. C'était un des plus grands de Gaule ! Avec ses 105 m de diamètre, il bat celui d'Arles de 3 m et pouvait accueillir de 5 000 à 7 000 spectateurs...

Sites viticoles et visites de chais

Domaine de la Chevalerie : *route de La Vigerie, 16170* ***Saint-Amant-de-Nouère.*** *06-70-55-77-26. • cognac-pineau-pelletant.com • À env 7 km au sud-est de Rouillac. Boutique lun-sam 9h30-12h30, 14h30-19h. Visites (sur rdv, gratuit moins de 15 ans) : « Découverte », 1h30, 5 € ; « Savoir-faire », 2h, 10 € ; « En 2 CV », 2h, 25 € ; « En tracteur », 1h30, 10 € ; « Petit déj au pied de l'alambic », 14 €.* Loïc Pelletant poursuit l'aventure familiale commencée il y a 4 générations. Au cœur du cru des Fins Bois, il produit de fameux cognacs (très large gamme du VS à l'Extra, avec aussi un Brut de Fût qui décoiffe), des pineaux des Charentes (des 3 couleurs, jeunes ou vieux), des vins (rouge et rosé), des effervescents en méthode traditionnelle et des jus de raisin. Un brin artiste, un poil poète, il déborde d'idées pour faire découvrir son vignoble avec passion et originalité : concerts dînatoires, balades en 2 CV ou en tracteur, petits déjeuners au pied de l'alambic (en hiver), et on en passe. Demandez le programme ! Excellent accueil.

Maison Priollaud : *rue Maxime-Priollaud, Fontenelle, 16170* ***Saint-Amant-de-Nouère.*** *07-84-06-31-26. • vinetspirit.fr • Visite sur rdv. GRATUIT.* La Maison Priollaud s'étend sur plus de 30 ha dans le cru des Fins Bois. Elle vend une large gamme de vins charentais IGP (cépages sauvignon, chardonnay et pinot noir), des effervescents en méthode traditionnelle, des pineaux des Charentes (blanc et rouge), du cognac (VSOP et XO) et de fameux jus de raisin.

Domaine Pascal Gonthier : *impasse Marin, Nigronde, 16170* ***Saint-Amant-de-Nouère.*** *06-07-13-56-37. • pascalgonthier.com • Visite sur rdv. GRATUIT.* Venu au vin par passion mais aussi par héritage (le domaine existe depuis le XVIIe s !), Pascal Gonthier produit des vins charentais IGP originaux que les bonnes tables de la région s'arrachent. Pas moins de 4 gammes de vins différentes : l'Héritage d'Aliénor, Domaine Perrière-Gonthier, Cuvée Jean Marin et Cépage.

David Ramnoux : *3, rue de l'Église, 16170* ***Mareuil.*** *06-61-31-57-84. Visite sur rdv. GRATUIT.* Installé sur un domaine de 10 ha cultivé ***en bio depuis 25 ans,*** sur le cru des Fins Bois, ce vigneron et bouilleur de cru, certifié Demeter, produit du cognac, du pineau blanc et du vin IGP charentais rouge. À découvrir...

Cognac Vaudon et Cognac François Voyer : *23, rue du Marronnier, Villars, 16170* ***Échallat.*** *☎ 05-45-83-02-98. • cognac-voyer.fr • cognac-vaudon.com • Lun-ven 9h-17h. Fermé sam-dim. Visite guidée (1h30, sur rdv). GRATUIT.* Ce domaine a de la bouteille puisqu'il gagnait déjà un prix en... 1913. Certaines de ses eaux-de-vie, conservées dans le silence des chais, datent même de 1811 ! Avec 70 ha de vignes en tout, cette maison à 2 têtes – *Cognac Vaudon* en Fins Bois et *François Voyer* en Grande Champagne – est capable de créer des cognacs avec des expressions très variées, qui ont séduit jusqu'aux grands palaces parisiens. Mais aussi des pineaux des Charentes et une délicieuse crème de framboises au cognac. La visite est très intéressante car elle permet de découvrir tout le processus de fabrication du cognac à travers le chai de vinification, la distillerie et les chais de vieillissement. Explications passionnantes et très bon accueil.

LE VIGNOBLE EN SAINTONGE

Bordée au nord par l'Aunis et le Poitou, à l'est par l'Angoumois et au sud par la Gironde, la Saintonge est une région attachante, où règne une certaine douceur de vivre. C'est un vrai pays, historiquement cohérent, avec ses innombrables vallons viticoles, ses plaines piquetées de bois, ses villages de charme et son cortège d'églises si caractéristiques qu'on parle d'un « art roman saintongeais ».
Traversée par la paisible Charente, la Saintonge a longtemps joué un rôle majeur dans le commerce du cognac, à l'image de Saintes où les négociants jouaient à touche-touche sur les quais. Aujourd'hui, elle continue de compter un grand nombre de viticulteurs et de bouilleurs de cru, qui s'évertuent à faire vivre la tradition viticole régionale tout en la mettant au goût du jour.

DE LA HAUTE SAINTONGE À LA SAINTONGE VITICOLE

Vallonnée et boisée, la Haute Saintonge couvre le sud du département de la Charente-Maritime. Plutôt méconnue, rurale dans sa grande majorité, c'est une terre viticole qui joue la carte d'un tourisme aussi vert que ses rangs de vignes.

JONZAC (17500)

Avec une histoire en dents de scie, faite de périodes fastes dues notamment au commerce du cognac et de moments difficiles comme la crise du secteur agricole, Jonzac a abordé le nouveau millénaire avec de belles ambitions. La petite ville campée sur deux collines, qui est aussi une station thermale, a multiplié les projets d'envergure avec par exemple l'ouverture d'un giga complexe aquatique et d'un casino.

Adresse utile

Office de tourisme : *22, pl. du Château. ☎ 05-46-48-49-29. • jonzac-haute-saintonge.com • Tlj sauf dim en janv.*

Où dormir ? Où manger ?

Camping municipal : *pl. Saint-Exupéry. ☎ 05-46-48-64-87. • jonzac-haute-saintonge.com • Proche du centre-ville, le long de la rivière. Ouv de mi-mars à mi-nov. Forfait env 14-15 €. 38 empl.* Un petit camping basique, simple et fonctionnel, avec une note bucolique pour les quelques emplacements en bord de rivière. Équipements corrects. Accès direct (1 km) aux thermes et commerces tout proches.

Le Coq d'Or : *18, pl. du Château. ☎ 05-46-48-00-06. • lecoqdor.eu • Resto fermé dim soir et lun. Doubles 100-140 € ; familiale. Formule déj en sem 18 € ; menu 35 € ; carte env 40 €.* On ne peut plus central, en face du superbe château. Belle façade de 1908 aux airs de théâtre de la Belle Époque. 5 chambres spacieuses (plus 1 familiale), élégant mobilier ancien d'un charme certain et d'un bon confort. Au rez-de-chaussée, une agréable brasserie dont on remarquera le cadre de caractère, les grandes glaces gravées et le joli comptoir en bois et zinc. Plaisante terrasse.

Le Comptoir du Marché : *17, rue Saint-Gervais. ☎ 05-46-48-35-95. Ouv ven-mar (sauf dim soir). Fermé mer-jeu plus dim soir. Menu midi en sem 22 € ; le soir, 34 € ; carte env 40 €.* L'une des bonnes tables de la région, avec une vraie cuisine de chef évoluant au gré du marché (tout proche !) et des saisons. En provenance d'Oléron, le poisson est ici une valeur sûre. Petite salle tranquille pour s'installer (malheureusement, pas de terrasse).

Où acheter des produits locaux ?

Produits du terroir Thierry Jullion : *5, pl. de la République. ☎ 05-46-70-75-69 • thierryjullion.com • Lun ap-m-sam 10h-12h15 et 14h30-19h.* De bonnes références en produits de bouche, et une jolie palette de breuvages locaux.

À voir. À faire

Le château : *visites organisées par l'office de tourisme (voir « Adresse utile »).* Il existe depuis la fin du XIe s, mais l'édifice actuel ne remonte, pour ses parties les plus anciennes, qu'au XVe. Puissant châtelet d'entrée flanqué de tours rondes, mâchicoulis (au passage, plus bretons que saintongeais) et douves. Joliment rénové, c'est toujours le siège du pouvoir puisque ses ailes abritent la sous-préfecture et l'hôtel de ville. On ne peut visiter que la salle des mariages et celle du conseil municipal (qui datent du XIXe s).

Autour du château, l'***ancien bourg,*** qui a constitué l'essentiel de la ville de Jonzac jusqu'au XVIIe s, a conservé moult traces de son passé : la *porte de ville* (XVe s) ou la ruelle médiévale de *Champagnac,* entre sente et tunnel, les galeries noires...

© LEROY Francis / hemis.fr

Château de Jonzac

L'église Saint-Gervais : à côté d'un marché couvert pur style Baltard *(nocturnes mer juil-août).* Beau portail roman typiquement saintongeais. Illuminations tous les soirs. Scénographie autour de la nécropole mérovingienne du parvis.

Le pont de pierre : jeté sur la Seugne au XIXe s, il se trouve dans un coin délicieux, avec des maisons anciennes pieds dans l'eau et une rivière qui se perd au milieu d'îlots moussus. Tout à côté, les artisans ont investi l'ancienne ***corderie.***

Le cloître des Carmes : fondé en 1505, il n'a jamais abrité plus de 8 religieux... Après la Révolution, il devient tribunal de l'arrondissement et maison d'arrêt. L'église abbatiale abrite toujours le tribunal. On n'en verra donc que l'adorable petit cloître du XVIIe s.

Le moulin à vent du Cluzelet : *rue du Cluzelet. En face du centre aquatique Les Antilles de Jonzac. Juil-août, mer-dim. Se renseigner à l'office de tourisme pour les visites et horaires. Entrée : 5,20 € ; réduc.* Ce meunier-là ne dort pas beaucoup. Il préfère raconter l'histoire de son moulin, exposé aux 4 vents depuis le XVIIIe s, et moudre du grain pour enseigner à ses visiteurs l'art de « pigeonner » le client. Faut bien vivre ! Et la farine dans tout ça ? On peut en acheter un sachet ou goûter aux délicieux « palets de Jonzac » à l'office de tourisme. Table d'orientation.

Le moulin à eau de Chez Bret est lui aussi toujours en activité. Même principe que celui du Cluzelet, avec une meunière qui fait de l'huile de noix *(; en été, visites commentées sam-jeu ; le reste de l'année, se renseigner à l'office de tourisme ; entrée : 6,10 €).* Scénographie sur l'occupation de Jonzac depuis 50 000 ans et expo permanente sur les vestiges découverts dans la villa gallo-romaine. Également des panneaux sur la vie de la rivière.

Les Antilles de Jonzac : **parc du Val-de-Seugne.** ☎ *05-46-86-48-00.* • *lesantillesdejonzac.com* • *Téléphoner pour les horaires, très différents selon période. Entrée : espace ludique 13,30 €, réduc ; espace détente 17 €, réduc ; pass Liberté (espaces ludique et détente) 24,40 € ; réduc. Accès libre à la serre tropicale de 1 800 m².* Parc écologique puisque l'eau est chauffée grâce à un forage géothermique (jusqu'à 29 °C). Jeux d'eau, vagues, toboggans, plage et bassin extérieur en été... Sans oublier les espace détente et beauté (produits estampillés « eau thermale de Jonzac »). Dans la serre, on se balade parmi une impressionnante végétation exotique.

– **Les thermes de Jonzac :** *domaine d'Heurtebise.* ☎ *05-46-48-59-59.* • *chainethermale.fr/jonzac* • *Ouv de mi-fév à mi-déc, tlj sauf dim.* Jonzac est aussi une ville thermale. Ces thermes, qui traitent des problèmes de rhumatismes, voies respiratoires, phlébologie, fibromyalgie, sont situés dans un site troglodytique remarquable, d'anciennes carrières qui servirent de dépôt de munitions à l'armée allemande pendant la Seconde Guerre mondiale.

DANS LES ENVIRONS DE JONZAC

Où dormir dans le coin ?

Domaine des Vignères : *8, rue le Colas, 17500* **Saint-Maurice-de-Tavernole.** *06-88-36-41-97.* • *domaine-des-vigneres.com* • *Ouv avr-nov. Nuitée pour 2 pers 68-150 € selon le type d'hébergement.* Au milieu des vignes, ce couple de viticulteurs a disposé plusieurs logements insolites : 2 *pods (2-4 pers),* une roulotte *(2-5 pers),* une « cabane de troll » *(2-3 pers)* et un chalet *(2-6 pers).* Chaque logement dispose de sa propre terrasse tandis que l'un des *pods* profite même d'un jacuzzi. Amusant *kota grill,* une cabane nordique où on peut se faire un BBQ ou une raclette en toute convivialité.

Vignobles en Haute Saintonge

À voir

Clion-sur-Seugne et son musée artisanal et rural : *à 9 km au nord-ouest de Jonzac, par la D 134. Musée à côté de l'église, ouv lun-ven 9h-12h, 13h30-17h ; en été, 14h30-18h30 ; sinon, sur rdv (☎ 05-46-70-47-03 ; • clion.musee@orange.fr •).* Agréable village perdu en pleine campagne, dominé par une jolie église et entouré par 2 rivières bucoliques. Le détour vaut surtout pour la découverte du ***musée rural,*** qui présente des dizaines de métiers d'antan (comme viticulteur et bouilleur de cru) à travers une foultitude d'outils et de panneaux explicatifs : pressoir, forge, matériel agricole, mais aussi salle de classe d'avant-guerre, vieux bistrot aux réclames pour le moins incitatives, ou intérieurs paysans encombrés de solides armoires saintongeaises. Accueil génial des bénévoles.

Sites viticoles et visites de chais

– ***Cognac Tasting Tour :*** *7, rue Grimard, 17520* ***Jarnac-Champagne****. ☎ 05-45-80-80-38. • cognac-tasting-tour.com • Sur rdv.* Cette agence organise des voyages sur mesure dans le vignoble de Cognac. Excursions à vélo électrique en compagnie d'un guide, dégustation indépendante de toute marque ou producteur, circuits à la carte en minibus, rencontres avec des producteurs locaux, tout ou presque est envisageable.

La Maison de la vigne et des saveurs : *La Pierre-Brune, 17520* ***Archiac.*** *☎ 05-46-49-57-11. • maisondelavigneetdessaveurs.com • À 10 km au nord de Jonzac. Tte l'année sauf 1er w-e de janv-1er w-e des vac de fév : avr-sept, tlj 10h-18h (19h juin-août) ; oct-mars, lun-ven 14h-18h, le w-e 10h-18h. GRATUIT. Visite guidée (payante) possible sur résa.* Les sens en alerte pour une visite aromatique, gustative, éducative, didactique et ludique. Espaces découverte sur la vigne dans un village situé au cœur du cru de la Petite Champagne. Scénographie moderne et interactive qui passe en revue les différents aspects de la production du cognac : histoire du vignoble ; culture de la vigne ; fabrication du cognac, du pineau des Charentes et du vin ; travail du tonnelier ; arômes et couleurs du cognac. Ateliers payants (sur résa) et animations gratuites toute l'année (avec un programme plus étoffé en été). Belle fête des vendanges en septembre.

– Dans la boutique, tous les producteurs de cognac, pineau des Charentes et vins de la région sont représentés. N'hésitez pas à demander conseil ! Également une sélection de produits gourmands.

Tonnellerie Allary : *29, route de Cognac, 17520* ***Archiac.*** *☎ 05-46-49-14-59. • tonnellerie-allary.com • Visites possibles sur résa, selon disponibilité ; tarifs 6-15 € ; réduc.* Cette entreprise, qui figure parmi les meilleures du secteur pour la fabrication de tonneaux et de fûts de chêne, fait visiter ses ateliers au public. Un savoir-faire ancestral, pratiqué ici depuis plus d'un demi-siècle ! De l'artisanat de haute volée qui permet au cognac de gagner toutes ses lettres de noblesse. Tout d'abord, un petit film de 15 mn qui retrace le parcours d'un chêne, de la forêt jusqu'à la barrique. Puis, après un détour par le parc à bois (où sont entreposés les merrains), on découvre les ateliers de fabrication des fûts (découpe des merrains en douelles, cerclage et « bousinage ») avant de filer vers l'espace consacré à la tonnellerie d'art. Visite « Prestige » : un atelier supplémentaire, où l'on découvre tous les arômes du chêne.

Tonnellerie Allary
© Sébastien LAVAL ; Charentes Tourisme

Maine au Bois : *22, allée des Marronniers, 17520* ***Archiac.*** *☎ 05-46-48-33-84. 📱 06-08-58-49-80. • maineaubois.fr • À 10 km au nord de Jonzac. Visite possible en sem (sur rdv). GRATUIT.* Ici, on produit des vins charentais IGP sur 5 ha : merlot rouge ou rosé, chardonnay et sauvignon blancs. Les vendanges se font à la main et les vins sont élevés partiellement en fûts de chêne français. Ni pineau, ni cognac.

Château Montifaud : *36, route d'Archiac, 17520* ***Jarnac-Champagne.*** *☎ 05-46-49-50-77. • chateaumontifaud.com • Visite « L'Éveil des sens » : 12 € (1h, avec dégustation) ; sur résa, « Le Cocktail se visite » : 35 € (1h30, avec la création d'un cocktail) ; ou « Les Trésors » : 65 € (2h, visite dans les pas du maître de chai).* Fondé en 1866, ce domaine appartient à la même famille depuis 6 générations. Il dispose de près de 150 ha de vignes, plantées majoritairement sur le cru de Petite Champagne (et un peu en Grande Champagne). Ici, on peut découvrir tout le processus de fabrication de l'eau-de-vie charentaise, de la vigne à la mise en bouteilles en passant par le pressage, la vinification, la distillation et le chai d'assemblage. Les chais de vieillissement – dont le fameux Paradis – ne sont en revanche visibles que lors des visites « Trésors », plus étoffées. Quant à la visite incluant la création d'un cocktail, elle est à la fois intéressante et amusante. En boutique, une large gamme de cognacs (du VS à l'XO, complétés par des Trésors de Famille et autres Premium), ainsi que des pineaux (blanc ou rouge, jeune ou vieux).

Cognac Bertrand : *Les Brissons, 17500* ***Réaux-sur-Trèfle.*** *☎ 05-46-48-09-03. • cognac-bertrand.com • Lun-ven 9h-12h, 14h-18h (sauf mer ap-m hors saison) ; sur rdv seulement w-e. Visite classique : 12 € (1h, avec dégustation). Visite privée : 25 € (2h, avec dégustation).* Au cœur du cru de la Petite Champagne, le domaine des Brissons de Laage possède 100 ha de vignes. Il produit toute une collection de cognacs (VS, VSOP, Napoléon et XO de 35 ans) ainsi que des pineaux jeunes ou vieux, tous élaborés sur place. La visite classique revient sur l'histoire de la famille, le travail de la vigne, le processus de distillation (autour des 3 alambics maison) et le vieillissement des eaux-de-vie. Pour finir, on déguste 2 cognacs et 2 pineaux. La visite privée qui s'achève avec une dégustation et un *pairing* gourmand, vous mènera dans la belle allée de pins située à l'arrière des chais.

Le Chai du Rouissoir – Hugues Chapon : *1, Roussillon, 17500* ***Ozillac.*** *☎ 05-46-48-14-76. 📱 06-33-89-35-70. • vigneronautrement.com • À 5 km au sud de Jonzac. Tlj sauf dim 15h-18h30. Sur résa, « Balade du vigneron noctambule » (7 €, le soir en été) et « Petit déjeuner du bouilleur de cru » (20 € ; réduc ; en hiver seulement). 2 gîtes (2-5 pers) à partir de 60 € la nuit.* Ce producteur de cognac, de vins charentais IGP et de pineaux des Charentes, en conversion ***bio,*** propose d'amusantes ***balades nocturnes durant l'été*** ainsi que des ***« petits déjeuners du bouilleur de cru »*** (avec dégustation de produits du terroir), pendant la distillation (hiver). Vous pourrez peut-être également emprunter « le sentier des vignerons » (1h ou 3h), donc gambader dans les vignes ponctuées de panneaux explicatifs. Et aussi un « viti-quizz », bien fait pour une initiation ! Et toutes occasions de déguster les productions maison. Également 2 gîtes sympas sur la propriété, au milieu des vignes.

MONTENDRE

À 21 km au sud de Jonzac. Cette ancienne place forte médiévale, occupée dès le Néolithique, comme en témoignent les nombreux mégalithes qui couvrent le territoire, mérite un petit détour pour son ***marché nocturne en été,*** le plus beau du département. À voir aussi, la ***belle halle*** et les vestiges du château du XVIIIe s, qui occupe l'ancienne motte féodale. Belle vue depuis le jardin de sculptures aménagé au pied de la tour carrée.

Où manger ?

Restaurant-Cave La Quincaillerie : *30, rue de l'Hôtel-de-Ville. ☎ 05-46-70-42-41. • restocavequincaillerie.fr • Fermé lun, le soir mar et dim, et sam midi. Formules et menu déj en sem 18-26 € ; menus soir et w-e 40-53 €.* Dans le cadre d'une vieille quincaillerie rénovée où la fonte, le bois et la pierre cohabitent, une cuisine gastronomique de saison, aux saveurs subtiles, qui met en valeur les produits locaux. Superbe plateau de fromage (essayez la tomme frottée au cognac !) et desserts très gourmands. Comme la maison fait aussi caviste, large choix de vins à la carte avec une petite sélection régionale. Également des cognacs et pineaux.

À voir. À faire

Parc Mysterra® : *La Taulette, 17130* **Montendre.** *☎ 05-17-24-30-58. • parc-mysterra.fr • Juil-août, tlj 10h-19h ; en dehors de cette période, horaires et jours d'ouverture évoluent, consulter le site. Billet : 16 € ; 12,50 € moins de 16 ans ; gratuit moins 5 ans.* Un parc aventure de 11 ha aménagé au cœur d'une forêt de pins, abritant 8 parcours aventure mais aussi une collection d'œuvres de *land art* et un jardin botanique. L'une des épreuves de l'univers « Mystorria » consiste à aider un négociant à transporter du cognac en résolvant des énigmes. Buvette et snack sur place.

Site viticole et visite de chai

Vignoble Peronneau : *Boniteau, 17210* **Pouillac.** *06-21-44-77-70. • vignoble-peronneau.fr • Lun-ven 12h15-14h, 17h45-20h30 ; sam 10h-17h ; dim 10h-12h30. Visite sur rdv. GRATUIT.* À la tête de 52 ha de vignes plantées dans le cru des Bons Bois, ce vignoble qui existe depuis plus de 50 ans récolte, distille et met en bouteilles lui-même sa production de cognacs (du VS au XO), de pineaux des Charentes (blanc ou rouge) et de vins charentais IGP (plusieurs couleurs et cépages, notamment un bon sauvignon).

PONS (17800)

Dominant le cours de la Seugne, cette cité ancienne mène une vie paisible autour de son donjon, ses remparts ayant été démantelés en 1621 par les armées de Louis XIII. Aujourd'hui, elle vit essentiellement des industries de l'alimentation (fameux biscuits !), mais aussi du pineau et du cognac, *of course !* Au fait, on prononce « Pon ».

Adresse utile

Office de tourisme : *pl. de la République. ☎ 05-17-24-03-47. • jonzac-haute-saintonge.com • Avr-oct, bureau ouv tlj dans le donjon (voir plus loin) ; nov-mars, bureau dans le château de Pons (de l'autre côté de l'esplanade), ouv tlj en hte saison.* Riche documentation sur tout le département. Organise des visites guidées de la cité médiévale *(juil-août, se renseigner avt)* et de l'hôpital des pèlerins.

Où dormir ? Où manger à Pons et dans les environs ?

Hôtel-restaurant de Bordeaux : *1, av. Gambetta. ☎ 05-46-91-31-12. • hotel-de-bordeaux.com • Resto fermé sam midi en hte saison. Double 94 € ; familiales. Formule et menu déj 16-21 € ; menus 35-75 € ; carte 50-60 €.* Le restaurant est connu des gourmands de la région. On y sert une cuisine de terroir inventive mais pas frimeuse, pleine de jeunesse et de vivacité, qui suit les saisons. Pour les amateurs, un magnifique bar à cognacs. À l'hôtel, chambres séduisantes.

Domaine du Seudre : *2, Le Rail, 17240* ***Saint-Germain-du-Seudre.*** *☎ 05-46-70-91-26. • domaineduseudre-restaurant.com • À env 15 km au sud-ouest de Pons. Resto tlj sauf mar-mer, et dim-lun soir hors saison. Résa obligatoire. Double 60 € ; familiales. Menus 37-61 €.* Dans une ancienne propriété viticole du XVIe s, une auberge gastronomique de grande réputation. Que des produits régionaux pour une cuisine de terroir savoureuse. Grand parc ombragé pour se délasser, où se trouvent 4 roulottes et 1 chalet pour dormir au frais.

À voir. À faire

Le donjon : *☎ 05-17-24-03-47. Avr-Toussaint, tlj 9h30 (10h le w-e)-12h30, 14h-18h (18h30 en été). Entrée : 3,80 € ; réduc.* Ses créneaux (ajoutés en 1904) lui donnent un air de château de parc d'attractions floridien, mais c'est un vrai donjon du XIIe s, seul vestige encore debout de la forteresse de Pons. On pénétrait autrefois dans ce donjon haut de 30 m par des échelles que l'on retirait en cas de danger. On passe aujourd'hui par la porte pour découvrir quelques salles d'exposition, un diaporama sur l'histoire de la ville et, au terme de 136 marches, un chouette panorama sur la ville. Au pied du donjon, un ancien logis seigneurial du XVIIe s ; et au fond du jardin public, l'ancienne chapelle du château.

© LEROY Francis / hemis.fr

Le donjon de Pons

L'hôpital des pèlerins et sa voûte : *dans la ville basse (suivre la direction Bordeaux). Juil-août, lun-ven 10h-12h, 14h-18h ; le w-e 14h-18. En basse saison, sur rdv au 07-86-34-67-17.* Né de l'obligation d'accueillir les ***pèlerins en route pour Compostelle*** et construit hors les murs pour leur offrir un abri de nuit quand les portes de la ville étaient fermées. Asseyez-vous sur les bancs de pierre installés pour les pèlerins et détaillez les graffitis (notamment des fers à cheval) gravés sur la voûte. Possibilité de visiter la ***salle des malades,*** coiffée d'une belle charpente des XIIe-XIIIe s. L'hôpital abrite également, au cœur de sa halle, un musée archéologique. À l'arrière, faites un tour dans le joli ***jardin médiéval*** de 3 000 m² dans lequel on dénombre plus de 100 plantes médicinales.

Le Château des Énigmes (château d'Usson) **:** *route de Fléac, à 1 km au sud de Pons par la D 249. ☎ 05-46-91-09-19. • chateau-enigmes.com • Pâques-Toussaint, tlj 10h-19h (20h en été, 18h sept-nov) ; attention, fermeture des guichets* ***2h avt*** *! Entrée : env 17 € ; 14 € 4-12 ans.* Drôle d'histoire que celle de ce château ! Édifié en 1536 à la sortie de Pons pour la famille de Rabaine, il a été racheté au XIXe s et déplacé pierre par pierre quelque 6 km plus loin ! Au fond de la cour, la galerie aligne en façade Césars en médaillons, sentences tirées de la Bible et des créneaux d'où émergent une ribambelle de petits Cupidons, œuvres d'un élève de Michel-Ange. Mais le plus insolite est sans doute le ***jardin d'hiver,*** à l'armature Eiffel, qui s'avère être la principale salle du château, subtilement camouflée derrière la vénérable façade.
Aujourd'hui, c'est avant tout un parc de loisirs : ***chasse au trésor, escape game...***
5 cabanes dans les arbres permettent de prolonger le dépaysement en dormant sur place (*06-42-11-86-76 ; • sur-un-arbre-perche.com • ; résa longtemps à l'avance ; compter 130-170 €).*

GÉMOZAC

C'est la capitale viticole de cette partie du territoire. Son cœur de bourg, ***très coquet,*** regorge de belles maisons du XIXe s, propriétés de riches viticulteurs avant la crise du phylloxéra. Belle église romane Saint-Pierre, dominée par une magnifique flèche en pierre du XIIIe s.

Où dormir ? Où manger à Gémozac et dans le coin ?

Le Clos de Gémozac : *13, rue Gambetta. ☎ 09-52-33-52-11. • leclosdegemozac.fr • Doubles 68-103 €.* Dans une belle maison située au cœur du bourg, une poignée de chambres d'hôtes simples mais confortables, de taille variable et au calme. Agréable jardin à l'arrière, avec terrasse et barbecue.

Le Lion d'Or : *2, pl. Saint-Pierre. ☎ 05-46-92-34-94. • liondor-gemozac.fr • Doubles 60-70 €. Formules et menus du jour 16 € ; carte env 25-30 €.* Ce petit hôtel-restaurant, planté face à la belle église de Gémozac, dispose d'une poignée de chambres coquettes et joliment rénovées ainsi que d'une bonne table, qui mise sur une cuisine de saison préparée avec des produits locaux. Les poissons du jour arrivent en direct de la criée de La Cotinière, à Oléron. Vins locaux et cocktails au pineau et au cognac.

La Table de Meursac : *7, rue de l'Église, 17120* ***Meursac.*** *☎ 09-83-78-50-04. • latabledemeursac.fr • À 15 km au nord-ouest de Gémozac. Tlj sauf lun ; en basse saison fermé le soir mer-jeu. Formule et menu midi 15-19 € ; menus 28-39 €.* L'une des très bonnes adresses du coin, qui propose une carte gourmande aux accents régionaux : huîtres de Marennes-Oléron, langoustines croustillantes et risotto aux algues, tataki de veau, sablé aux fraises et pineau : on se régale ! Bons vins charentais IGP et une sélection de cognacs.

Le Saint-Hubert : *28, av. Saint-Grégoire, 17460* ***Tesson.*** *☎ 05-46-93-86-60. À 8 km au nord de Gémozac. Ts les midis sauf dim, plus le soir ven-sam. Formule midi 17,50 € ; menu env 30 €.* Un petit resto de village très apprécié des locaux (moules-frites ; bonne viande accompagnée de légumes du potager...). Tout est frais et de saison. Excellent rapport qualité-prix et accueil chaleureux.

Site viticoles et visites de chais dans les environs

Domaine Courpron : *10, rue de Chez Mothay, 17260* ***Saint-André-de-Lidon.*** *☎ 05-46-90-82-72. • domaine-viticole-courpron.com •* Ce domaine dispose d'un vignoble planté de 8 cépages (ugni blanc, colombard, merlot, sauvignon, chardonnay, souvignier, cabernet sauvignon) pour élaborer ses vins charentais IGP, des cognacs et ses pineaux des Charentes. Pour la visite, 2 options possibles : parcours classique à la travers les chais et la distillerie *(GRATUIT. À partir de 4 pers)* ou escapade en trottinette dans le vignoble *(19-22 €, à partir de 15 ans).*

La Ferme de l'Orée : *EARL Le Petit Bois, 5, route de chez Barraud, 17600* ***Thézac.*** *06-12-56-50-89. • lafermedeloree.fr • Sur rdv.* Agricultrice et viticultrice bio, Pascale Croc produit du vin (destiné, une fois distillé par une coopérative, au cognac bio Hardy) et du jus de raisin (cépages merlot et cabernet). Également des légumes secs, des huiles vierges, etc. Sur réservation, visites pédagogiques de la ferme, suivies de dégustations *(8 €).*

Puy Gaudin – Famille Guérin : *route de Pons (BP 11). ☎ 05-46-90-41-57. • famille-guerin.com • Vente-dégustation gratuite. Visite sur rdv.* Ici, fabriquer cognac et pineaux des Charentes est une passion familiale - et aujourd'hui, c'est la 4e génération qui prend la relève. Une famille ouverte à toutes les expériences, à tous les mélanges, comme en témoigne ce cognac spécial long drink. Une curiosité contagieuse, qui donne envie de déguster aussi leurs vermouths blancs et rouges…

Château Bellevue – Vignobles Arrivé : *Château Bellevue, 17260* ***Virollet.*** *☎ 05-46-94-21-39. • vignoblesarrive.com • Lun-ven, 9h-12h, 14h-17h. Vente dégustation (pas de visite).* Acquis en 1972 par la famille Arrivé, le château Bellevue en jette. Derrière ses 6 km de murs et son magnifique portail, ce château du XIXe s est devenu la demeure familiale. Ses 100 ha de vignes sont destinés à l'élaboration du cognac (distillé à la propriété), du pineau des Charentes (coup de cœur pour le blanc !), et de l'IGP charentais pour les domaines Elisabeth et Le Talmondais qui appartiennent au Château Bellevue de la famille Arrivé. Le château abrite aussi une ***pépinière viticole,*** autre activité de la famille Arrivé.

Vélorail de Saintonge : *point de départ : rue de l'Ancienne Gare, 17260* ***Saint-André-de-Lidon.*** *☎ 05-46-74-23-95. • veloraildefrance.com • Sur résa.* Sur une ancienne voie ferrée abandonnée, avec ses gares d'autrefois et ses passages à niveau, qui traverse les vignobles de Saintonge, de Saint-André-de-Lidon, vers Cozes ou Gémozac.

VALS DE SAINTONGE, SAINTES ET LA VALLÉE DE LA CHARENTE

Vous voici au cœur de la Saintonge, baignée ici par la Charente et la Boutonne. Alternant avec des zones naturelles préservées, les innombrables vignobles, plantés sur de doux vallons, se partagent entre les crus Borderies, Fins Bois et Bons Bois.

SAINT-JEAN-D'ANGÉLY (17400)

Sous-préfecture de la Charente-Maritime, Saint-Jean-d'Angély prend place dans un méandre de la Boutonne où elle offre sans retenue ses majestueuses richesses architecturales. Si son centre est un entrelacs de rues labyrinthiques, ses abords s'ouvrent sur des horizons dégagés, souvent colonisés par les rangs de vignes, notamment aux alentours de Matha.

Adresses et info utiles

Office de tourisme des Vals de Saintonge : *pl. du Pilori, 8, rue Grosse-Horloge. ☎ 05-46-32-04-72. • destinationvalsdesaintonge.com • Juil-août, lun-sam ; hors saison, se renseigner sur le site pour les 4 bureaux d'information touristique des Vals de Saintonge.* Accueil attentionné et professionnel.

– **Marché :** *mer et sam mat, autour de la halle du XIXe s.*

Où dormir ? Où manger ?

Val-de-Boutonne : *56, quai de Bernouët. ☎ 05-46-32-26-16. • camping-charente-maritime-17.com • Ouv avr-sept. Compter 20-24 € pour camper. 100 empl.* Idéalement situé à moins de 1 km du centre-ville, dans le quartier agréable de l'ancien port de Saint-Jean-d'Angély. Une centaine d'emplacements bien tenus et ombragés. Possibilité de louer des tentes *lodges*, des Coco Sweet et mobile homes face à la Boutonne, à côté d'un arboretum. Location de vélos. Nombreuses activités à proximité : centre aquatique, canoë, rando, etc. Piscine. Accueil sympa.

Hôtel-restaurant de la Place : *pl. de l'Hôtel-de-Ville. ☎ 05-46-32-69-11. • hoteldelaplace.net • Resto fermé dim. Doubles 82-90 €. Formules déj en sem 16-18,50 € ; menu 35 € ; carte env 36 €.* Une dizaine de chambres confortables et accueillantes, équipées d'un

Tour de l'Horloge

© GUY Christian / hemis.fr

double vitrage. Toutes de taille et de style différents, celles du 2e étage sont mansardées. Au resto, cuisine régionale et de saison de bonne tenue, assaisonnée à l'occasion d'une pointe d'inventivité. Salle élégante et contemporaine, ou agréable petite cour intérieure.

Le Scorlion : *5, rue de l'Abbaye. ☎ 05-46-32-52-61. • restaurant-le-scorlion.fr • Tlj sauf dim soir et lun (fermé mar soir et mer soir hors saison). Formule déj en sem 23 € ; carte 40-50 €.* Dans une aile de l'abbaye royale, une référence chez les gastronomes locaux ! Délicieuse cuisine qui suit les saisons et multiplie les audaces, proposant des assiettes très graphiques. Superbe terrasse à l'arrière ou salle élégante au design bien étudié. Belle carte de vins et de cognacs. Service très pro.

Où dormir dans les environs ?

Domaine des Bessons : *35, route des Bessons, 17770* ***Migron.*** *☎ 05-46-94-91-16. • domaine-des-bessons.fr • Ouv avr-nov. Doubles 80-120 € ; gîte 665-1 050 €/sem ; appart 4 pers 1 050-1 250 €.* Sur un domaine viticole doté d'un génial écomusée consacré au cognac (voir plus loin), 5 chambres (plus 1 appart et 1 gîte) aménagées dans une belle maison du XIXe s, avec son salon cossu, son bel escalier intérieur, son parc et sa piscine. Il y a même une cuisine d'été aménagée près de l'ancien lavoir.

Domaine de Rennebourg : *chez Michèle Frappier, lieu-dit Rennebourg, 17400* ***Essouvert.*** *☎ 05-46-32-16-07. • domainederennebourg.fr • À 6 km au nord de Saint-Jean-d'Angély. Double 100 €.* Sous la houlette de Michèle et de sa fille Florence, ce superbe logis saintongeais du XVIIIe s situé dans un ancien vignoble a troqué sa défroque paysanne pour une tenue des plus aristocratique. Les 5 chambres arborent des boiseries d'époque ou des tapisseries aux tonalités chaudes. À côté du joli parc, une piscine et une grange transformée en salon d'été Louis XV. Petit déj servi dans la porcelaine de famille : mazette !

À voir. À faire

L'abbaye royale : abbaye construite au IXe s par Pépin, petit-fils de Charlemagne et roi d'Aquitaine, afin d'abriter la ***tête de saint Jean-Baptiste*** rapportée d'Orient. Ravagée une 1re fois par les Vikings, l'abbaye est reconstruite au XIe s par l'abbé Alduin, qui y installe la ***sainte relique.*** Elle devient ainsi l'une des étapes de prédilection des pèlerins sur la route de Saint-Jacques-de-Compostelle et, surtout, l'une des plus puissantes de tout l'ouest de la France. À nouveau saccagée pendant la guerre de Cent Ans, puis démolie au XVIe s par les protestants, elle est reconstruite pour de bon au cours du XVIIe s ! D'architecture classique, elle possède un portail d'entrée monumental et une vaste cour d'honneur. Elle abrite aujourd'hui la médiathèque municipale, une école de musique ainsi que la ***Micro-Folie,*** musée numérique ludique et interactif réunissant plusieurs centaines de chefs-d'œuvre.

Les tours : *juil-sept, mar-sam ap-m. GRATUIT.* Beau panorama sur Saint-Jean et la campagne environnante. Les tours furent érigées lors de l'ambitieuse reconstruction (la 5e !) de l'abbatiale, entreprise en 1741. La façade, d'une hauteur de 35 m, est d'une prestance admirable...

L'église Saint-Jean-Baptiste : la construction de la nouvelle abbatiale n'ayant jamais été achevée (voir plus haut), on garda celle-ci comme église paroissiale. Elle a conservé quelques éléments des ruines de l'ancienne abbatiale gothique sur laquelle elle avait été bâtie : le mur du chevet, 3 fenêtres et un arc-boutant, encore bien visibles.

Le musée des Cordeliers : *9, rue Regnaud. ☎ 05-46-25-09-72. De mi-juin à mi-sept, tlj sauf lun 10h30-12h30, 14h-18h ; le reste de l'année, mer-dim 14h-18h. GRATUIT.* Ce musée installé dans un bel écrin de la fin du XIXe s évoque entre autres sujets l'époque héroïque des ***fameuses expéditions Citroën*** en Afrique, dans les années 1920. À l'étage, place à la collection d'armes européennes, à un panorama de l'évolution des styles du mobilier français et à quelques statues religieuses.

La fontaine du Pilori : *14, rue Grosse-Horloge.* Petite place où les condamnés étaient exposés à la vindicte de la population. On y trouve désormais une belle fontaine de style Renaissance. Terrasses.

La tour de l'Horloge : *rue Grosse-Horloge. Ne se visite pas.* Belle construction gothique du XVe s. Au sommet de ce beffroi à mâchicoulis, une cloche de 1 500 kg.

Les rues anciennes : de la plus vieille maison de la ville, au no 6 de la rue de Verdun (maison d'un marchand du XVe s), à l'hôtel de Lestang (fin XVIIIe s), au no 14 de la rue de l'Échevinage, beaux porches et majestueuses façades.

Sites viticoles et visites de chais entre Matha et Saintes

L'écomusée du Cognac – Domaine des Bessons : *35, rue des Bessons, 17770* ***Migron.*** *☎ 05-46-94-91-16. • domaine-des-bessons.fr • (accès partiel). À 17 km au sud-est de Saint-Jean ; itinéraire fléché en direction de Cognac (situé à 17 km). Juil-août, tlj 9h30-12h30, 14h30-18h30 ; mai-juin et sept, tlj sauf lun ; avr-déc, mar-sam. Entrée : 9 € ; réduc ; 6 € pour tous oct-déc ; gratuit moins de 16 ans. Janv-mars, boutique seulement, mar-sam.*
Cet écomusée remarquablement conçu a été créé par les Tesseron, famille de vignerons et bouilleurs de cru depuis 1850, à partir du patrimoine familial (locaux, outils... et savoir-faire !). C'est une véritable invitation (unique en son genre) à la compréhension du cognac, à un regard sur le métissage culturel dont il est issu, à la ***découverte de ses mystères et de son univers sensoriel*** raffiné. Tout cela de manière ludique et poétique.
La visite commence à l'étage. Un ***espace audiovisuel,*** « Le cognac et 2 000 ans d'art et d'histoire », précise que les 1res vignes plantées dans cette région le furent dès l'époque romaine ! Le commerce du vin se développe au Moyen Âge, puis s'intensifie en raison des échanges croissants avec les pays du Nord. D'où l'extension des vignobles sur les rives de la Charente, axe principal de communication.
Au rez-de-chaussée, reconstitution d'un ***logis de vigneron*** saintongeais, d'un atelier de tonnellerie, d'un chai de pineau, d'une distillerie. On rejoint ensuite les orgues à parfums qui distillent des arômes fruités, épicés ou boisés... À vous d'essayer de les reconnaître. Pour finir, la très attendue dégustation. Également une ***expo sur le havane et le café, ainsi que sur le chocolat.*** Tiens, pourquoi le havane ? Tout simplement parce que sa production rappelle en de nombreux points celle du cognac. La famille Tesseron vous expliquera tout ça avec passion. Enfin, on pourra aussi admirer la belle collection de ***voitures anciennes et tracteurs*** des années 1950-1960.
– Dans la boutique, tous les pineaux des Charentes et cognacs de la maison. Également des produits régionaux des producteurs des environs. Sur résa, une ***expérience*** qui marie cocktails au cognac et bouchées gourmandes.

Le Cep Enchanté *(M. et Mme Queron, viticulteurs)* **:** *4, rue de la Croix-de-l'Anglais, lieu-dit La Botte, 17490* ***Macqueville.*** *☎ 05-46-26-67-76. • lecepenchante.fr • À env 37 km au sud-est de Saint-Jean (et 15 km de Cognac) ; tt droit par la D 939, puis tourner à droite à Siecq sur la D 133. Juil-août, tlj sauf dim-lun*

LE VIGNOBLE EN SAINTONGE

9h30-18h30 ; le reste de l'année, mar-sam 10h-12h, 14h-17h30. Tarif d'entrée selon activité (6,50-12 € ; enfants 5-8,50 € ; gratuit moins de 6 ans), voir site internet. Pour les parents qui veulent faire une dégustation de pineau, de cognac et de vin IGP charentais tout en occupant les enfants, les Queron, vignerons depuis 7 générations, proposent un parcours ludique dans les vignes, un circuit paysager à réaliser en voiturette électrique, une activité de *swin-golf* sur un terrain de 9 trous entre vignes et truffière, une chasse au trésor (version adulte ou enfant), et même 2 *escape games (sur rdv).* Jeux de plein air dans le verger et aire de pique-nique.
– Dégustation des produits du domaine offerte à la fin de la visite : toute une gamme de cognacs plus ou moins vieux, des pineaux des Charentes de plusieurs couleurs, des vins charentais IGP (Cuvées Le Plantis), jus de raisin, etc.

Cognac Gacon : *11, rue de la Cour, 17160* ***Les-Touches-de-Périgny****. ☎ 05-46-58-53-27. • cognac-gacon.com • Visite 7 € ; atelier cocktail + visite guidée 30 € ; balade à vélo + visite guidée 35 €.* Dans ce domaine, on cultive… quelques secrets de fabrication, qu'on ne vous dévoilera pas ici ! Vins, pineaux, cognacs, on produit ici toute la gamme des trésors liquides charentais. Et au-delà : une gamme de liqueurs associe le cognac aux fruits – orange, poire William -, aux fruits secs – amandes-, au café… Une diversité d'expériences en harmonie avec celles qui sont proposées aux visiteurs : pas moins de 3 cocktails au menu de la visite correspondante, une belle balade (balisée) en vélo électrique… Pourquoi pas ?

Vignoble Février : *10, rue des Vallées, 17490* ***Macqueville****. ☎ 05-46-26-63-93. • vignoble-fevrier.com • Visite gratuite. Lun-sam 10h-12h et 14h-19h, dim sur rdv.* Un domaine qui fonctionne comme un Vigneron indépendant : on maîtrise sur place toute la chaîne, du ceps à la bouteille. Ce qu'on vérifie en visitant la distillerie et les chais de vieillissement, en se promenant dans les vignes… Outre la gamme classique des produits charentais, on apprécie l'attention portée à qui ne boit pas d'alcool, jeunes, femmes enceintes, Sam en soirée, à travers une gamme de jus de raisins de qualité, gazéifiés pour certains – parfait pour ne pas se priver de ses plaisirs pendant un *Dry January*…

Begaud Cognac : *19, rue des Grelots, Ma Métairie de la Barre, 17770* ***Villars-les-Bois.*** *☎ 05-46-94-95-36. • begaudcognac.com • Visite sur résa en été (avec accord mets-cognac-pineau) : 15 €.* Paysans-vignerons depuis 1756 du cru des Fins Bois, la famille Bégaud a le goût de la tradition. Producteurs de céréales et éleveurs (poules, agneaux et lapins), ils continuent de distiller leur cognac au feu de bois, comme naguère. Et s'engagent pour la biodiversité – notamment à travers la vitiforestation – afin d'assurer la pérennité de leur vignoble dans le respect de l'environnement. Visites à la ferme, du vignoble à la distillerie en passant par les chais, organisées durant l'été (avec accords mets-cognac-pineau). Un grand gîte *(jusqu'à 9 pers)* permet de loger sur place. À savoir : des marchés paysans sont organisés ici.

Cognac Fanny Fougerat : *21, bd Goulebenèze, 17770* ***Burie.*** *06-82-71-50-18. • cognac-fannyfougerat.fr • Visites 5-8 € selon formule choisie ; gratuit moins de 18 ans.* Issue d'une famille de vignerons-distillateurs, Fanny Fougerat produit des « cognacs et pineaux d'auteur » très personnels. Elle a choisi de distiller séparément ses parcelles, sans faire d'assemblage, afin de redonner toute sa place au terroir. Comme ses vignes se situent entre le cru des Borderies et celui des Fins Bois, ses eaux-de-vie se révèlent assez florales, avec de l'élégance. La visite de la maison, qui se déroule essentiellement autour de la distillerie, permet de revenir sur la fabrication du cognac et d'expliquer la démarche de la maison. Pendant la dégustation, essayez la Petite Ciguë, un cognac VSOP fruité, gourmand et acidulé. Également 2 excellents pineaux des Charentes, un blanc (le Colibri Charmant) ainsi qu'un rosé. Pas de visite des chais de vieillissement en revanche.

SAINTES (17100)

Capitale de la Saintonge depuis quelques bons millénaires ! Labellisée Ville d'art et d'histoire bien sûr. Étagées sur une colline, ses belles maisons presque blanches aux toits de tuiles roses sont dominées par l'insolite clocher de la cathédrale, avec, à son pied, la Charente nonchalante qui baigne berges verdoyantes et hôtels particuliers cossus. Voilà, vous êtes, comme nous, sous le charme...

SAINTES LA GALLO-ROMAINE

Les Santons, tribu celte plutôt à l'aise financièrement, avaient bien dû planter là quelques maisons puisque César a trouvé trace d'une *Civitas Santonum* en conquérant la Saintonge. Mais c'est véritablement ***entre 40 et 20 av. J.-C.*** qu'Agrippa, gendre d'Auguste, séduit par cette position de carrefour entre la grande voie romaine qui reliait Lyon à l'Aquitaine et la Charente, érige ici une ville appelée *Mediolanum.* Une ville ? Une ***métropole*** plutôt, qui, en véritable capitale de l'Aquitaine, fait la nique à Bordeaux et à Poitiers, et se dote de monuments en nombre. La civilisation romaine y brille de tous ses feux... vite éteints ! Dès le milieu du IIe s, la ville décline.

SAINTES ET LE COMMERCE DU COGNAC

Au XVIIIe s, Saintes est prospère, notamment grâce au commerce du cognac. Les hôtels particuliers et les balcons en fer forgé des riches négociants ont pignon sur Charente. L'activité atteindra son apogée au milieu du XIXe s avant d'être touchée par la crise du phylloxéra (1870). Aujourd'hui, il ne reste qu'un seul négociant le long du fleuve, la jolie maison Grosperrin. Saintes demeure toutefois le centre de la Saintonge viticole.

Adresse et infos utiles

Office de tourisme de Saintes et de la Saintonge : *pl. Bassompierre (à côté de l'arc dit de Germanicus).* ☎ *05-46-74-23-82.* • *saintes-tourisme.fr* • *Juil-août, tlj 9h30-12h30, 13h30-18h30 ; mai-juin et sept, tlj 9h30-12h30, 13h30-18h ; oct-avr, lun-sam 10h-12h30, 13h30-17h, fermé jeu hors vac scol. Fermé certains j. fériés.* Dans le cadre du label Ville d'art et d'histoire, l'office de tourisme et les Services du patrimoine proposent, en juillet-août, des visites régulières de la ville avec guide-conférencier *(mer et ven en été seulement ; 7 €, gratuit moins de 12 ans).* Billetterie pour les croisières sur la Charente (dont les balades « Pirates » et « Vikings »). Visites théâtralisées, nocturnes, d'entreprises, visites-enquêtes... Location de vélos toute l'année (voir ci-après).

– ***Location de vélos :*** *1h gratuite puis 0,50 €/h. Appli gratuite « Fredo App » (plusieurs stations dans la ville).*

– ***Marchés :*** *mar et ven pl. du 11-Novembre ; mer et sam pl. Saint-Pierre, au pied de la cathédrale ; jeu et dim av. Gambetta ; jeu place des Câtives (Bellevue). Sans oublier la grande foire, le 1er lun de chaque mois, le long de la rue principale.*

Où dormir ?

⛺ **Au Fil de l'Eau :** *6, rue de Courbiac. ☎ 05-46-93-08-00. • camping-saintes-17.com • ♿ À env 1 km du centre, en longeant la Charente vers Taillebourg. Ouv mai-sept. Tente pour 2 pers env 16 €. Caravanes. 150 empl.* Comme son nom l'indique, le *Fil de l'Eau* déroule une bonne partie de ses vastes emplacements le long de la Charente. Propre et bien ombragé, il dispose en outre d'un petit bistrot et d'un point alimentation. Piscine à la disposition des campeurs.

Auberge de jeunesse : *2, pl. Geoffroy-Martel. ☎ 05-46-92-14-92. • aj-saintes.fr • À côté de l'abbaye aux Dames. Nuitée en dortoir 23,50-31 € ; doubles env 50 € ; draps et petit déj inclus. Self-service sur résa : formule 15 €.* Idéalement située, en centre-ville et à 5 mn de la gare ferroviaire, cette auberge nickel dispose de 90 places réparties en 24 chambres de 2 à 6 lits. Simples et confortables, dans un bâtiment moderne, elles ne partagent leur salle d'eau qu'avec une seule chambre mitoyenne. Casiers, tiroirs, lumières individuelles et prises sont au rendez-vous. En outre, l'AJ dispose aussi de doubles avec salle de bains privée. Cuisine à dispo.

Les Chambres de l'Abbaye : *11, pl. de l'Abbaye. ☎ 05-46-97-48-33. • abbayeauxdames.org • Au 1er étage ; accès par la cour de l'abbaye, en face de l'accueil. Doubles 87-104 € ; également 1 familiale et 2 triples.* Au cœur de l'abbaye aux Dames, les anciennes cellules de nonnes ont été converties en chambres confortables qui, on s'en doute, se révèlent plutôt monacales. Le décor, véritable rêve de pierre et de brique, est assez unique ! Petit déj à base de produits locaux, à prendre dans la belle salle capitulaire du rez-de-chaussée.

Hôtel Saveurs de l'Abbaye : *1, pl. Saint-Pallais. ☎ 05-46-94-17-91. • saveurs-abbaye.com • ♿ Sur la rive droite, à 2 pas de l'abbaye. Resto fermé dim-lun. Double 83 € ; familiales.* L'auberge est là depuis des lustres, assurant le gîte et le couvert aux voyageurs et aux pèlerins. 8 chambres coquettes, au bon rapport qualité-prix-confort, à la déco personnalisée, certaines donnant sur l'abbaye. Le resto vaut le détour (voir plus loin « Où manger ? »).

Hôtel des Messageries : *rue des Messageries. ☎ 05-46-93-64-99. • hotel-des-messageries.com • ♿ Doubles 95-140 € ; familiales.* En plein cœur du centre ancien, dans une ruelle tranquille. Ancien relais de poste reconverti en bel hôtel classique, confortable, avec des chambres très au calme et bien équipées. L'ensemble est fort bien tenu, décoré avec goût et sobriété.

Chambres d'hôtes La Porte Rouge : *15, rue des Jacobins. ☎ 05-46-90-46-71. 📱 06-34-44-37-25. • la-porte-rouge.com • Doubles 135-155 € ; familiale 4 pers 185 €. Table d'hôtes sur résa 35 €.* Cette maison en pierre de taille des XVIe-XVIIe s se situe en plein quartier historique de l'Échevinage, juste en face du couvent des Jacobins. Derrière la jolie porte rouge, 2 chambres doubles ou la familiale (2 chambres, une salle de bains), selon votre choix.

Où manger ?

Le mercredi et le samedi, jours de marché, sur la terrasse ou au comptoir, ***La Poissonnerie*** propose à la dégustation un banc d'huîtres et de fruits de mer. Avec une tartine de beurre et un petit coup de blanc, on ne saurait faire meilleur, ni plus sympa !

Au Vin Gourmand : *4 bis, rue Saint-Michel. ☎ 05-46-97-85-07. Mar-sam 18h-minuit. Verres de vin 3-7 €. Planches 5-18 €.* Bar à vins convivial qui témoigne du dynamisme du centre-ville de Saintes. Idéal pour l'apéro ou une petite faim puisque l'on peut accompagner son verre de vin de

LE VIGNOBLE EN SAINTONGE

charcuterie ou de fromage basques. Petite terrasse dans la rue piétonne.

La Musardière : *29, rue Alsace-Lorraine. ☎ 05-46-74-34-87. • lamusardiere-saintes.fr • En saison, tlj midi et soir ; hors saison, tlj sauf dim. Formules 14,50 € le midi et 21-26 € le soir ; carte 30-35 €.* Joli lieu convivial et polyvalent, tout à la fois brûlerie de café, salon de thé, épicerie fine, boutique du musée de l'Échevinage (attenant) et restaurant. Quant à la terrasse ombragée, c'est une véritable invitation au farniente.

Les Saveurs de l'Abbaye : *1, pl. Saint-Pallais. ☎ 05-46-94-17-91. • saveurs-abbaye.com • Tlj sauf dim et lun. Menu du jour (déj en sem) 20 € ; autres formules et menus 36-39 €.* Un excellent restaurant, au rapport qualité-prix réjouissant (du moins le midi). Salle épurée ou sur belle terrasse ensoleillée, face à l'abbaye aux Dames. Cuisine créative et soignée, bien dans l'air du temps. Un coup de cœur !

Le Clos des Cours : *2, pl. du Théâtre. ☎ 05-46-74-62-62. • closdescours.com • Tlj midi et soir. Formule déj 19,50 € ; menus 37,50-62 € ; carte env 32 €.* Ici, dès le petit menu du midi, d'un bon rapport qualité-prix, un petit effort de créativité dans les plats fait toute la différence. Grande terrasse aux beaux jours.

L'Iode : *89, av. Gambetta. ☎ 05-46-90-72-94. • restaurantliode.com • Tlj sauf mar-mer, midi et soir. Formules déj en sem 18,50-22 € ; menu 35 € ; carte 40-50 €.* Ce resto au décor contemporain, avec bois et verrières, propose une alléchante carte de saison où les produits locaux sont rois (notamment le poisson). Passé par de belles maisons, le chef fait preuve de talent. Côté boissons, belle carte des vins avec quelques charentais IGP (comme le domaine de Garancille) ainsi que du cognac de petits producteurs.

Le Parvis : *12 bis, quai de l'Yser. ☎ 05-46-97-78-12. • restaurant-le-parvis.fr • Tlj sauf dim-lun (hors j. fériés). Résa conseillée. Formules déj en sem 23-26,50 € ; menus 38,50-65 € ; carte env 60 €.* Demeure particulière précédée d'un charmant jardin qui vous fait immédiatement oublier la ville. Là encore, une authentique cuisine de pro. Pascal Yenk ne travaille que les produits frais, possède une maîtrise absolue des cuissons, joue habilement des déclinaisons sur un produit... Madame est experte en vins, et la carte change toutes les 6 semaines. Que demander de plus ? Terrasse protégée sur le jardin, très recherchée aux beaux jours.

Où dormir chic ? Où manger dans les environs ?

Design Hôtel des Francs Garçons : *1, rue des Francs-Garçons, 17610* ***Saint-Sauvant.*** *☎ 05-46-90-33-93. • francsgarcons.com • À 13 km à l'est de Saintes. Doubles 115-150 € ; 15 €/pers supplémentaire. Menu du marché 36 €.* Comment imaginer qu'un hôtel aussi branché – et aussi réussi – puisse naître dans un petit village comme Saint-Sauvant, aussi adorable soit-il ? Eh bien, miracle, c'est arrivé ! 5 maisons mitoyennes qui tombaient en ruine ont été métamorphosées. À l'intérieur, tout n'est qu'élégance et créativité, que ce soit dans les petits salons, situés à des niveaux différents, ou dans les chambres et suites où les couleurs et le mobilier contemporain se marient merveilleusement à la pierre. Piscine.

Où acheter de bons produits ?

La Ferme Santone : *16, rue Denis-Papin, Zone Centre Atlantique, 17810* ***Saint-Georges-des-Coteaux.*** *☎ 05-46-93-61-14. • la-ferme-santone.fr • Mar-sam 9h30-13h, 14h30-19h (en continu le ven, fermé à 18h sam).* « De la ferme au consommateur », ce supermarché fera le bonheur des locavores et adeptes de circuits courts, mais aussi des gourmands amateurs de bons produits de terroirs. Parfait pour le pique-nique !

Voir aussi plus loin ***La Cale,*** la cave de la maison Grosperrin.

À voir

Les arènes gallo-romaines : *20, rue Lacurie, sur les hauteurs de la rive gauche, dominant la ville. ☎ 05-46-97-73-85. Mai-sept, tlj sauf lun 10h-18h ; oct-avr, tlj sauf dim mat et lun 10h-12h30, 13h30-17h. Entrée : 4 € ; réduc. Supplément de 3 € pour les visites guidées juil-août ; réduc. Audioguide : 3 €.* Même si les siècles les ont endommagées, les arènes de Saintes, adossées à un vallon naturel, ont encore une sacrée élégance. Et la végétation qui, par endroits, a remplacé gradins et escaliers leur confère une allure toute romantique. Ce sont l'une des plus anciennes de l'Empire romain, typique de la « Gaule chevelue » (Belgique et France non méditerranéenne). De forme elliptique (126 m sur 102 m pour l'ensemble, l'arène mesurant, quant à elle, 65 m sur 39 m), on estime qu'il pouvait recevoir environ ***15 000 spectateurs.*** On distingue encore, de part et d'autre de l'arène, les vomitoires par lesquels entraient les spectateurs venant assister aux combats sanglants des stars de la gladiature. Un vrai décor de péplum !

© GUY Christian / hemis.fr

Arènes et église Saint-Eutrope

L'église Saint-Eutrope : *en descendant des arènes vers le centre, rue Saint-Eutrope. Tlj 9h-19h en été, 8h30-18h30 en hiver.* Ce chef-d'œuvre de l'architecture romane, dédié à saint Eutrope (1er évêque des Santons), fut consacré en 1096 par Urbain II, le pape de la 1re croisade. Étape essentielle sur la route de Compostelle, l'église figure sur la liste du Patrimoine mondial de l'humanité de l'Unesco. À l'époque, pour faire face à l'afflux croissant des pèlerins en route pour Compostelle venus prier au tombeau du saint, les architectes innovèrent en construisant un sanctuaire présentant ***2 églises superposées*** et reliées par une nef unique. Celle-ci fut détruite au XIXe s, laissant orphelins le chœur supérieur réservé aux moines et le chœur inférieur où l'on exposait les reliques.

Le prodigieux contraste offert par sa ***crypte*** laisse le visiteur sans voix (entrée sur le côté, en face de la boulangerie)... Au centre, le sarcophage de saint Eutrope, avec cette simple inscription : « Evtropivs », gravée vers l'an 600. On ressort de là tout chose...

Le musée Dupuy-Mestreau : *4, rue Monconseil. ☎ 05-46-93-36-71. Janv-avr et oct-déc, mar-ven 13h30-17h15, sam 10h-12h30,13h30-17h15 ; avr-juil et sept, mar-sam 10h-12h30, 13h30-17h30, dim 13h30-17h30 (sauf en sept : fermé le dim). Juill-août, mar-dim 10h-18h (fermé 12h30-13h30 les sam-dim). Entrée 3 €. Gratuit pour les moins de 18 ans. Visite guidée 7 € ; réduc.* Un vrai coup de cœur ! Installé dans l'hôtel de Monconseil, construit en 1738 par un riche marquis saintongeais, ce musée étonnant présente une riche ***collection d'objets d'art ou du quotidien*** rassemblée par le négociant en cognac Abel Mestreau à partir de 1920. Par ailleurs, toutes les salles sont superbes, avec parquet chevillé, plafond d'époque, et boiseries provenant du château de la Montespan.

La cathédrale Saint-Pierre : *pl. Saint-Pierre. Tlj 9h-19h.* L'extérieur, gothique, date pour l'essentiel du XVe s. L'imposant clocher est recouvert d'un dôme métallique, comme si un géant facétieux l'avait coiffé d'une passoire ! L'intérieur, lumineux, est très dépouillé et plutôt composite. À droite de l'entrée, ancien ***cloître,*** qui offre des vues spectaculaires sur le clocher.

Le quartier de l'Échevinage : prétextes à d'agréables balades, encore des vieilles rues, commerçantes et piétonnes, comme la rue des Jacobins jalonnée d'anciens hôtels particuliers. On pourra se poser quelques instants dans la bucolique cour de la médiathèque municipale installée dans l'ancien couvent des Jacobins, dont les origines remontent au XIIIe s.

Le musée de l'Échevinage : *29 ter, rue Alsace-Lorraine. ☎ 05-46-93-52-39. Fév-avr et oct-jan, mar-sam 13h30-17h15 (plus sam mat) ; mai-juin et sept, mar-sam 10h-12h30, 13h30-17h30, dim 13h30-17h30 (sauf sept) ; juil-août, mar-ven 10h-18h, w-e 10h-12h30, 13h30-18h. Entrée 3 €. Gratuit pour les moins de 18 ans. Visite guidée 7 € ; réduc.* Toujours dans un ancien hôtel particulier, précisément celui des échevins (équivalents des maires actuels), doté d'un impressionnant beffroi de 1587 où sont exposés des tableaux du XVe au XXe s.

L'arc de Germanicus : *sur la rive droite de la Charente, pl. Bassompierre.* Véritable symbole de la ville, cet arc votif édifié au Ier s de notre ère ne manque pas d'allure. Il fut sauvé in extremis par Prosper Mérimée, alors inspecteur des Monuments historiques, en 1843.

Le Musée archéologique : *derrière l'office de tourisme, esplanade André-Malraux. ☎ 05-46-74-20-97. Janv-avr et oct-déc, mar-sam 10h-12h30, 13h30-17h ; avr-juil et sept, mar-sam 10h-12h30, 13h30-17h30, dim 13h30-17h30. Juil-août, mar-dim 10h-18h30. Entrée : 3 € ; gratuit moins de 18 ans. Visite guidée 7 €.* Dans une salle, présentation d'objets de la vie quotidienne des Gallo-Romains du Ier au IIIe s et la tête de l'empereur Auguste, en marbre de Carrare.

L'abbaye aux Dames, la Cité musicale : *rive droite, pl. de l'Abbaye (accès par la rue Geoffroy-Martel). ☎ 05-46-97-48-48. • abbayeauxdames.org • Horaires variables, se renseigner sur le site. Entrée : 10 € ; réduc pour les « Voyages sonores », les « Siestes sonores » avec tour de carrousel musical et audioguide. Carrousel musical seul : 3 €. 10 € pour « L'Odyssée, le défi », réduc. 18 € ; réduc pour le pack Musicaventure (Voyages + Odyssée + Carrousel).*

Fondée par Agnès de Bourgogne, épouse en 2des noces de Geoffroy Martel, comte d'Anjou, tout-puissant en Saintonge, cette abbaye bénédictine de femmes (d'où son nom...) a été consacrée en 1047. La visite vous fait passer ***du cloître à la tribune qui surplombe la nef,*** et au clocher, joyau de l'art roman saintongeais du XIIe s. Cette *Cité musicale* est aussi lieu de ***concerts*** (pendant le festival de Saintes en juillet, mais aussi le reste de l'année), de création ou de formation.

La façade de l'église abbatiale, l'une des plus ornées de Saintonge, présente un large portail aux admirables voussures finement ciselées. Une exubérance typique de l'iconographie romane, que l'on retrouve sur les tout aussi superbes chapiteaux ornés de figures décoratives : lutte symbolique du Bien et du Mal, anges et démons, bestiaire... Sur le carré du transept s'élève le clocher, massif et carré à la base, puis surmonté d'une tour cylindrique ajourée de fenêtres géminées. On peut grimper jusqu'à la plateforme sommitale (joli panorama sur la cité). À l'intérieur, les chapiteaux sont en revanche très sobres. Les bâtiments conventuels, long corps de logis du XVIIe s, s'ordonnent autour de l'abbatiale.
Outre l'***audioguide*** classique, qui propose une passionnante visite guidée de l'abbaye fourmillant d'anecdotes historiques, le dispositif *Musicaventure* permet de découvrir l'abbaye d'une tout autre manière. Casqué, vous voilà plongé au cœur d'un son binaural (son en 3 dimensions), d'une ***musique spatialisée et en 3D !*** De salle en salle, vous vivez une intense expérience musicale, une immersion totale ! Et dans le *Caroussel musical,* un ***manège fantastique,*** le Bazilik, monstre ludique, onirique et déjanté, entraîne petits et grands dans une expérience musicale et sensorielle inédite. Plus ambitieux encore : lancez-vous sur un ***jeu de piste musical*** à travers la ville ! «L'Odyssée, le défi » se joue en équipe pour éprouver le plaisir du lieu en plus de celui de la musique.

Site viticole et visites de chais

Cognac Grosperrin : *1, rue de Courbiac, Port La Rousselle. ☎ 05-46-90-48-16 • cognac-grosperrin.com • Tlj sauf dim-lun, 10h-18h30. Visite « Les Secrets du cognac » 7 € ; « Initiation à la dégustation » 25 € ; « Atelier Maître de Chai » 80 €.* Créée par Jean Grosperrin dans les années 1990, cette maison de cognac s'est spécialisée dans le vieillissement et la mise en bouteilles de cognacs rares et de vieux millésimes, qu'ils chinent comme de véritables antiquités. Le tout est mis à vieillir dans les chais de 1851, situés sur les quais de la Charente, au cœur de Saintes. La visite *Les Secrets du cognac* permet de découvrir le travail de la maison, au cœur des chais de vieillissement, avant de déguster 2 cognacs et 1 pineau des Charentes ; l'*Initiation à dégustation* offre en plus un passage dans le laboratoire du maître de chai, suivi par un cours de dégustation portant sur 4 vieux cognacs. Enfin, l'*Atelier Maître de Chai (min 4 pers)* est une visite guidée qui s'effectue en compagnie du maître de chai – avec dégustation directement au fût ! – qui permet d'assembler son propre cognac.
– ***La Cale,*** cognathèque et cave à vins de la maison, s'avère d'une richesse incomparable : on y trouve plus de 300 cognacs et pineaux des Charentes, des vins bio ou nature(ls) de tous les vignobles français (dont quelques charentais, quand même !) ainsi que 800 spiritueux, souvent de la région mais pas uniquement. Petite curiosité à essayer, l'Orange d'Or, une liqueur d'orange au cognac et à l'armagnac.

À faire

Promenades fluviales sur la Charente : *mai-sept. Infos à l'office de tourisme.* 2 possibilités de navigation :
– ***gabare charentaise traditionnelle Ville de Saintes*** pour une balade commentée de 1h-1h30 *(8-12 € ; réduc ; tlj sauf dim en juil-août)* ;
– ***bateau de promenade Bernard Palissy III,*** fonctionnant à l'énergie solaire et effectuant des croisières jusqu'à Chaniers ou Port-d'Envaux à la journée (avec possibilité de déjeuner au *Moulin de la Baine*) ou à la demi-journée *(compter 19,50-52 € ; réduc ; plus de rens sur • croisieres-palissy.fr •).* Également des croisières de 1h en soirée les mercredis d'été *(10 € ; réduc).*

DANS LES ENVIRONS DE SAINTES

À voir

Saint-Sauvant : *petit village perché à 2 km au sud de Saint-Césaire.* Tout en ruelles pentues, maisons anciennes, église romane et vestiges de fortifications médiévales, ce superbe village est labellisé Petite Cité de Caractère et Village de Pierres et d'Eau.

L'abbaye de Fontdouce : *sur la commune de* ***Saint-Bris-des-Bois,*** *à env 15 km à l'est de Saintes par la D 131. ☎ 05-46-74-77-08. • fontdouce.com • Visites (guidées sur résa) juil-août, tlj 10h-19h (17h sam) ; avr-juin et sept-oct, tlj 10h30 (13h30 en sem hors vac scol)-18h30 (17h sam). Entrée : 7 € ; réduc.* Escape game : *15 €.*
Fondée au XIIe s, elle fut en partie détruite par les guerres de Religion et la Révolution, avant d'être restaurée au XXe s. Superbe chapelle basse aux voûtes évoquant l'art roman. La salle capitulaire, de style gothique primitif (XIIIe s), compte 12 travées (contre 6 habituellement). Toutes les clés sont richement et différemment ornementées. Elle est même traversée par un petit filet d'eau, la Fontdouce, qui prend sa source 500 m en amont.
Avant de repartir, une balade dans les jardins s'impose. Jeux de piste et même un *escape game* proposés pour petits et grands.
– Juste à côté de l'abbaye, le ***Parc Aventure de la vallée de Fontdouce*** : *• parc-aventure-fontdouce.com •*. Location de trottinettes tout-terrain avec un circuit des vignes *(25 € pour 1h).*

Sites viticoles et visites de chais le long de la Charente

Logis de Folle Blanche – Paul Bossuet : *2, chemin des Terrières, Senouche, 17610* ***Chaniers.*** *☎ 05-46-91-51-90. • logisdefolleblanche.fr • À 7,5 km à l'est de Saintes. Tlj sauf dim, 9h-19h (ferme à la pause déj hors saison). GRATUIT.* Au milieu des vignes, dans une demeure charentaise de 1600, un producteur-récoltant de cognac et pineaux. Belle gamme, du cognac pour cuisiner à l'extra vieux Cordon d'Or (composé d'eaux de vie de 25 ans minimum). Visite qui passe par l'alambic et les chais de vieillissement et se conclut par... une dégustation.

Clos de Nancrevant : *75, chemin de Nancrevant, 17610* ***Chaniers.*** *☎ 05-46-91-09-34. • closdenancrevant.com • À 7,5 km à l'est de Saintes. En principe, visite tlj sauf dim à 10h30 et 15h : 6 € (avec dégustation).* Au cœur de la Saintonge romane, sur les hauteurs de Chaniers, dans un cadre typiquement charentais, le Clos de Nancrevant possède 30 ha de vignes sur le cru des Fins Bois. Ici, on produit des cognacs (du VS au XO), pineaux des Charentes (blanc et rouge) et vins charentais IGP (9 cuvées !), ainsi que du jus de raisin.

Domaine Emmanuel Seguin : *18, av. de Peuplat, 17800* ***Rouffiac.*** *06-77-69-78-16. À 15 km à l'est de Saintes. Tlj 9h-19h (sur rdv). GRATUIT.* Cette exploitation viticole de 22 ha, située sur le cru de la Petite Champagne, est gérée en famille depuis 4 générations. Elle produit du cognac (du 3 étoiles à l'XO) ainsi que du pineau des Charentes (blanc ou rosé, du jeune au Très Vieux). Emmanuel, le proprio, se fera un plaisir de vous apporter des explications sur la méthode de distillation charentaise, au pied de son alambic. À l'issue de la visite, la dégustation est offerte.

TAILLEBOURG (17350)

Avec ses quais pittoresques au bord de la Charente et ses vestiges d'un puissant château fort, Taillebourg ne manque pas de charme. Les gabarres y faisaient escale.

Adresses utiles

Renseignements à l'***office de tourisme des Vals de Saintonge,*** à Saint-Savinien-sur-Charente. ☎ *05-46-32-60-75.* • *destinationvalsdesaintonge.com* •

Location d'embarcations à pédales : Les Quais de Taillebourg, *route de la Brossardière (sur les quais).* ☎ *05-46-91-73-28.* • *lesquaisdetailllebourg.com* •

Où manger ?

Auberge Les Glycines : *4, quai des Gabariers.* ☎ *05-46-91-81-40. Tlj sauf lun. Résa nécessaire (surtout le w-e). Menus 31-38 €.* Vénérable et coquette demeure en bord de Charente, dans un environnement paisible. Solide réputation pour ses plats de terroir bien ficelés à base de produits régionaux. Goûtez, entre autres, à la montgolfière de cagouilles flambées au cognac et au soufflé au Grand Marnier. Agréable terrasse sous la glycine, dans la cour fermée.

À voir

Les remparts et le château : *sur les hauteurs de la ville. Visite des vestiges du château sur résa : rens auprès de la mairie,* ☎ *05-46-91-71-20.* • *taillebourg17.fr* • L'allée qui y mène est bordée de jolies maisons bourgeoises, aménagées dans les anciennes écuries. Bel ensemble, où se mêlent restauration XVIIIe s et architecture médiévale. Déjà habité au IXe s, le château fut ensuite reconstruit de façon plus prestigieuse. À tel point qu'il accueillit ***Louis VII et Aliénor d'Aquitaine lors de leur nuit de noces !*** Autour des vestiges remaniés du château, un joli parc dont la terrasse offre de très belles vues panoramiques sur la vallée de la Charente.

DANS LES ENVIRONS DE TAILLEBOURG

La pierre de Crazannes : *à 1 km du village de Crazannes.* Aujourd'hui ces anciennes carrières envahies par la végétation appartiennent à un ensemble, ***Les Sentiers de la Pierre***. Les amateurs pourront prolonger l'expérience hiératique sur le chantier estival ***La Galaxie des pierres levées***, à côté de la Pierre de Crazannes (• *pierre-de-crazannes.fr* •) et un peu plus loin, aux ***Lapidiales*** de Port-d'Envaux (• *lapidiales.org* •).

SAINT-SAVINIEN-SUR-CHARENTE (17350)

Classé Petite Cité de Caractère, un superbe bourg lové dans une boucle de la Charente. Une église juchée sur un rocher et, au pied, des maisons qui s'alignent le long de la rivière. Bien paisible aujourd'hui, Saint-Savinien fut pourtant un port très actif dès le XIIIe s. Les gabarres y étaient chargées de vin, de bois ou de céréales, mais aussi et surtout de ces pierres de taille extraites des carrières des environs. Pour patienter pendant les chargements, les mariniers plongeaient dans la Charente à la recherche des fameuses moules perlières appelées « patagaux »...

Adresse utile

ℹ ***Office de tourisme des Vals de Saintonge :*** *1, rue des Bateliers.* ☎ *05-46-32-60-75.* ● *destinationvalsdesaintonge.com* ● *Sur l'île de la Grenouillette, de l'autre côté du pont (commune du* ***Mung****). Juin-sept, lun-ven 9h30-12h30 et 14h-17h30.* Infos sur les nombreuses activités sportives et les croisières sur la Charente.

Où dormir dans les environs ?

⛺ ***Camping L'Île aux Loisirs :*** *102, route de Saint-Savinien, sur l'île de la Grenouillette de l'autre côté du pont (commune du* ***Mung****).* ☎ *05-46-90-35-11.* ● *ileauxloisirs.com* ● ♿ *Ouv avr-sept. Forfait tente 15,90-18 € pour 2. Chalets pour 6 pers. 82 empl.* Camping familial arboré et bien entretenu, sur une île entourée par la Charente. Des emplacements au calme, à l'écart des hébergements locatifs. Pêche autorisée, location de canoës à proximité, soirées thématiques, jeux pour enfants et accès gratuit à la piscine intercommunale. Tennis attenant.

LE VIGNOBLE EN SAINTONGE

Saint-Savinien

© RIEGER Bertrand / hemis.fr

Chambres d'hôtes Les Hortensias : *chez Marie-Thérèse Jacques, 16, rue des Sablières, 17380* **Archingeay.** *☎ 05-46-97-85-70. 06-50-02-05-15. • chambres-hotes-hortensias.com • À 7 km de Saint-Savinien sur la D 114 en direction de Tonnay-Boutonne. Dans le centre du village. Doubles avec bains 69-76 € ; familiale.* Marie-Thérèse a fait de son jardin un petit paradis floral dans cette ancienne exploitation viticole réaménagée avec talent. Les 3 chambres (dont 1 familiale), décorées de beaux meubles, offrent un bon niveau de confort.

À voir. À faire

L'église : édifiée entre les XIIIe et XIVe s. Grimpez-y à pied, les rues tortueuses n'aiment pas les voitures. Impressionnant clocher doté d'une échauguette : il aurait été érigé par les Plantagenêts et servait de tour de guet pendant l'occupation anglaise de la Saintonge.

Dans le bourg, on pourra aussi voir le ***château de la Cave,*** logis noble fortifié du XIVe s *(privé, ne se visite pas)*, l'***ancien couvent des Augustins*** (XIIIe s), la ***maison de l'Armateur*** et les ***anciens temple protestant et cimetière.***

La Maison du patrimoine : *24, quai du Port. ☎ 05-46-97-76-17. Juil-août, sam 10h-12h, plus jeu 15h-18h, et sur rdv. Participation libre.* Un musée d'histoire locale installé dans une vieille maison restaurée, qui retrace le destin et les activités sociales de la ville à travers archives, maquettes et objets divers. Abrite une ancienne chapelle du XIIe s, dite « des Marins ». Organise des visites du bourg.

Location de bateaux : ***La Cabane,*** *base nautique. ☎ 05-46-92-24-13. • les-canotiers.fr • Juil-août, tlj 10h-20h ; avr-juin et sept-oct, w-e et j. fériés.* Pour naviguer sur la Charente, location de bateaux à essence, à l'heure, à la journée. Également des canoës.

DANS LES ENVIRONS DE SAINT-SAVINIEN

Le château de La Roche-Courbon à Saint-Porchaire : *☎ 05-46-95-60-10. • larochecourbon.fr • (partiel). Mai-sept, tlj 10h-19h ; le reste de l'année, tlj sauf jeu 10h-12h, 14h-18h. Visite du château, du parc et des jardins avec visite guidée : 13,50 € ; 8-9,50 € pour les extérieurs seulement, avec accès aux grottes et au musée de la Préhistoire ; 6,50 € enfants, comprenant 3 parcours-jeux château et jardin ; gratuit moins de 6 ans. Pour l'intérieur, visite guidée obligatoire (env 45 mn). Ensemble du site ouv tlj en hiver sauf dim mat et en sem en janv. Résa des escape games et de l'aventure « Coccinelle » en ligne. Sur place, aire de jeux anciens, restauration rapide juin-sept et aire de pique-nique.*
L'un des plus beaux châteaux des Charentes. Construit au XVe s, c'est d'abord une forteresse, édifiée sur les ruines d'un fief plus ancien du nom de La Roche. Tout est remanié au XVIIe s, dans le style des élégantes demeures Renaissance, avec galerie, escalier en fer à cheval, toits à la Mansart, pavillons Louis XIII et jardins à la française.
– ***L'intérieur*** surprend non seulement par son mélange rare de raffinement, mais aussi par son charme... car rien ici n'est clinquant. Salle à manger évoquant l'atmosphère d'une cuisine traditionnelle saintongeaise, chambre dite « paysanne », salon XVIIIe s (ravissantes boiseries) et le vestibule digne d'un musée (superbe escalier du XVIIIe s, tapisseries et statues) ! La pièce la plus spectaculaire reste cette fameuse ***« salle de bains »*** : un ancien cabinet intégralement orné de peintures du XVIIe s représentant la vie d'Hercule. On termine par la cuisine des gardes, avec son exposition sur la restauration des jardins et sa salle des gardes à l'atmosphère médiévale avec sa monumentale table en pierre.

– ***Le donjon*** accueille un musée de la Préhistoire où l'on apprend que les Magdaléniens occupèrent le site : on a retrouvé leurs traces dans des grottes situées sous le château !
– ***Les jardins (classés Jardin remarquable)*** ont été créés par ***La Quintinie*** (qui dessinera plus tard le potager du Roy à Versailles) dans le plus pur style français, d'une rare élégance. Gigantesque plan d'eau, prolongé d'escaliers et d'une imposante terrasse conçue pour admirer l'ensemble : panorama le plus somptueux qui soit de La Roche-Courbon, avec le reflet du château dans l'eau.

Les grottes : le secteur en est truffé. Les grottes du Bouil-Bleu (qui furent habitées pendant le Paléolithique), les plus intéressantes, se trouvent à environ 800 m du château. La balade « préhistozen » permet de mieux comprendre ces habitats d'antan.

TONNAY-CHARENTE (17430)

Ce port historique de la Charente (Tonnac à l'époque celtique, Tauniacum à la période romaine) se situe sur la rive droite du fleuve, à la frontière entre Saintonge et Aunis. Poste stratégique, il fut maintes fois convoité et occupé. Colbert songea y établir son grand arsenal, qui sera finalement construit à Rochefort. Port fluvial actif dès le Moyen Âge, il connut son apogée au XIXe s grâce au commerce du cognac. Ses quais témoignent encore de cette activité florissante. Enjambant la Charente, le magnifique pont suspendu est devenu l'emblème de Tonnay-Charente.

Info utile

Renseignements à l'***office de tourisme de Rochefort-Océan*** (☎ 05-46-99-08-60 ; ● rochefort-ocean.com ●) ou auprès de la ***mairie*** (☎ 05-46-82-14-30 ; ● tonnay-charente.fr ●).

À voir

Il fait bon flâner dans Tonnay, petite ville commerçante, à la découverte de ses maisons de négociants sur les quais. Hormis son église romane (remaniée au XVIIIe s), les bâtiments les plus marquants datent du XIXe s, âge d'or de Tonnay : ancienne ***distillerie Girard,*** halles, hôtel de ville, lavoir, fontaines, etc. Mais c'est bien son pont suspendu qui attire le regard !

Le pont suspendu : inauguré en 1842 (classé en 1988), il mesure 620 m de long. Conçu par Louis Dor, il fut reconstruit par Arnodin (l'ingénieur des ponts transbordeurs en général et de celui du Martrou à Rochefort en particulier) après l'écroulement de son tablier en 1883. C'est donc à Arnodin que l'on doit la silhouette tout en grâce et légèreté de ce pont de fer et de pierre (tablier, pylônes, câbles et haubans). Il fut sauvé de la destruction par la Résistance, en août 1944, et le passage des voitures y est interdit depuis 1964. On le traverse aujourd'hui à pied ou à vélo.

LE LITTORAL CHARENTAIS ET LES ÎLES, VIGNOBLES ATLANTIQUES

Même si le cœur du vignoble charentais se trouve dans les terres, certaines zones littorales entre l'estuaire de la Seudre et l'estuaire de la Gironde, dans le prolongement de la Haute Saintonge, sont bien pourvues en vignes et en domaines viticoles. C'est aussi le cas des îles de Ré et d'Oléron, qui produisent des vins depuis le Moyen Âge.

L'ESTUAIRE DE LA GIRONDE

L'estuaire de la Gironde, le plus vaste de France (et même d'Europe !), c'est un monde de falaises abruptes (mais habitées), de pêcheurs installés dans des cabanes sur échasses (carrelets) et... de vignerons. Car ces terroirs calcaires orientés vers le sud, qui profitent d'un microclimat à la fois chaud et humide, produisent d'étonnants cognacs, pineaux des Charentes et vins IGP charentais. La Route verte longe toute la rive nord de l'estuaire jusqu'au département de la Gironde.

TALMONT-SUR-GIRONDE (17120)

« Plus Beau Village de France », « Petite Cité de Caractère », « Village de Pierres et d'Eau », l'emphase est toujours au rendez-vous quand il s'agit de qualifier Talmont. Il faut dire que le coin est sacrément chouette. Le village, perché sur une presqu'île, n'est que ruelles fleuries, maisonnettes aux volets pastel. Sur les falaises alentour, plusieurs domaines viticoles déploient leurs rangs de vignes.

Adresse utile

ℹ ***Office de tourisme :*** *rue de l'Église.* ☎ *05-46-08-17-62.* • *royanatlantique.fr* • *Avr-sept seulement. Horaires et jours d'ouverture disponibles sur le site internet.* Propose des ***visites guidées de la ville.***

Où manger dans les environs ?

|●| ***L'Auberge des Monards :*** *sur le charmant port de pêche des Monards, 17120* ***Barzan.*** ☎ *05-46-90-44-44.* • *aubergedesmonards.com* • ♿ *Hors saison, fermé jeu et le soir lun-mer. Formule déj (sauf dim et j. fériés)*

20 € ; menu 44 € ; carte 40-50 €. Le long d'un chenal, l'auberge de campagne caractéristique, à l'atmosphère chaleureuse. Les grands classiques culinaires de la région sont au rendez-vous (ragoût de seiche au pineau), tout comme les viandes grillées au feu de bois.

À voir

L'église Sainte-Radegonde : perchée en équilibre tout au bout d'un promontoire rocheux qui plonge dans l'estuaire. Sobre et de pur style roman saintongeais, elle fut édifiée à partir de l'an 1094 selon un plan cruciforme simple. Le transept est couvert d'une coupole centrale, tandis que le portail présente des voussures sculptées et des arcades surmontées d'une arcature aveugle. À l'intérieur, le chœur en hémicycle est décoré d'arcs sculptés et de colonnes élégantes... Sur les chapiteaux, bestiaire fantastique et figures humaines typiques du roman saintongeais. Émouvant petit cimetière marin offrant une belle perspective sur l'estuaire et ses cabanes à carrelets.

Église Sainte-Radegonde
© Marie-Claire CHENE / Charentes Tourisme

Le musée de Talmont : *rue de l'Église. ☎ 05-46-90-43-87 (mairie). 06-85-50-77-81. Avr-sept, tlj 10h-13h, 15h-18h. Entrée : 2,50 € ; réduc.* Ce petit musée installé dans l'ancienne école présente le riche passé de Talmont. Diaporama dans l'ancienne salle de classe. Au fond de ce qui fut cour de récréation, où l'on peut voir une vieille machine à corder, un minuscule musée de la pêche avec une yole traditionnelle.

Sites viticoles

Vignoble Les Hauts de Talmont : *Gd-Rue du Port. 06-61-67-17-17. • leshautsdetalmont.com • En saison, tlj 10h-19h. Visite sur rdv, compter 10 €/pers.* C'est le caveau de ce vignoble de 6,2 ha, créé en 2003 et **conduit en biodynamie,** qui produit une belle gamme de vins charentais IGP : 2 colombards en blanc et 2 merlots en rosé et rouge, tous certifiés bio, Biodyvin et même Demeter ! Également des cognacs VS ou XO très originaux car distillés uniquement à partir de colombard, et un étonnant vin muté au cognac (entre pineau et porto). L'ensemble profite de sols calcaires et d'un ensoleillement optimal, les vignes se trouvant sur les falaises de Talmont, dominant l'estuaire de la Gironde. Des visites du domaine sont possibles sur demande, l'occasion de découvrir une vieille maison charentaise – où se trouvent les fûts de cognac – et des chais de vinification dernier cri, à faible impact carbone.

Cave des Vignobles Arrivé : *1, rue de la Porte-de-la-Ville. ☎ 05-46-94-31-73. • vignoblesarrive.com • Lun-ven 10h-19h (18h lun) ; sam-dim 10h-12h, 14h-19h.* Caveau qui réunit 4 domaines viticoles (dont 2 bio) appartenant à la même famille, avec des vignes plantées dans plusieurs coins de l'AOC. Celles du Talmondais se trouvent non loin, sur les falaises dominant l'estuaire de la Gironde. Vendangées chaque année à la main, elles produisent un vin charentais IGP bio de belle renommée, La Dame Blanche de Talmont. À la boutique, on trouve aussi les bouteilles des autres domaines maison : cognacs et pineaux du château Bellevue, vins blancs du domaine de Taillant et enfin cognacs, pineaux et vins (tous bio) du Domaine Élisabeth.

DE TALMONT-SUR-GIRONDE À L'ESTUAIRE DE LA SEUDRE

Site viticole

Domaine des Claires : *2, rue des Tonnelles, 17530* ***Arvert.*** *☎ 05-46-47-31-87. • domainedesclaires.fr • À 35 km au nord-ouest de Talmont. Pâques-Toussaint, tlj sauf dim 9h30-12h30, 14h30-19h ; le reste de l'année, l'ap-m seulement mar-sam (plus sam mat). Visite courte, gratuite. Visite guidée sur rdv (min 8 pers) : 6 € ; 3 € enfant. Juin-sept : visite guidée mar 17h et jeu 10h, sans nbre min pers.* Un domaine familial perdu sur la presqu'île d'Arvert, qui cultive la vigne depuis... 6 générations ! Grande diversité de cépages pour les vins bio de la maison, qui ont reçu de nombreux prix : colombard, sauvignon, chardonnay, merlot, cabernet franc, cabernet sauvignon et ugni blanc (ce dernier pour le cognac). Visite possible de la distillerie et du chai de vieillissement contigus à la boutique.

MORTAGNE-SUR-GIRONDE (17120)

Encore un panorama spectaculaire et un paysage typique de l'estuaire. Perché sur une falaise, labellisé « Village de Pierres et d'Eau », Mortagne est un bourg paisible, fier d'avoir eu (il y a quelque temps quand même...) le cardinal de Richelieu comme prince. Au cœur des falaises, quelques grottes curieusement aménagées en monastère. Et un pittoresque petit port, autrefois considéré comme l'un des plus importants de Gironde.

Adresse et info utiles

Bureau d'information touristique : *1, pl. des Halles. ☎ 05-46-08-21-00. • royanatlantique.fr • Juil-août, lun-sam 9h-13h, 15h-18h ; dim 10h-13h. Hors saison, lun-ven, horaires réduits.*

– ***Marché :*** *en saison, les cabanes du port sont ouv tlj.*

Où dormir ?

Chambres d'hôtes Domaine du Meunier : *36, quai de l'Estuaire. ☎ 05-46-97-75-10. • domainedumeunier.com • Dans la ville basse, face au port. Double 96 € ; familiales (4-6 pers) 135-168 €.* Une maison d'hôtes d'exception ! Cette ancienne maison de meunier du XIXe s, réservée aux hôtes, abrite 5 chambres thématiques, spacieuses, dotées d'une vue superbe ; elles sont meublées à l'ancienne et décorées d'une riche collection vintage de chromos, de mannequins et de pléthore d'objets étonnants. On vous laisse découvrir maintes surprises, comme ce chai où trône une trentaine de flippers des années 1960-1970 (tous en état de marche), ce vieux manège transformé en lieu convivial pour pique-niquer et son espace vert face au calme petit port, 2 bassins de nage écolo... Gîtes et appartements également.

Sites viticoles et visites de chais

Le château de Beaulon : *25, rue Saint-Vincent, 17240* **Saint-Dizant-du-Gua.** *☎ 05-46-49-96-13. • chateau-de-beaulon.fr • Vente au château : mai-sept, tlj 10h-18h ; oct-avr, lun-ven seulement ; visite libre du parc à ces mêmes horaires (9 €, gratuit jusqu'à 15 ans). Visite possible de la distillerie, située à Lorignac sur rdv. GRATUIT.* Ce joli **château Renaissance** possède une architecture encore fortement marquée par le gothique flamboyant. Dans le magnifique ***parc d'agrément*** de 13 ha (classé Jardin remarquable), belle vue sur le château (qui ne se visite pas), un pigeonnier du XVIIIe s avec près de 1 500 boulins et, surtout, les Fontaines bleues, des sources naturelles cachées dans la futaie, qui miroitent d'un bleu surnaturel. Le domaine est également réputé de longue date pour ses pineaux des Charentes et cognacs, produits sur place depuis 1720.
Profitant du microclimat médocain, à la fois tempéré et ensoleillé, les vignes du Château de Beaulon (150 ha) s'épanouissent à merveille sur le sol calcaire de l'estuaire. Autre particularité du vignoble, il est complanté de différents ***cépages parfois rares,*** dont certains très anciens. Les pineaux blancs sont ainsi vinifiés avec du sémillon, une utilisation quasi unique dans la région ! Remarquables pineaux blancs Vieux (7 ans) et Très Vieux (12 ans), et un pineau rosé. En cognac, de belles références comme ce VSOP 100 % folle blanche, original et charmeur.

Domaine Cazulet : *Plissonneau, 17150* **Saint-Bonnet-sur-Gironde.** *☎ 05-46-86-02-80. Visite sur rdv. GRATUIT.* Proche de l'estuaire de la Gironde, ce domaine produit une belle variété de ***vins charentais IGP certifiés bio,*** vinifiés avec les cépages chardonnay, montils, sauvignon, sémillon, cabernet sauvignon et malbec.

À voir dans le secteur

Le Pôle Nature de Vitrezay : *port de* **Vitrezay.** *☎ 05-46-49-89-89. • portvitrezay.com • ♿ Ouv d'avr à mi-nov : juin-sept, tlj 10h-18h (19h w-e, j. fériés et juil-août) ; avr-mai et oct-nov, tlj 10h30-12h, 13h-17h30 (10h-18h w-e et j. fériés) Sentier accessible librement et gratuitement. Visites guidées et explorations nature 7 € pour 1h ; sortie kayak (2h) 16 € ; croisières en bateau 14-75 € (avec ou sans dégustation et pique-nique) ; loc de vélos (VTC ou VAE) 5-7 €/h ; trottinettes électriques 16 €/h, réduc.* L'estuaire de la Gironde est le plus grand estuaire d'Europe. Au cœur d'un espace de plus de 60 ha, ce Pôle Nature permet d'en découvrir les richesses, seul ou guidé : marais, faune, flore... Resto sur place.

L'ÎLE D'OLÉRON

Nature et authentique, Oléron défend ses richesses avec fierté, à commencer par sa viticulture et son ostréiculture. Ses paysages affichent une variété unique entre terre et mer, avec des vignes, des forêts de pins, des marais salants et des parcs à huîtres. Sans oublier les plages ! Quant aux villages, ils sont essentiellement constitués de maisons basses peintes à la chaux et de ruelles bordées de roses trémières.

VIN, PINEAU DES CHARENTES ET COGNAC À OLÉRON

Pour certains, l'origine du vignoble oléronais remonterait ***à la fin du IIIe s,*** au moment où l'empereur romain Probus a donné aux Gaulois le droit de produire du vin. Pour d'autres, il fallut attendre le Moyen Âge pour voir la viticulture se développer véritablement sur l'île. Au XIIe s, alors qu'Oléron appartient aux Plantagenêt, le commerce du vin prend son essor : c'est à ce moment-là que le vignoble oléronais se développe. Il atteindra son apogée plusieurs siècles plus tard, au XIXe, avec près de 4 300 ha de vignes (sur les 17 400 ha que compte l'île !). Comme ailleurs en Charentes, le phylloxéra va provoquer un vrai cataclysme et faire reculer la vigne comme jamais.

LA VIGNE EN OLÉRON, UNE TRADITION ANTIQUE

L'origine du vin oléronais remonte au moins au Moyen Âge. Grâce à un ensoleillement exceptionnel, la vigne devient au XIXe s la principale production de l'île. Ces 30 dernières années, les vignerons ont fait de remarquables efforts pour améliorer la qualité de leur production. Et depuis 2014, le vin oléronais peut revendiquer sa propre dénomination géographique complémentaire.

Mais aujourd'hui, le vignoble occupe tout de même près de ***800 ha,*** faisant partie intégrante du paysage. Engagés dans une ***viticulture raisonnée, bio*** de plus en plus, les producteurs se concentrent dans le nord de l'île et notamment sur la commune de Saint-Pierre. Le territoire, autrefois majoritairement producteur de cognac, voit depuis quelques années sa production de vins charentais IGP et de pineau des Charentes augmenter. Les dernières années ont vu une amélioration remarquable de la qualité. Les blancs (vinifiés avec du colombard, du sauvignon et un peu de chardonnay) se défendent vraiment bien ! Mais ils ne sont pas les seuls. La production étant limitée, et la fréquentation touristique importante, il arrive que les chais soient en rupture de stock dès l'été – mais les restos de l'île, eux, continuent de les servir. Le vignoble est ***labellisé Vignobles et Découvertes.*** • *vignoble-ile-oleron.fr* •

Adresse et info utiles

ℹ ***Office de tourisme de l'île d'Oléron et du bassin de Marennes :*** siège fermé au public mais ***12 points d'accueil*** répartis sur toute l'île et le bassin de Marennes : ☎ *05-46-85-65-23.* • *ile-oleron-marennes.com* • *Lun-sam 10h-13h, 14h30-17h30 (19h en hte saison pour certains bureaux).*

– ***Pont d'Oléron gratuit*** (3 km de long).

Accès en bateau : *voir p. 18.*

Accès en autocar : *(depuis les gares SNCF)* **:** ☎ *05-46-85-65-23 et 0970-870-870.* • *transports.nouvelle-aquitaine.fr* • Au départ de Surgères, Rochefort ou La Rochelle, les ***lignes nos 6 Express, 6 et 7*** desservent plusieurs arrêts sur l'île (ce qui met Oléron à 4h30 de Paris). Depuis Saintes, emprunter la ***ligne n° 8.***

🚲 Plus de 160 km sillonnent aujourd'hui les paysages de l'île, avec des loueurs de vélos dans chaque commune. ***Plan des pistes cyclables*** disponible dans les offices de tourisme *(0,50 €)*, téléchargeable aussi sur • *ile-oleron-marennes.com* •

LE CHÂTEAU-D'OLÉRON (17480)

Cet ancien petit port ostréicole et de voyageurs tire son nom d'un château féodal qui gardait la côte occidentale de l'île. Ses enceintes fortifiées percées de vieilles portes et son centre ayant conservé son aspect de « ville neuve » du XVIIe s lui donnent un charme indiscutable. Les anciennes cabanes ostréicoles du port ont été reconverties en ateliers de créateurs tandis que la citadelle accueille expos, manifestations et représentations théâtrales.

Adresse utile

ℹ ***Office de tourisme :*** *1, pl. de la République.* ☎ *05-46-85-65-23.* • *ile-oleron-marennes.com* • *Avr-sept, tlj sauf dim ap-m ; le reste de l'année, lun-ven.*

Où manger ?

🍴 ☂ ***Les Frits de Mer :*** *av. du Port (cabane rouge en face du rond-point et de la Cave du Port).* ☎ *05-46-38-28-68.* ♿ *Tlj sauf dim soir et lun. Carte env 20 €.* Un petit *fish & chips* dans l'air du temps, monté par un jeune tandem soucieux de proposer de la qualité à petits prix. Le poisson est donc pêché localement, sauces et panures sont maison, avec des herbes et des associations originales, et les frites sont cuites en 2 temps, le secret des Belges ! Pour peu qu'il fasse beau, visez les places en terrasse à l'arrière, avec vue sur le vieux port et la citadelle de Vauban.

Le Château-d'Oléron

© LEROY Francis/hemis.fr

À la Pêche aux Moules : *Le Port. 07-66-68-60-50. Tlj sauf mer soir et jeu. Moules 13-16 €.* Avec vue sur les cabanes multicolores qui ornent le chenal ostréicole, ce petit resto-self propose une dizaine de recettes de moules savoureuses et originales. On passe commande au comptoir, on s'installe sur les longues tablées de la terrasse ouverte et on plonge les doigts dans les généreuses barquettes. Rien à redire.

Au Gré du Vin : *pl. de la République. ☎ 05-46-85-02-73. Tlj sauf mar-mer, plus jeu hors saison. Carte env 40 €.* Ce petit resto bistronomique propose une carte axée autour du vin, plus particulièrement des petits producteurs. Chaque plat est assorti d'une suggestion d'étiquette en accord, l'occasion de découvertes originales. Les assiettes sont superbement présentées et les papilles à la fête de bout en bout.

À voir. À faire

La citadelle : *au nord-ouest de la ville. GRATUIT. Visites guidées costumées de mi-juil à août, mer à 20h45 (ainsi que ven en août, même horaire) : 7,50 € ; réduc. Infos et billetterie auprès de l'office de tourisme : ☎ 05-46-47-60-51.* Une grande étoile de pierre qui, vue du ciel, donne l'impression d'avoir été jetée dans l'océan par quelque géant en colère. Ses remparts offrent une ***vue superbe,*** tôt le matin quand partent les bateaux des ostréiculteurs, ou tard le soir pour de sublimes couchers de soleil. Vaste cour herbue bordée par de nombreux bâtiments, dont l'arsenal et la poudrière, qui abritent des expos temporaires en été.

DOLUS-D'OLÉRON

Jolie église avec un clocher saintongeais du XVIIIe s (le seul de l'île). Quelques vignobles par ici, qui se cachent presque au milieu des bois, résistant à l'urbanisation. Pour les amoureux des piafs, superbe ***Marais aux oiseaux.***

Adresse utile

Office de tourisme : *Grand-Rue (à côté de l'église). ☎ 05-46-85-65-23. • ile-oleron-marennes.com • Juil-août, tlj sauf dim ap-m ; oct-juin, tlj sauf w-e.*

Où dormir ?

Camping Huttopia Oléron Les Chênes Verts : *9, passe de l'Écuissière. ☎ 05-46-75-32-88. • europe.huttopia.com • À 2 km de Dolus. En principe, ouv de fin mai à mi-sept. Compter 25-45 €. Tentes équipées 4 pers. 105 empl.* Dans un environnement boisé bien préservé, avec accès direct à la plage de l'Écuissière (50 m). Emplacements classiques et une cinquantaine de tentes toile et bois tout équipées pour 4-5 personnes. 2 blocs sanitaires et laverie. Café-resto en juillet-août. Location de vélos.

Hôtel Le Vert Bois : *104, chemin Saint-James. ☎ 05-46-36-87-66. • hotel-vert-bois-oleron.com • Entre La Cotinière et Le Grand-Village. Ouv Pâques-Toussaint. Doubles 100-180 € ; familiales.* Dans la forêt, un hôtel tenu par un jeune couple dynamique. Parquet partout, déco marine fraîche et sobre, salles de bains nickel... Le tout est bien pensé, au goût et au confort du jour (literie de compétition), avec quelques petits plus comme la terrasse privative au rez-de-chaussée donnant sur une superbe piscine bordée de palmiers. Aussi sauna et hammam. L'une des plus belles plages de l'île n'est qu'à 900 m. Location de vélos.

Site viticole

Domaine Paradisio : *951, route de l'Écuissière. 06-30-58-19-62. Visite sur rdv. GRATUIT.* C'est l'un des vignobles les plus au sud de l'île, mené par Sylvain et Sabrina, 2 jeunes viticulteurs très sympas qui ont à cœur de faire des vins qui leur ressemblent. Ils possèdent 12 ha de vignes en tout et produisent 3 vins artisanaux non filtrés, dans les 3 couleurs : cépage sauvignon pour le blanc et merlot pour le rosé ou le rouge. Ils produisent également du vin pour la distillation. Possibilité de *home camping :* toilettes sèches, douche solaire, 1 ou 2 emplacements et basta ! *À partir de 15 €.*

SAINT-PIERRE-D'OLÉRON (17310)

« Capitale » de l'île, Saint-Pierre est pour ainsi dire la petite ville oléronaise par excellence, vivante et animée, aux beaux jours tout au moins. Rues commerçantes et piétonnes, venelles pittoresques, bons petits restos et boutiques stylées en font un bourg très agréable. Aux portes de la ville, les vignobles prennent leurs aises et nombreux sont les domaines à pouvoir être visités...

Adresse et info utiles

Office de tourisme : *pl. Gambetta. ☎ 05-46-85-65-23. • ile-oleron-marennes.com • Avr-sept, tlj sauf dim ap-m ; hors saison, lun-sam.*

– ***Marché :*** *pl. du Marché (rue Franck-Massé, derrière la lanterne des morts), le mat. Juil-août, tlj ; avr-juin, sept et vac de la Toussaint, tlj sauf lun ; oct-mars, mar, jeu et w-e seulement.*

Où dormir ?

Hôtel Le Square : *2, pl. des Anciens-Combattants. ☎ 05-46-47-00-35. • le-square-hotel.fr • Ouv 29 mars-3 nov. Doubles 62-173 € ; familiales.* Idéalement située en centre-bourg mais à l'écart de l'agitation, cette maison bourgeoise du XVIIIe s, non dénuée de charme, a été rénovée dans un style bord de mer sobre et clair. Bien confortables, les 25 chambres sont réparties dans la maison de maître, celle des domestiques et le relais de poste. Piscine avec une terrasse-solarium en bois, salle de jeux avec billard et ping-pong.

Maison d'hôtes Les Sarments : *chez Rosa et Frédéric Coulon, 30, route des Sables-Vigniers, hameau de* ***Saint-Gilles.*** *06-88-19-69-31. • lessarments-oleron.com • Double env 85 € ; familiales. Petit-déj 10 €. Accès à la cuisine : 8 €.* Les amateurs de calme et de farniente seront aux anges dans cette belle maison oléronaise située au cœur des vignes. En duplex ou bordant la piscine chauffée semi-ouverte, 4 chambres spacieuses et soignées avec entrée indépendante. Pièce à vivre commune avec cuisine à dispo, terrasse avec barbecue et grand jardin (piscine couverte et chauffée). Et comme les proprios sont viticulteurs (maison Coulon), il y aura sûrement de bons coups à boire !

Où manger ?

La Camaraderie : *pl. du Marché, 4, rue Franck-Massé. ☎ 05-46-76-50-66. Juil-août, tlj de tôt le mat jusqu'à 15h env. Plat du jour env 15 € ; carte env 25 €.* C'est la cabane moderne sur la place du marché, avec sa terrasse face aux étals et aux camelots. On y sert une cuisine de bistrot d'un bon rapport qualité-prix : rillettes de poisson, sardines grillées, moules... Très sympa aussi pour une assiette d'huîtres ouvertes par un des poissonniers du marché (voir directement sous la halle), accompagnée d'un bon verre de blanc de l'île.

Le Grand Pierre : *14, rue Pierre-Loti. ☎ 05-46-47-91-20. Tlj sauf dim soir et lun. Compter env 40 €. Évolutions possibles après rénovation.* Un bel endroit, organisé autour d'une cour plantée d'un olivier et éclairée de loupiotes, avec un intérieur chaleureux aux pierres apparentes. Carte d'inspiration marine, qui profite de sa proximité avec le port de La Cotinière. Également de belles viandes, parfois maturées. Une poignée de vins charentais à la carte, entre autres.

Sillage : *pl. Camille-Memain. ☎ 05-46-36-87-45. • restaurant-sillage.fr • Ts les midis sauf dim-lun, plus le soir jeu-sam. Menus 33-56 €.* Une table remarquable, qui sert une cuisine gastronomique à tendance marine : carotte confite au curry avec spaghettis d'encornets, aile de raie rôtie au beurre, ganache aux algues et croustillant de noisettes, on se régale ! Quelques bons vins charentais IGP à la carte, comme l'oléronais *Opus 7*.

Où acheter de bons produits ?

Cave La Kylix : *98, rue de la République. 06-17-02-22-92. Juil-août, tlj 9h30-20h ; avr-juin et sept, tlj sauf lun ; hors saison, tlj sauf lun 10h-12h30, 16h-19h.* Jolie sélection de vins charentais IGP (dont évidemment des oléronais !), de cognacs de toute l'appellation et de pineaux des Charentes. On peut aussi boire un verre sur la terrasse, accompagné de planches de charcuteries ou fromages.

À voir. À faire

Le musée de l'Île d'Oléron : *9, pl. Gambetta. ☎ 05-46-75-05-16. • musee-ile-oleron.fr • Juil-août, tlj 10h-19h ; avr-juin et sept-oct, tlj 10h-12h, 14h-18h ; nov-mars, tlj sauf lun 14h-18h. Fermé de mi-déc à fin janv. Entrée : 4,50 € ; réduc.* Par le biais d'une muséographie ludique et moderne, voici l'histoire d'Oléron, du Néolithique à nos jours. La vie rurale insulaire est présentée de façon thématique : viticulture, ostréiculture, pêche en mer et à pied, écluses à poissons, saliculture, vie domestique... Expo temporaire à l'étage.

La maison de Pierre Loti (maison des Aïeules) **:** *19, rue Pierre-Loti. Ne se visite pas, selon les volontés de Loti.* Seule une plaque indique que l'écrivain natif de Rochefort repose « sous le lierre et les lauriers », dans le jardin de la maison familiale où il venait en vacances et qui renferme encore tous ses souvenirs d'enfance.

La lanterne des morts : *pl. Mémain.* Édifiée au XIIe s sur l'emplacement d'un ancien cimetière, une colonne de 25 m avec flèche à 8 pans, colonnettes et chapiteaux décorés. Au faîte, un lanternon surmonté d'une pyramide où s'élève une croix. On y plaçait autrefois une lanterne, censée rappeler le souvenir des défunts.

Site viticole et visites de chais

Cave coopérative Vignerons d'Oléron : *37, av. de Bonnemie. ☎ 05-46-47-00-65. • vigneronsoleron.fr • Sur la route principale, face au supermarché Leclerc. Ouv lun-sam 9h-12h30, 14h-19h ; dim 9h-12h30 (fermé dim hors saison). Visites guidées : juil-août mer et jeu 10h30 ; avr-juin, ts les ven 10h30 ; sinon sur rdv. GRATUIT.* Ce vaste caveau moderne appartient à la cave coopérative d'Oléron, qui regroupe 15 viticulteurs adhérents pour 290 ha de vignes. Ils produisent une large gamme de vins charentais IGP Île d'Oléron (notamment une bio, la *Naturellement*) en blanc, rosé et rouge, complétés par quelques pétillants et liquoreux, mais aussi du cognac (Louis Pearl VSOP et XO) et du pineau des Charentes (bio ou non, jeune ou Vieux, blanc ou rouge). Visite possible de la distillerie et des chais de vinification, avec dégustation de 3 pineaux offerte. Également un amusant *atelier gourmand (15 €)* organisé à la cave coopérative durant lequel on expérimente certains accords mets-vin et mets-cognac.

Favre & Fils : *La Fromagerie. ☎ 05-46-47-05-43. De Saint-Pierre, direction Saint-Gilles (D 734), puis fléchage « La Fromagerie ». Vente-dégustation tlj (sauf dim hors saison) 9h30-12h30, 14h30-18h30 ; visite jeu à 10h30 juil-août. GRATUIT.* Un vigneron indépendant entièrement bio, qui dispose de 50 ha de vignes plantées de 9 cépages différents. Excellents vins IGP charentais : *Grain Marin* (sauvignon vieilli en fût de chêne, en vente seulement de mai à septembre), *Péchapié* (avec du colombard), mais aussi un rosé et un rouge. La maison est aussi très réputée pour son Très Vieux pineau *Réserve Oubliée* (7 ans). Cognac également, comme ce VSOP bio assez marin. Visite guidée de 1h à travers les chais, avec panorama sur l'activité viticole à Oléron, explication de la distillation, détails sur les assemblages et le vieillissement du cognac, etc. Ici, tout est vendu en circuit court. Excellent accueil.

Mage & Fils : *33, route de Bois-Fleuri, La Coindrie. ☎ 05-46-47-16-72. 📱 06-68-37-80-02. En venant de Saint-Pierre, à Saint-Gilles, prendre à droite (D 273). Vente-dégustation gratuite en boutique ; lun-sam 10h-12h30, 15h-18h.* Certifié bio, en permaculture, pratiquant l'agroforesterie et l'écopâturage grâce à ses moutons, ce domaine familial est à la pointe concernant l'écologie et coche toutes les cases de la viticulture durable. Ici, ni pesticides, ni herbicides, ni chimie. Et 9 vins IGP charentais, pas moins : 5 blancs, 2 rouges et 2 rosés. On recommande les blancs *Méditation* (colombard, avec un côté toasté) et le *Nepenthes* ; en rouge, l'*Opus 7*. Les pineaux blancs (dont un vieux, *L'Angelus,* qui a 11 ans) et rouge, mais aussi du cognac (qu'ils ne distillent pas eux-mêmes, mais assemblent et font vieillir).

Vignoble Pradère : *53, route des Châteliers. ☎ 05-46-47-03-12. • tardet-pradere-vigneron.com • Vente-dégustation tlj 9h30-12h30, 15h-18h30, et Pâques-vendanges dim 10h-12h30. Pas de visite mais dégustation (gratuite) possible.* Domaine familial de 35 ha certifié bio depuis 2022. Très bons blancs (colombard et sauvignon), et une subtile liqueur d'orange et cognac *(Olérange)* pour twister un vin IGP charentais blanc pétillant. Pineaux des Charentes jeunes et vieux, ainsi que du cognac VS et VSOP.

Coulon & Fils : à **Saint-Gilles.** *☎ 05-46-47-02-71. 📱 06-83-34-03-34. Vente-dégustation tlj sauf dim 9h-12h, 15h-19h (ouv dim mat Pâques-sept). Pas de visite mais dégustation (gratuite) possible.* Une exploitation familiale, en culture raisonnée, qui poursuit la tradition des aïeux depuis 4 générations. Vin IGP charentais blanc (assemblage colombard et sauvignon), rosé (cabernet franc) ou rouge (cabernet sauvignon et merlot), mais aussi du pineau des Charentes (jeune ou vieux, blanc ou rosé) et du cognac (VSOP, XO).

Vignoble Vincent : *73, route des Châteliers. ☎ 05-46-47-03-97. • vignoble-vincent.com • Vente-dégustation tlj sauf dim ap-m, 9h30-12h30, 14h30-19h.*

Visites : en saison, mar 17h et jeu à 17h30. GRATUIT. Domaine familial de 50 ha, le Vignoble Vincent produit vins charentais IGP, pineaux des Charentes et cognacs. Cépages colombard et sauvignon pour les blancs, cabernet sauvignon pour les rouges. Pour le cognac, juste un VS (pas de VSOP ou XO). Visite du vignoble (avec dégustation) pour découvrir toute la chaîne d'élaboration du vin et du cognac : « De la vigne à la bouteille ».

Le Chai de la Grand'Côte : *21, rue de la Place, La Menounière. 06-83-99-70-14. Vente-dégustation tlj sauf dim 9h30-12h30, 15h-19h30. Visite sur rdv. GRATUIT.* Un domaine familial de 26 ha qui s'est tourné vers la production de pineaux des Charentes au tournant des années 2000, après avoir alimenté les distilleries de cognac.

SAINT-GEORGES-D'OLÉRON (17190)

Légèrement à l'écart de l'axe principal qui traverse l'île du nord au sud, ce bourg viticole, l'un des plus anciens de l'île, vaut bien une halte. Avec son église commencée au XIe s, sa halle centenaire et ses rangées de tilleuls, la place centrale distille un charme assez unique. Tout autour, vous remarquerez de belles demeures qui appartenaient aux viticulteurs enrichis par le boom du cognac au XIXe s.

Adresse et info utiles

Office de tourisme : *28, rue des Dames, face à l'église. ☎ 05-46-85-65-23. • ile-oleron-marennes.com • Avr-sept, lun-sam, plus dim mat vac scol et juil-août ; le reste de l'année, lun-ven.*

– ***Petit marché :*** *juil-août, tlj sous les anciennes halles.*

Où dormir ?

Motel Saint-Georges : *186, rue de Saint-Pierre. ☎ 05-46-76-61-18. • moteloleron.com • Doubles 50-92 € ; familiales.* En fait de motel, il s'agit d'une maison oléronaise typique à 2 ailes, à mi-chemin entre le petit hôtel et la chambre d'hôtes. Chambres pas bien grandes mais guillerettes, style vintage bohème coloré, pour 2 à 6 personnes. Une très bonne petite adresse dans un esprit bien *Routard* !

Où acheter de bons produits ?

Le Jardin de la Josière : *La Josière. ☎ 05-46-76-51-75. Juin-sept, tlj sauf dim ap-m 9h-12h30, 15h-19h (sept-juin, fermé à 18h30 et le dim).* Ce vignoble de 22 ha est situé près de Chaucre, sur la commune de Saint-Georges-d'Oléron. Terres calcaires sur lesquelles les rangs de vignes profitent à la fois du soleil et de l'air marin. La variété des cépages cultivés permet de produire différents pineaux des Charentes, du cognac et des vins charentais IGP bio (blanc, rosé et rouge), tous vinifiés et assemblés à la cave coopérative des Vignerons d'Oléron. Le domaine produit aussi, en bio, des légumes frais ou secs, des céréales et des herbes. Confitures et conserves également.

Au Fumoir d'Annie : *46, rue de la République (à l'entrée de Saint-Georges). ☎ 05-46-76-57-14. Tlj* *sauf dim, plus lun hors saison.* Petite entreprise artisanale travaillant des saumons de provenances diverses mais toujours de qualité, garantis sans pesticides, métaux lourds ni antibiotiques, dans un fumoir à l'ancienne. Une belle alliance avec un vin blanc de l'Île d'Oléron !

À voir. À faire

L'église de Saint-Georges : l'un des plus anciens et des plus beaux édifices (Monument historique) de l'île. Seules la nef et la façade sont d'origine ; on pense que l'église était alors fortifiée pour servir de retraite aux habitants lors des incursions des pirates. Aliénor d'Aquitaine fit construire au XIIe s le chœur et le transept, dans le ***style Plantagenêt.*** Notez les piliers massifs couverts d'ogives à 8 branches, en bois.

Le site ostréicole et naturel de Fort-Royer : *à la sortie sud de Boyardville, juste après le pont en direction de Dolus. ☎ 05-46-47-06-48. • fort-royer-oleron.fr • Ouv début fév-début nov. Visites du domaine ostréicole (sur résa) : juil-août, lun-ven à 10h, 15h et 17h ; mai-juin, lun-ven à 17h ; sept, lun-ven à 15h ; le reste de l'année, mar et ven à 15h. Tarif : 6 €.* Un site protégé où découvrir un milieu naturel très riche, avec un village centenaire de cabanes ostréicoles ourlé de parcs, toujours utilisés. Les balades rondement menées donnent l'occasion d'en apprendre plus sur l'histoire de l'ostréiculture (pendant l'Antiquité, les Grecs se servaient des coquilles vides comme bulletin de vote !), sur l'élevage, pratiqué encore de manière traditionnelle, et sur l'affinage en claires, qui fait la renommée du bassin de Marennes-Oléron. À la fin de la visite, juste avant la dégustation d'huîtres, projection d'un petit ***film de 1907,*** qui montre combien le métier d'ostréiculteur a finalement peu évolué.

Site viticole

Vignerons d'Oléron, distillerie de Saint-Georges-d'Oléron : *457, rue du Cellier. ☎ 05-46-47-00-65 📱 06-85-84-00-50. • vigneronsoleron.fr • Visite guidée : 1h30. GRATUIT. Juil-août : mer et jeu à 10h30, sans réservation ; des vacances de Pâques à fin juin : ven à 10h30, sans réservation ; toute l'année pour les groupes, sur réservation (min 10 pers).* Une pour tous, tous pour une ! La cinquantaine de vignerons d'Oléron, regroupent leurs forces et leurs raisins dans cette cave coopérative. La visite reprend tout le processus d'élaboration des cognacs, du ceps (de vigne) au col (de bouteille), en passant par les alambics et les chais. Dans leurs recherches, des vins bios, des vins effervescents… Les plus pressés pourront faire leurs emplettes à la ***boutique de Saint-Pierre-d'Oléron :*** *37, rue de Bonnemie, ☎ 05-46-47-00-65. Tlj sauf 9h-12h et 14h-18h30 (ouv dim mat en été).*

LA BRÉE-LES-BAINS (17840)

Village typique avec ses « maisonnettes basses aussi blanches de chaux que les casbahs d'Algérie », évoquées par Loti, où l'on peut aussi apprécier le dernier survivant des moulins à vent de l'île et une station balnéaire très calme, avec une longue et superbe plage bordée de cyprès qui soulignent un front de mer quasi intact. La commune recèle aussi quelques vignobles et un important domaine viticole.

Piste cyclable La Brée-les-Bains

Adresse et info utiles

Office de tourisme : *20, rue des Ardillières. ☎ 05-46-85-65-23. • ile-oleron-marennes.com • Juil-août, tlj sauf dim ap-m ; hors saison, lun-ven.*

– **Marché :** *mai-sept, ts les mat sauf lun (tlj de mi-juin à mi-août) ; janv-avr, mer et ven-dim. Sur la pl. du Marché (logique !).*

Où dormir ? Où manger ?

Hôtel La Chaudrée : *7, pl. Pasteur. ☎ 05-46-47-81-85. • hotel-la-chaudree.com • Doubles 71-120 € ; familiale.* Traditionnel petit hôtel de village à la façade toute blanche et aux volets bleus, appartenant à un vigneron, le bien nommé Maxime Pinard (bouteilles de vin, pineau et cognac en vente à la réception) ! Chambres fonctionnelles et lumineuses, de bon confort (certaines avec vue sur la piscine). Agréable piscine extérieure chauffée avec terrasse.

L'Atypique : *allée de la Digue. • latypique.oleron@gmail.com • Pas de réservation possible. Tlj 11h-22h en hte saison. Carte env 20 €.* Vraiment atypique, cette paillote plantée dans le sable avec vue imprenable sur le grand large. Pas de réservation possible, alors on se pose où l'on peut pour savourer brochettes de poulet et rillettes locales accompagnés de vins d'Oléron ou de bons cocktails.

À voir. À faire

Le port du Douhet : *dans le prolongement de La Brée, au sud.* Ce mignon petit port de plaisance servit de cadre au film *Liberté-Oléron,* de Bruno et avec Denis Podalydès (2001).

Site viticole et visite de chai

Vignoble Maxime Pinard : *sur la D273E1, Les Alletières. 06-11-71-82-24. • maxime-pinard.fr • Visites en été, jeu à 15h : 5 €.* Fondé en 1889, ce domaine transmis de père en fils depuis 4 générations possède plus de 100 ha de vignes. Ils produisent des vins charentais IGP (blanc, rosé et rouge), pineaux (blanc et rouge, jeune et vieux) et cognacs (VSOP, XO). Également des liqueurs de fruits au cognac et de la vodka... de raisin ! La visite permet de découvrir l'ensemble de l'exploitation ainsi que la distillerie et se termine par une dégustation.

SAINT-DENIS-D'OLÉRON (17650)

Station balnéaire très fréquentée à la pointe septentrionale de l'île – enfin, pas tout à fait, puisque le phare de Chassiron, non loin, occupe cette position !

Adresse et info utiles

Office de tourisme : *bd d'Antioche (près du port). ☎ 05-46-85-65-23. • ile-oleron-marennes.com • Avr-sept, tlj sauf dim (juil-août, lun-ven jusqu'à 21h45) ; hors saison lun-ven.*

– ***Marché :*** *ts les mat en saison (sinon, seulement mar, jeu et sam), pl. Charles-de-Gaulle.*

Où dormir ?

Camping Le Sabia : *2, chemin de Sabia. ☎ 05-46-47-97-84. • camping-le-sabia.com • Ouv avr-oct. Mobile homes 2-6 pers À partir de 70 €/nuit pour 2 pers.* Un tout petit camping (34 emplacements seulement) « écocitoyen », proche de la mer. Un esprit zen, calme, orienté sports et nature, détente et bien-être. Très agréable espace piscine chauffée avec pataugeoire, et, dès qu'on sort, la nature vous tend les bras.

Où manger ? Où boire un verre ?

Le Jour du Poisson : *3, rue de l'Ormeau. ☎ 05-46-75-76-21. Ouv de mi-fév à mi-déc, ven-lun (Toussaint-avr, fermé lun aussi). Carte env 40 €.* Les fines gueules ont vite repéré cette bonne table de l'île, affichant un remarquable rapport qualité-prix dans un cadre bistrot bord de mer sobre et feutré. La cuisine, moderne et créative, est convaincante de bout en bout (bons vins charentais IGP pour l'accompagner), l'accueil chaleureux et le service efficace. Bref, un succès bien mérité, ce que confirme un Bib gourmand.

À voir. À faire

L'église : édifice roman considérablement remanié au fil des siècles. Très bel aspect général, et superbe oculus quadrilobé au-dessus du portail.

Le phare et le musée de Chassiron : *à l'extrémité nord de l'île. ☎ 05-46-75-18-62. • chassiron.net • (musée seulement). Avr-sept, tlj 10h-19h (9h30-20h30 juil-août) ; le reste de l'année, 10h-12h30, 14h-17h. Montée au*

phare ou musée (parcours spectacle) : 4,40 €. Également des visites guidées en été et des visites nocturnes costumées juil-fin août (rens à l'office de tourisme).
Le voici, ce fameux ***Bout du Monde.*** C'est bien ainsi que les anciens ou les cartes marines avaient l'habitude de désigner la pointe de Chassiron. Haut de 46 m et cerclé de bandes noires et blanches pour le différencier du phare des Baleines de l'île de Ré, il a été érigé en 1834. Le phare actuel (aujourd'hui télécommandé et télésurveillé depuis La Rochelle) est visible de jour jusqu'à 35 km ; de nuit, sa portée est de 52 km. Très utile pour repérer le dangereux pertuis d'Antioche. ***Pour grimper au sommet du phare*** et jouir du panorama, 224 marches. Dans un registre plus bucolique, vous pourrez explorer les ***jardins du phare,*** en forme de rose des vents (vus du sommet du phare, c'est magnifique), en suivant un parcours ludique. Non loin, belles ***falaises.*** Attention, mieux vaut les longer du haut (chemin balisé en jaune et blanc), les galets de la plage en contrebas rendant la marche malaisée, voire dangereuse. Et ***gare à la marée*** si vous descendez sur la grève (partir 2 ou 3h avant la marée basse les jours où le coefficient est d'au moins 60). Se renseigner à l'office de tourisme de Saint-Denis.

Phare de Chassiron

LA ROCHELLE ET SES ENVIRONS

Si la région de La Rochelle ne possède plus de vignobles aujourd'hui – l'Aunis en comptait pourtant des réputés au Moyen Âge, au point d'exporter des vins dans toute l'Europe du Nord –, son histoire reste fortement liée à celle des vins et eaux-de-vie charentais. Ainsi, de nombreux négociants avaient des comptoirs, et même des chais, dans les environs. Aujourd'hui, il n'en reste plus qu'une poignée...

LA ROCHELLE (17000)

La Rochelle, capitale de l'ancienne province de l'Aunis, résolument tournée vers l'océan et ses ressources, a toujours su tirer avantageusement parti de sa situation géographique. Rebelle et insoumise, s'appuyant sur une vieille tradition maritime, elle a traversé dignement les hauts et les bas d'une histoire mouvementée. Les tours de son célèbre port en témoignent ! Elle a toujours été liée au commerce du vin et des eaux-de-vie, qui ont longtemps transité par son port pour gagner les 4 coins du monde. Installée à La Rochelle depuis 1588, la maison Godet est l'une des héritières de cette époque (elle ne se visite malheureusement pas).

Adresses et infos utiles

Office de tourisme : *2, quai Georges-Simenon, Le Gabut. ☎ 05-46-41-14-68. • larochelle-tourisme.com • Juil-août et vac scol, tlj 9h30-18h30 ; le reste de l'année, mar-sam 10h-17h ou 18h ; permanence téléphonique et mail dim-lun.* Service de billetterie, visites guidées, etc.

Gare routière – RTCR : *5-7, pl. de Verdun. ☎ 0810-17-18-17 (0,06 €/mn). • yelo.agglo-larochelle.fr •* Assure diverses liaisons entre le centre-ville et les environs, notamment avec l'aéroport de La Rochelle-Île de Ré.

Passeur électrique et bus de mer : moyen de transport original qui permet de traverser le port pour se rendre au port des Minimes. Environ 1-3 € selon le trajet.

Où dormir ?

Hôtel de la Paix : *14, rue Gargoulleau. ☎ 05-46-41-33-44. • hotelalarochelle.com • Doubles 59-99 € ; familiales. Table d'hôtes 29 € le soir (sauf dim et j. fériés), boisson comprise.* Dans le centre de la vieille ville, une ancienne maison d'armateur du XVIIe s devenue plus tard hôtel de famille. Très élégante cage d'escalier menant à une vingtaine de chambres de charme, toutes différentes et de bon confort. Accueil très chaleureux.

Hôtel de l'Océan : *36, cours des Dames. ☎ 05-46-41-31-97. • hotel-ocean-larochelle.com • Accueil au 1er étage. Doubles 82-117 € ; familiales.* Idéalement situé sur le Vieux-Port. Les 15 chambres à la déco tendance marine sont plutôt simples, s'organisant autour d'un escalier vertigineux. Prix en fonction de l'étage (les moins chères sont au 4e sans ascenseur), de la vue et de la taille. Salles de bains nickel. Bon accueil.

Hôtel François Ier : *13-15, rue Bazoges. ☎ 05-46-41-28-46. • hotelfrancois1er.fr • Doubles 80-170 € ; familiales.* En plein cœur de la ville, un hôtel offrant un bon rapport qualité-prix. Bâtiment de charme du XVIe s mais déco résolument urbaine et contemporaine, tout à la fois pop et glamour, sur les thèmes du rock, du ciné, de la photo... Chambres tout confort, certaines pouvant accueillir jusqu'à 5 personnes.

Hôtel Saint-Nicolas : *13, rue Sardinerie (et pl. de la Solette). ☎ 05-46-41-71-55. • hotel-saint-nicolas.com • Doubles 68-173 € ; familiales.* Cet hôtel occupe une bien jolie bâtisse (et une annexe) dans un quartier charmant et, qui plus est, central, proche du Vieux-Port. En outre, il renferme un étonnant salon aux allures de jardin d'hiver éclairé par une immense verrière, où l'on prend le petit déj. Les chambres, d'un style contemporain raffiné, bénéficient de tout le confort.

Entre Hôtes : *chez M. et Mme Durand-Robaux, 8, rue Réaumur. ☎ 05-16-85-93-33. 06-12-56-62-68. • entre-hotes.com • Doubles 113-190 €.* 5 chambres d'hôtes dans une élégante demeure particulière du XVIIIe s, toutes différentes, avec vue sur le jardin et au calme. Décor contemporain style design dans des tons doux gris et beiges ou bleutés pour d'autres... Confort total et superbes salles de bains. Ascenseur. Possibilité de prendre le petit déj dans un très agréable jardin. Également une chambre insolite, installée dans le caveau, au fond du jardin. Un coup de cœur.

Où manger ?

Dans la vieille ville et sur le port

Le P'tit Bleu : *sur le port, quai des Sardiniers (cours des Dames). ☎ 05-46-28-32-65. Ouverture aléatoire, midi et/ou soir, et parfois non-stop, en saison, quand il fait beau ! Pas de résa. Assiettes 7,60-15 €. Commande au comptoir.* Cette barque de pêcheur échouée sur le quai est une bonne affaire. On règle d'abord sa commande au comptoir de cet ostréiculteur-proprio, puis on se pose en terrasse, face aux bateaux et les pieds dans l'eau.... Le tout est à accompagner d'un bon sauvignon bio de l'île d'Oléron.

Le Comptoir Saoufé : *12, rue du Port. ☎ 05-46-29-58-69. • lecomptoirsaoufe.com • En saison, fermé mar soir et mer tte la journée ; hors saison, fermé mar-mer. Compter 20-30 €.* Une terrasse de chaque côté, posée dans 2 rues piétonnes qui dégringolent vers le port ; quelques tables à l'intérieur, qui se pressent autour d'un long comptoir. Ce comptoir gourmand nous a séduits par l'excellente qualité des produits locaux sélectionnés et par la gentillesse de l'accueil. Le tout à arroser d'un bon petit chardonnay de l'île d'Oléron, d'un pineau, voire d'un cognac...

Le Mail : *16, allée du Mail. ☎ 05-46-34-12-52. • restaurant-le-mail.com • Tlj sauf dim soir et lun. Formules midi 25-30 € (tlj sauf sam-dim et j. fériés) ; menu du marché 42 € ; carte env 50 €.* S'ouvrant sur un joli mail arboré qui longe la mer, voici un vrai repaire de fines gueules. Les fruits de mer sortent tout juste de l'eau, la pêche locale est cuite à la perfection, les canards fermiers et autres foies de veau sont préparés de belle manière et les desserts, terriblement gourmands. Un sans-faute. Carte des vins très riche avec quelques références charentaises.

Autour du Vieux-Port

Ze' Bar : *13 bis, rue de la Chaîne. ☎ 05-46-07-05-15. • zebarlarochelle.fr • En hte saison, tlj 18h-2h ; hors saison, tlj sauf dim-lun 18h-2h. Carte 30-40 €.* Une cave à manger offrant un bon choix (200 références en moyenne) de nectars (vins naturels) et un petit menu pour manger, entre planches de charcuterie risotto d'encornets au chorizo et baba au rhum.

La Yole de Chris : *5, allée du Mail (plage de la Concurrence). ☎ 05-46-41-41-88. • christophercoutanceau.com • Tlj midi et soir. Plats 25-35 € si l'on oublie la sole ou le homard ; carte env 50 €.* Christopher Coutanceau, le cuisinier-pêcheur, a repris avec brio le mythique resto de son père, obtenant même une 3e étoile (qu'il mérite toujours même s'il l'a perdue) ! Ici, on s'installe dans son bistrot, à prix bien plus démocratiques. Le tour de main reste le même, et la fraîcheur du poisson toujours de mise (la criée n'est qu'à 5 mn !). Les plats préparés au feu de bois ou à la plancha savent flatter les papilles, mais n'oubliez pas pour autant l'excellente mouclade du chef *(16 €)*. Service pro. Réserver absolument pour profiter de la superbe terrasse avec vue sur la mer. Une adresse assez exceptionnelle.

Le Panier de Crabes : *9, pl. de la Fourche. ☎ 09-53-56-59-97. Tlj midi et soir en saison ; plus réduit en hiver. Assiette découverte 23 € ; plateau de fruits de mer 39 €.* Une superbe terrasse à l'ombre d'un majestueux paulownia, des fruits de mer servis avec générosité, un accueil franc et chaleureux : que demander de plus ? Quelques cochonnailles pour l'apéritif ? Un petit vin charentais pour accompagner le tout ? Il y a ça aussi...

Autour de la place du Vieux-Marché

Lerouge aux Lèvres : *4, rue des Cloutiers. ☎ 05-46-50-08-17. • lerouge-auxlevres.fr • Tlj sauf dim soir et lun-mar. Plats 17-22 € ; carte 30-35 €.* Une cave à manger comme on les aime. Les vins naturels, biologiques ou biodynamiques sont judicieusement sélectionnés. Charcuteries, fromages et petits plats maison pour accompagner.

Restaurant Le Thiers Temps : *26, rue Thiers. ☎ 05-46-34-31-81. À 2 pas du marché central. Tlj sauf dim-lun. Formules 17,50-21 € ; menu-carte 32-39 €.* Petite salle à la déco minimaliste et sobre, dans l'air du... *Thiers Temps,* pour une cuisine de chef raffinée, imaginative, voire audacieuse. Beau choix de vins au verre, parfois charentais.

Où boire un verre ?

Le Mary Lili : *20, rue de la Chaîne. ☎ 05-46-50-49-31. • lemarylili.fr • Tlj 18h-2h.* Ce bar à cocktails situé à quelques encablures du Vieux-Port propose une belle carte de cocktails, regorgeant de créations ou de grands classiques joliment réinterprétés. Nombre d'entre eux sont préparés avec du cognac ou du pineau des Charentes, à l'image du negroni maison. Également un atelier cocktail *(52-58 €/pers),* et une « expérience » possible bien particulière : le vieillissement d'un cocktail ! (prix sur demande).

La Terrasse de la Chaîne : *sur la tour de la Chaîne. Ouv mai-oct.* Le plus beau *rooftop* de la ville, perché sur un contrefort de la tour de la Chaîne (lire plus loin « À voir. À faire »). Vue extra sur le chenal d'entrée du port, mais aussi sur les tours de la Lanterne ou de Saint-Nicolas, illuminées en soirée. On sirote une bière bio, un pastis de l'île de Ré ou un cocktail parfumé en grignotant quelques tapas ou planches. Un spot de rêve !

Où trouver de bons produits ?

La place du Marché (marché ***tous les matins,*** dimanche compris, et grand marché les mercredi et samedi) et ***l'ancien marché sous les halles*** (tous les jours le matin seulement) sont un passage obligé à La Rochelle. L'office de tourisme propose de temps à autre des visites guidées (avec dégustations et rencontres avec les producteurs). Sinon, faites un tour à :

L'Épicurium : *6, rue Gargoulleau. ☎ 05-46-42-48-57. • fromagerie-lepicurium.fr • Mar-sam 9h30-13h30, 15h30-19h.* Une fromagerie de référence, servant une incroyable palette de productions locales ou non, à compléter avec de divins vins...

Le Comptoir Charentais : *119, quai Louis-Prunier ou 20, rue Dupaty. ☎ 05-46-31-33-26. Tlj sauf dim-lun 10h-20h.* Large choix de produits charentais. Des vins, des pineaux, du cognac mais aussi toutes sortes de produits gourmands, des galettes aux rillons en passant par le sel des îles ou les conserves de poisson.

À voir. À faire

Autour du Vieux-Port

La tour de la Lanterne, dite « des Quatre Sergents » : *☎ 05-46-41-33-14. • tours-la-rochelle.fr • Horaires (sous réserve) communs aux 3 tours. Ouv hte saison, tlj 10h-18h30 ; basse saison, 10h-13h, 14h15-17h30. Dernière entrée 45 min avant fermeture. Entrée (valable pour les 3 tours) : 9,50 € ; gratuit pour les 18-25 ans et pour tous le 1er dim du mois nov-mars. Billets valables 7 j.* Une des célèbres tours de La Rochelle. Datant des XIIe et XVe s, elle est surmontée – contrairement à ses sœurs – d'une élégante flèche de style gothique flamboyant. Elle tient son nom de sa 1re fonction puisque, en son sein, brillait une bougie dans un lanterneau qui permettait aux bateaux de regagner le port. Mais elle eut très tôt une vocation geôlière, et ce jusqu'en 1879. Pour preuve, ces nombreux graffitis (610 répertoriés) de corsaires et autres prisonniers de guerre recensés à partir du XVIe s. De la galerie du haut, panorama exceptionnel sur le port et la ville.

La tour de la Chaîne : *☎ 05-46-41-33-14. Mêmes infos que la tour de la Lanterne.* L'une des 2 tours qui, pendant 10 siècles, gardèrent l'entrée du port la nuit. Son appellation est due à la grosse chaîne, tirée pour empêcher les bateaux d'entrer dans le chenal, tendue à l'aide d'un cabestan, visible sur demande. La chaîne est toujours là, exposée sur la petite place de la Chaîne, juste à côté de la tour.

La tour Saint-Nicolas : *☎ 05-46-41-33-14. Mêmes infos que la tour de la Lanterne.* Un véritable donjon urbain, qui s'inscrit dans un ensemble de fortifications conçues à la fin du XIVe s pour défendre le front de mer rochelais. Haute de près de 42 m, la tour offre elle aussi une très belle vue sur la ville depuis le chemin de ronde et l'ancienne plateforme de guet. En grimpant, on traverse de jolies salles aux épais murs de pierre, parfois surmontés de voûtes sur croisée d'ogives.

La Grosse Horloge : *ne se visite pas.* Marquant la limite entre le port et la cité, c'est l'un des points de repère favoris des Rochelais. L'ancienne porte de ville fortifiée de l'enceinte médiévale, flanquée de 2 tourelles, possédait un double passage séparé pour les piétons et les attelages jusqu'en 1672.

Le Gabut : ancien quartier de pêcheurs. L'esprit des 1ers baraquements a été conservé : à l'origine peints avec des fonds de pots de peinture, ils étaient de toutes les couleurs. Tout en bois, ce quartier ressemble un peu à un village scandinave.

La gare ferroviaire : *à l'est du port.* Dernière gare monumentale édifiée par l'État français, elle fut commencée en 1909 et inaugurée seulement en 1922. Élégant campanile de 45 m (donc plus haut que les tours du port !) dominant l'ensemble, majestueux comme un phare... La façade est recouverte de poissons, crabes et coquilles.

L'Aquarium : *quai Louis-Prunier. ☎ 05-46-34-00-00. • aquarium-larochelle.com • Tlj : juil-août 9h-23h ; avr-juin et sept 9h-20h ; oct-mars 10h-20h (19h en déc-janv) ; dernière entrée 1h30 avt fermeture. Compter min 1h30 de visite. Entrée : 18 € ; réduc. Audioguide : 2,50 €.* Cet aquarium est le plus visité de France. Il présente plus de 82 aquariums alimentés par 3 millions de litres d'eau de mer, pour 12 000 animaux marins. On approche les ***mondes marins les plus variés,*** depuis ceux qui nous sont proches jusqu'aux plus lointains, dans des milieux reconstitués fidèlement. Incontournable !

Le port des Minimes

Avec plus de 4 800 emplacements, c'est le plus grand complexe plaisancier d'Europe.

La vieille ville

★★★ ***La place du Vieux-Marché,*** entourée de maisons anciennes, est dominée par ses ***halles,*** construites au XIXe s, en pierre, surmontées d'une horloge et coiffées d'un clocheton ouvragé. Dédiées aux commerces alimentaires, elles sont considérées à juste titre comme l'un des plus beaux marchés de France.

★★★ ***L'hôtel de ville :*** *accès libre à la cour aux heures d'ouverture de l'hôtel de ville. Visites guidées : 6 € pour 45 mn. Infos et résas à l'office de tourisme.* L'un des joyaux du patrimoine architectural de La Rochelle. Bâti à l'emplacement de la toute 1re maison de ville du XIIIe s, l'hôtel de ville a été édifié entre le XVe s (mur d'enceinte) et le XIXe s (aile droite). Le tout est dominé par une élégante tour-beffroi sculptée de blasons. Entrez donc dans la cour pour détailler son architecture lumineuse. Splendide galerie à arcades de style Renaissance, surmontée de statues allégoriques et de larges fenêtres. L'escalier monumental à gauche a été ajouté au XIXe s : il est surmonté d'un baldaquin accueillant une statue polychrome d'Henri IV.

★★ ***Le musée du Nouveau Monde :*** *10, rue Fleuriau. ☎ 05-46-41-46-50. 15 juin-15 sept et vac scol zone A, lun-ven, dim et j. fériés 10h-18h ; sam 14h-18h. Sinon, lun-ven, dim et j. fériés 10h-12h30, 13h30-17h30 ; sam 13h30-17h30. Fermé mar. Entrée : 8 € ; gratuit moins de 18 ans, étudiants, chômeurs et pour tous le 1er dim du mois (sauf juil-août).* Dans un magnifique hôtel particulier datant de la 2de moitié du XVIIIe s et ayant appartenu aux Fleuriau, une riche famille de planteurs rochelais, ce musée retrace principalement l'histoire des relations entre la France et le Nouveau Monde. Il s'organise autour de 4 grands thèmes : La Rochelle et les Antilles, la Nouvelle-France, les États-Unis et les peuples autochtones, l'Amérique vue par les Européens.

DANS LES ENVIRONS DE LA ROCHELLE

Site viticole et visite de chais

★★ ***Cognac Normandin-Mercier :*** *1, impasse de la Peraudière, 17139* ***Dompierre-sur-Mer.*** *☎ 05-46-68-00-65. • normandin-mercier.fr • Visites : « Classique » 12 € (gratuite pour les enfants), « Paradis » 30 €.* Installée dans le superbe domaine de la Péraudière, ancien relais de chasse, la maison Normandin-Mercier a été fondée en 1872 par Jules... Normandin, un Rochelais. Il a alors l'intuition que le cognac vieillira bien (et aussi plus vite !) en bord de mer, et compte sur la proximité du port de La Rochelle pour expédier facilement ses eaux-de-vie dans toute l'Europe. Gérée par la même famille depuis 5 générations, la maison continue d'avoir une belle activité de négoce dans le monde entier. Quelque 30 000 bouteilles sont produites par an, avec une majorité de Fine Champagne (assemblage de crus Grande et Petite Champagne), âgés de 7, 15, 30 et 50 ans. Intéressante gamme bio, dans les cognacs comme les pineaux. Côté cépages, on tient ici à conserver quelques eaux-de-vie de folle blanche et de colombard afin d'apporter de la diversité dans les arômes des cognacs maison. La visite permet de suivre les grandes étapes de l'élaboration du cognac en pénétrant dans les vastes chais du domaine. Également une amusante expérience d'une demi-journée autour de l'accord cognac-chocolat. Excellent accueil.

Écartelé entre les communes de Nieul (Lauzières) et de L'Houmeau, le ravissant ***port du Plomb,*** avec ses maisons blanchies à la chaux et ses cabanes ostréicoles. Il s'agit du plus ancien port d'Aunis puisqu'on trouve déjà des traces de son existence en... 972. On y a longtemps exporté les vins de la région !

L'ÎLE DE RÉ

Baignée par les eaux chaudes du Gulf Stream et ensoleillée 2 100 h par an, l'île de Ré exhibe son bonheur de vivre. Surnommée « Ré la Blanche », elle n'en rayonne pas moins de ses mille couleurs : vignobles vert tendre, plages de sable doré, fleurs aux teintes éclatantes, surfaces bleu-gris des marais salants, ciel azur... À l'extrême ouest de l'appellation cognac, l'île accueille un important vignoble depuis le Moyen Âge.

LE SEL ET LA VIGNE

Il y a fort longtemps, l'île de Ré n'était pas une île... Logique, puisqu'elle était rattachée au continent ! La fonte des glaces entraîna la formation de 3 îlots, ensuite reliés entre eux par des dépôts d'alluvions. C'est au XIIe s, au moment de l'arrivée de moines cisterciens à l'abbaye des Châteliers, que l'île commence à exploiter le sel mais aussi la vigne. Après les luttes incessantes entre Français et Anglais du Moyen Âge puis les guerres de Religion, le XVIIIe s marque un temps d'accalmie. Ses vignes s'étendent à perte de vue et ses eaux-de-vie de cognac s'exportent en Europe du Nord... Le XIXe s correspond à un nouvel âge d'or mais la crise du phylloxéra met à mal ce dynamisme. Au XXe s, la vigne a fini par quasiment supplanter le sel. L'or blanc connaît toutefois un indéniable regain depuis quelques années.
Le vignoble de l'île de Ré couvre aujourd'hui un peu plus de 500 ha. On y produit différents types de produits : du ***vin charentais IGP,*** du ***pineau des Charentes*** mais aussi du ***cognac.*** 3 acteurs principaux peuvent être recencés : la cave coopérative UniRé du Bois-Plage, qui représente la quasi-totalité de la production locale, et 2 domaines indépendants. Ces dernières années, un saut qualitatif a été franchi et les restaurants gastronomiques de l'île (et d'ailleurs !) sont désormais fiers de servir du vin local, reflet d'un terroir passionnant.

Abbaye des Châteliers

Adresse et infos utiles

Office de tourisme Destination île de Ré : ☎ *05-46-09-00-55.* ● *iledere.com* ●

En bateau depuis La Rochelle : *voir p. 18.*

Réseau interurbain en Charente-Maritime : ☎ *0800-73-01-46.* ● *transports.nouvelle-aquitaine.fr* ● Les lignes n°s 3 et 3E de la région Nouvelle-Aquitaine desservent ttes les communes de l'île de Ré à partir de La Rochelle (à l'arrivée des trains à la gare SNCF et pl. de Verdun).

➢ **En voiture :** ● *la.charente-maritime.fr* ● Pour passer le pont, compter 16 € A/R pour une voiture 20 juin-11 sept, 8 € hors saison. Compter 3 € pour les 2-roues motorisés.

Le pont est GRATUIT pour les piétons et les cyclistes.

SAINTE-MARIE-DE-RÉ (17740)

L'un des plus vieux villages de l'île, comme en témoignent les ruelles très étroites, les maisons basses et blanches, et le clocher gothique du XIVe s de l'église entièrement restaurée au XIXe s. Le village a vraiment du charme et semble encore préservé des foules. Remarquez les belles maisons précédées de porches du village, qui témoignent de la grande prospérité apportée par la viticulture au XIXe s, avant l'arrivée du phylloxéra. Du reste, les vignes sont encore bien présentes dans le coin...

Adresse et info utiles

Bureau d'accueil : *pl. d'Antioche.* ☎ *05-46-09-00-55.* ● *iledere.com* ● *Au centre de Sainte-Marie. Avr-oct, lun-sam 9h30-13h, 14h-17h (17h30 juil-août), plus dim mat en juil-août, pdt vac scol et j. fériés ; horaires variables le reste de l'année.* **Visites guidées** du village en juillet-août *(sur résa obligatoire).*

– **Marchés :** *pl. d'Antioche et pl. des Tilleuls, ts les mat sauf lun en basse saison.*

Où acheter de bons produits ?

Bières de Ré : *station Total, RD 201, les Hauts des Peux-Bertaud.* ☎ *05-46-43-82-63.* ● *bieresdere.fr* ● *Ouv lun-sam ; fermé en janv.* Des bières artisanales (sans conservateurs ni colorants ni additifs) aux noms évocateurs : la Blanche de Ré, la Déferlante, la Blanche Amb'Ré, l'Extra (au cognac !), la Triple Houblon, la Ré Agrume, l'Abeille de Ré (au miel), une IPA... Quelques alcools de fabrication artisanale (cognac, vodka, gin, pastis et whiskys).

Où dormir ?

Huttopia Côte Sauvage : *plage de la Basse-Benaie.* ☎ *05-46-30-21-74.* ● *huttopia.com* ● *Ouv de mi-avr à fin sept. Sur résa. Compter 18,80-30 € pour 2. Loc de tentes lodges. 151 empl.* L'un de nos campings préférés car parfaitement situé, le long de la Côte Sauvage. Dans un secteur calme à 2 pas du village, il déploie ses emplacements le long de l'océan, avec accès presque direct à la plage. Un vrai camping, sans mobile homes mais avec de grandes tentes *lodges.* Snack-bar, laverie et jeux pour enfants. Piste cyclable à proximité.

Hôtel L'Île sous le Vent : *chez Katia et Xavier Manifet, 17 bis, rue du Petit-Labat. ☎ 05-46-09-60-53. • ilesouslevent.com • Doubles 65-170 € ; familiales.* Petit hôtel de 10 chambres réparties dans un clos typiquement rhétais entouré de murs de pierre, au cœur du village. Les chambres sont adorables, chacune avec une déco contemporaine et une petite terrasse. Piscine chauffée *(avr-sept),* jardin et parc (500 m²) très agréable. Location de vélos.

LA FLOTTE

(17630)

Ancien village de pêcheurs plein de charme – comptant d'ailleurs parmi les Plus Beaux Villages de France – qui a su conserver son authenticité. Original, son petit port animé, à l'étonnante jetée en arrondi, devient sec à marée basse ! Ses belles demeures du front de mer dissimulent un labyrinthe de ruelles paisibles, où de beaux chais se mêlent aux maisonnettes de pêcheurs. Car à une certaine époque, les vignes étaient omniprésentes par ici ! Il en reste d'ailleurs des rangs autour de l'abbaye des Châteliers, qui fut à l'origine de leur plantation dans l'île.

Adresse utile

Bureau d'accueil : *quai de Sénac. ☎ 05-46-09-00-55. • iledere.com • Sur le port. Avr-sept, lun-sam 9h30-13h, 14h-18h (18h30 juil-août) ; dim et j. fériés 9h-13h. Horaires variables le reste de l'année.* Propose des sorties en mer, des visites, un espace boutique et billetterie.

Où dormir ?

Hôtel Hippocampe : *16, rue du Château-des-Mauléons. ☎ 05-46-09-60-68. • hotel-hippocampe.com • À proximité de l'église. Ouv avr-Toussaint. Doubles 67-93 € ; familiales.* Un joli petit hôtel en retrait de l'agitation du port, au cœur du bourg. Chambres simples mais charmantes, décorées à la rhétaise avec leur jonc de mer au sol et leurs vieux meubles chinés. Délicieuse petite cour intérieure ou salon cosy pour prendre le petit déj.

Hôtel La Galiote : *7, av. du 8-Mai. ☎ 05-46-09-50-95. • hotellagaliote.com • Doubles 79-199 € ; familiales.* Un peu à l'écart du port et du bourg, ce petit hôtel dans un style bien rhétais offre un excellent point de chute.

Où manger ?

Les Copains Babord : *4, route du Praud. ☎ 05-46-01-35-51. • famillelecorre.com • Ouv avr-oct, 10h-22h. Carte 20-30 €.* **La Cabane Océane :** *9, route du Praud. ☎ 05-46-66-54-08. Tlj juin-fin sept ; avr-mai tlj sauf mar.* Non loin l'une de l'autre, 2 superbes cabanes ostréicoles pour déguster huîtres et fruits de mer, tout en profitant d'une vue magnifique sur le pertuis breton.

Chai Nous comme Chai Vous : *1, rue de la Garde. ☎ 05-46-09-49-85. Avr-nov, ouv ts les soirs. Menu 75 € ou à la carte env 90 €.* Dans une ruelle qui se faufile au milieu du port, un décor à la fois discret et chic, avec quelques touches design pour la note contemporaine. Élégante cuisine d'aujourd'hui, tempérée d'une pointe de modernité, à base de produits locaux ultra-frais. Quelques belles références de vins charentais. Atmosphère intime et accueil de caractère.

À voir. À faire

Le marché : *tlj en principe.* Sous de pittoresques ***halles d'inspiration médiévale*** avec une jolie place pavée à l'ancienne. Du port, on peut gagner le marché en empruntant le ***cours Félix-Faure,*** long de 200 m, bordé de quelques beaux hôtels particuliers du XVIIIe s.

Le musée du Platin : *4, cours Félix-Faure. ☎ 05-46-09-61-39. • museeduplatin.fr • Avr-oct, lun-ven 10h-12h30, 14h30-18h30. Entrée : 5 € ; réduc. Visite guidée (sur résa) : 8 € ; réduc.* Un joli petit musée. 4 niveaux sont consacrés à la vie traditionnelle, essentiellement maritime et viticole, sur l'île de Ré.

SAINT-MARTIN-DE-RÉ (17410)

Saint-Martin-de-Ré est la capitale historique de l'île. Aujourd'hui, le port et ses vieilles rues, où belles demeures et maisonnettes s'entremêlent, n'ont rien perdu de leur charme. Si le Grand Siècle a marqué son architecture, sa citadelle occupe une grande place dans son histoire : c'est en effet ici que les prisonniers transitaient avant de rejoindre le bagne de Cayenne.

Adresse et info utiles

Bureau d'accueil : *2, av. Victor-Bouthillier (face au musée). ☎ 05-46-09-00-55. • iledere.com • Avr-sept, lun-sam 9h30-12h, 14h-18h30 (19h juil-août) ; dim et j. fériés 9h-13h. Horaires variables le reste de l'année.* Visites guidées de la ville et des fortifications, en nocturne ou contées. Billetterie, boutique.

– **Marché :** *rue Jean-Jaurès, ts les mat (sauf lun et mer hors saison), plus 17h-20h en hte saison.* On y trouve tous les produits frais de l'île.

Où dormir ?

Hôtel Le Galion : *allée de la Guyane (ou rue Émile-Atgier). ☎ 05-46-09-03-19. • hotel-legalion.com • ♿ Doubles 95-270 € ; familiales.* À 50 m du port mais au calme, cette demeure accueillante dresse sa vaste façade face à la mer et au parc de la Barbette. Une trentaine de chambres confortables et bien tenues, plutôt classiques et élégantes. Certaines bénéficient d'une vue imprenable sur le port, les remparts ou la mer. Belle piscine et élégant patio, où est servi le petit déj.

Hôtel La Jetée : *23, quai Georges-Clemenceau. ☎ 05-46-09-36-36. • hotel-lajetee.com • ♿ Doubles 80-220 € ; familiales.* Bel hôtel contemporain à l'entrée du port, proposant des chambres à la fois élégantes, confortables et sobres, avec une vue sur le port pour certaines. Agréables salon et salle de petit déj, à moins de le prendre dans le charmant patio aux beaux jours. Bon accueil.

Où manger ?

Auberge paysanne de la Mer : *chez Sophie et Jacky Sury, chemin de la Galère, Le Vert-Clos. 06-83-08-20-38. Le long de la piste cyclable vers La Couarde. Ouv mars-fin oct, seulement le midi (jusqu'à 16h en saison). Carte env 25 €.* Ces producteurs d'huîtres « naturelles nées en mer » ont aménagé une jolie cabane au milieu des parcs ostréicoles, face à la mer, la seule à bénéficier du label « Accueil paysan ». Idéal donc pour satisfaire une envie d'huîtres, de fruits de mer et de grand air ! Juste à côté, une 2de cabane, **Ré Ostréa** *(06-63-91-80-19 ; ouv avr-oct ; assiettes 8-19 € ; prévoir des espèces),* à la terrasse tout aussi accueillante, qui sert huîtres, tourteaux, crevettes et langoustines... Le tout est à accompagner de vin blanc de l'île.

Le Serghi : *15, quai Georges-Clemenceau. ☎ 05-46-66-59-59. • leserghi.com • Ouv tlj sauf mar et mer, midi et soir. Plats 25-35 € ; carte env 60 €.* Belle terrasse sur le port, mais un peu à l'écart des foules. Carte fraîche et de saison, avec la pêche du jour en vedette. Cuisine savoureuse et inspirée, vive et légère. Sympathiques cocktails au cognac pour l'apéritif. Service efficace.

George's : *3, quai Job-Foran. ☎ 05-46-35-40-32. • hotel-de-toiras.com • Formule et menu midi 38-45 €, le soir 55 € ; carte 60-70 €.* C'est l'adresse chic du port de Saint-Martin, nichée dans le somptueux Hôtel de Toiras. Son nom est un clin d'œil à George Washington, président américain aux origines... rhétaises. Imaginée par le talentueux Jeffrey Ng Cheong Wong, chef d'origine mauricienne, la carte fait la part belle aux produits de la mer, parfaits sublimés par une petite touche d'exotisme. Belle carte des vins, avec une sélection pointue de crus de l'île. On peut aussi venir ici pour un apéritif ou un cocktail, où le pineau et le cognac sont en bonne place.

À voir

Le musée Ernest-Cognacq et l'hôtel de Clerjotte : *13, av. Victor-Bouthillier. ☎ 05-46-09-21-22. • musee-ernest-cognacq.fr • Juil-août, tlj sauf mar 10h-19h ; plus réduit en dehors, se renseigner. Accès libre à la cour de l'hôtel de Clerjotte. Entrée au musée : 4 € ; réduc. Visite commentée : 5 €.* Cette demeure Renaissance des XVe et XVIe s est l'un des plus beaux Monuments historiques de l'île, classée depuis 1929. Le corps de logis principal, de forme rectangulaire, se dresse au fond d'une cour pavée. Il est flanqué d'une très belle tour d'angle (porte de style gothique flamboyant), renfermant un escalier à vis en pierre. Sur quelque 250 m², le musée présente ***l'art et l'histoire de l'île de Ré,*** ainsi que des expositions temporaires à thèmes locaux ou maritimes. L'histoire viticole de l'île de Ré est également abordée.

L'église Saint-Martin : *tlj 10h-17h.* Intéressante. Possibilité de monter au clocher qui offre un magnifique panorama à 360° sur l'île.

Les remparts de Vauban : ils font partie du réseau des 12 sites majeurs Vauban.

Les maisons anciennes : dans sa partie haute, où il fait bon flâner, Saint-Martin compte encore de belles maisons de la fin du XVIIe s. Parmi les plus anciennes, la ***maison de la Vinatrie,*** au no 13 de la rue Mérindot, très belle avec ses pans de bois et ses volets rouge vermillon. La partie haute du rez-de-chaussée est surmontée d'une frise représentant des grappes de raisin et des feuilles de vigne. Tout cela rappelle l'importance du commerce du vin sur l'île !

LE BOIS-PLAGE-EN-RÉ (17580)

Un village qui porte bien son nom avec ses forêts de pins et sa très longue plage bordée de dunes. Au centre, quelques ruelles typiques éparpillées autour de l'église et un marché animé. On y découvrira aussi, au hameau du Morinand, le dernier moulin à vent ayant conservé ses ailes et des vignes à perte de vue... Car le village est un peu l'épicentre de la viticulture rhétaise d'aujourd'hui, notamment grâce à la cave coopérative de l'île installée ici.

Adresse et info utiles

Bureau d'accueil : *97, rue des Barjottes. ☎ 05-46-09-00-55. • iledere.com • ♿ Avr-oct, lun-sam 9h-13h, 14h-16h30 (17h juil-août), plus dim pdt vac scol et j. fériés 9h30-13h. Horaires variables le reste de l'année.* Plein d'infos et de cartes (pistes cyclables...) sur l'île.

– **Marché :** *tlj avr-oct et pdt vac scol ; mar, jeu et w-e hors saison.* Le plus grand de l'île de Ré (jusqu'à 140 commerçants en été).

Où dormir ? Où manger ?

L'Aile de Ré : *moulin du Morinand, route Raise-Flottaise. ☎ 05-46-09-29-87. À env 2 km en allant vers Saint-Martin, juste à côté du moulin. Fermé le midi lun, mar, sam et dim juil-août, lun-mar plus dim soir hors saison. Formules déj (sauf dim) 16-22 € ; carte env 42 €.* Isolée en lisière du bourg, bordant une étendue de vignes, une salle à la déco très rhétaise avec vieux vélo, phare et charpente apparente. Bonne cuisine faite principalement à la cheminée ou au gril en terrasse : en vedette, l'éclade de moules et les gambas.

Hôtel-restaurant L'Océan : *172, rue Saint-Martin. ☎ 05-46-09-23-07. • re-hotel-ocean.com • ♿ En saison, resto fermé mer et dim. Doubles 96-210 € ; familiales. Au resto, carte env 45 €.* Une enfilade d'exquis petits salons conduit à un vaste patio fleuri. Autour, une trentaine de chambres, superbement décorées : boiseries à l'ancienne, jonc de mer au sol, couvre-lits en piqué de coton, cabines de bains en guise de placards, etc. Salle de resto aux tons harmonieux, qui propose une cuisine de marché et de saison. Pour couronner le tout, agréable piscine extérieure *(chauffée avr-sept)* ainsi qu'un espace bien-être.

Où boire un verre ?

Les Q Salés : *av. de la Plage, face au marché. ☎ 05-46-66-59-13. • lesqsales.fr • ♿ Tlj midi et soir en saison ; seulement le midi hors saison, sauf lun. Carte env 40 €.* Drôle de nom ! Les culs salés désignent en fait les pêcheurs à pied dont la culotte est pleine de sel. Sympathique café en terrasse pour boire un jus le matin après le marché, et qui se transforme en repaire festif pour la jeunesse le soir. Vins locaux.

Où acheter du vin IGP charentais Île de Ré, du pineau des Charentes et du cognac ?

Les Assoiffés : *dans les halles du marché ou en boutique, au 5, rue de la Glacière. 07-51-69-51-71. Au marché, tlj 9h30-13h ; en boutique lun-sam 15h30-19h30.* Joli choix, pioché pour l'essentiel chez de petits producteurs.

Sites viticoles et visites de chais

Coopérative des vignerons de l'île de Ré – UniRé : *juste à l'entrée du Bois-Plage, sur la route de Sainte-Marie. ☎ 05-46-09-23-09. • vigneronsiledere.com • Dégustation et vente sur place. Juil-août, lun-sam 9h-12h30, 14h-19h ; dim 10h-13h. Avr-juin et sept, lun-sam 9h-12h30, 14h-18h30 (fermé dim). Oct-mars, lun-ven 10h-12h30, 14h-18h (fermé w-e). 2 visites guidées/j. en été, lun-ven 10h30 et 15h30 (également mar et jeu à 15h30 avr-juin et sept-oct) avec dégustation 3 €. Formule avec produits locaux : 9 € ; avr-nov, lun-ven 17h.* Cette coopérative réunit les producteurs de l'île, soit environ 40. On compte 500 ha de vigne sur l'île de Ré et seulement 2 vignerons indépendants ! Plusieurs visites des chais sont proposées : avec dégustation de pineau en tout cas, à laquelle on peut ajouter du cognac, des produits locaux, des huîtres et un verre de blanc face à la mer, le tout dans un bel espace de plus de 340 m². Également des forfaits comprenant une balade à vélo avec dégustation d'huîtres et cognac chez un ostréiculteur *(25-35 €)*, ou à cheval dans les vignes *(rens auprès des Écuries du Moulin Moreau ; ☎ 05-46-09-32-34 ; env 60 €)*. Ici sont produits notamment les vins IGP charentais de l'île, avec 50 % de cépages blancs et 50 % de rouges. On aime bien le blanc, le *royal,* sec, franc et pas cher, parfait avec les fruits de mer. Un rouge aussi, le... *Terre Rouge.* N'oublions pas non plus le *Rosé des Dunes* (reconnu par les guides spécialisés), le pineau des Charentes et le cognac. Sachez d'ailleurs que le cognac Camus Île de Ré est fait ici !

La Ferme des Producteurs Ré Unis : *chemin des Guignardes. ☎ 05-46-69-30-45. • lafermedesproducteursreunis.com • Derrière la coopérative vinicole. Juil-août, mar-sam 9h-13h, plus ven 15h-19h ; le reste de l'année, ven-sam 9h-13h, plus jeu 15h-19h.* Plein de produits fermiers vendus en circuit court. Le meilleur au meilleur prix !

LA COUARDE-SUR-MER (17670)

Petit village, situé pile au centre de l'île. D'ailleurs, les 2 routes principales s'y rejoignent. La Couarde est l'une des toutes 1res stations balnéaires de l'île, à l'époque où les bains de mer avaient encore une valeur curative. Bordée d'une immense plage de sable blond (qui a fait la joie des gambettes de Mistinguett au début du XXe s), elle continue d'attirer du monde en été, avec ses venelles bordées de basses maisons blanches aux volets colorés, le tout fleuri de roses trémières et de glycines. Entouré de vignes, c'est aussi un ancien village viticole.

Adresse et info utiles

Bureau d'accueil : *4, route de Saint-Martin. ☎ 05-46-09-00-55. • iledere.com • ♿ Avr-oct, lun-sam 9h30-13h, 14h-17h (17h30 juil-août), plus dim pdt vac scol et j. fériés 9h30-12h30. Horaires variables le reste de l'année.* Organise des **visites guidées** du vieux bourg (jeu 11h).

– **Marché :** *pl. du Marché, le Mail, ts les mat en été et tte l'année près de l'église.*

Où dormir ?

Hôtel Le Vieux Gréement : *13, pl. Carnot. ☎ 05-46-29-82-18. • levieuxgreement.com • ♿ Doubles 105-160 € ; familiales.* Séduisant hôtel aux volets gris, sur une placette tout aussi ravissante, ombragée de tilleuls. Les chambres, toutes différentes, sont pleines de charme et reposantes, avec de beaux parquets, des teintes douces. Nos préférées sont organisées autour du patio envahi de vigne vierge.

Où manger ?

Le Balaou : *av. de Nouralène. ☎ 05-46-29-86-07. Tlj sauf lun, plus mar hors saison. Carte 40-50 €.* Des plats traditionnels, notamment d'excellents poissons avec parfois des touches antillaises. Un des restos les plus réputés de l'île, avec quelques convaincantes spécialités, parfaitement maîtrisées. Large terrasse.

La Cale : *23 B, av. du Mail. ☎ 05-46-29-91-11. ♿ Face au marché. Tlj sauf mer-jeu. Carte env 30 € ; menu enfants.* Ici, tout est cuit à la plancha (poisson, langoustines ou viande). Éclade de moules de temps à autre. Terrasse ombragée par une jolie vigne.

La Cabane du Feneau : *05-46-30-43-68. Près de Loix ; 1 km avt d'arriver au village. Tlj 12h-15h, 18h-21h (seulement le midi en basse saison, fermé le mar). Formule déj 18 €.* Au cœur des marais salants, une cabane ostréicole où se régaler de fines de claire (et de spéciales en hiver), mais aussi de bulots, de palourdes... Avec un verre de vin de l'île de Ré, cela va sans dire !

Où boire un verre de vin ou un cocktail ?

La Part des Anges : *42, Grande-Rue. ☎ 05-46-29-83-62. 06-71-17-90-01. Ouv avr-sept, vac scol de la Toussaint et de Noël, tlj sauf mer. Planches et assiettes env 15 €.* Un petit bar à vins sympathique où l'on profite d'une ambiance de copains. Possibilité de grignoter une assiette de charcuterie, de fromage ou de la mer. Cour verdoyante au fond. En boutique, pineau, cognac et vins charentais IGP, notamment de l'île de Ré (domaine Arica).

Method : *21 bis, av. du Mail, à côté du cinéma La Maline. Tlj 11h-2h. Menu midi 26-29 € ; le soir assiettes à partager, compter env 30 €.* Un bar-resto assez génial, qui mise sur la qualité et la convivialité. Animé surtout le soir quand la terrasse est prise d'assaut. Cocktails déments et originaux, avec le cognac et le pineau des Charentes bien présents. Carte des vins surprenante à tendance bio ou nature. Plats du jour frais et savoureux le midi, tapas à grignoter le soir.

Site viticole

Domaine Pelletier : *13, chemin des Artisans, zone artisanale de La Couarde. 06-88-06-35-06. • domainepelletier.fr • Tlj 10h-13h, 14h-19h. Visite sur rdv, payante (tarif sur consultation avec le domaine).* Il s'agit de l'un des 2 vignerons indépendants de l'île de Ré. Vins IGP charentais bio récoltés, vinifiés et élevés au domaine : sauvignon et chardonnay pour les blancs, mais aussi des rosés et un rouge, ainsi que des pineaux des Charentes. Ils ont déjà trouvé leur place sur les meilleures tables rhétaises.

ARS-EN-RÉ

(17590)

Ars, classée parmi les Plus Beaux Villages de France, se repère de loin avec son curieux clocher blanc et noir. Elle tira très tôt ses revenus du commerce du sel. Depuis, entre vins, céréales et huîtres, elle a diversifié ses recettes. Une petite merveille.

Adresse et info utiles

Bureau d'accueil : *25, pl. Carnot. ☎ 05-46-09-00-55. • iledere.com • Avr-sept, lun-sam 10h-13h, 14h-17h30 (18h juil-août), plus dim pdt vac scol et j. fériés 9h30-13h. Horaires variables le reste de l'année.* Billetterie.

– **Marché :** *avr-nov sur le port et juil-août dans la halle couverte, ts les mat. Hors saison, pl. Carnot ou sur le port, mar, ven et sam mat (seulement mar et ven en hiver).* L'un des plus beaux et des plus réputés de l'île.

Où dormir ?

Le Clocher : *14, pl. Carnot. ☎ 05-46-29-41-20. • hotel-le-clocher.com • Doubles 80-170 € ; familiales. Carte env 30-35 €.* Décor contemporain, avec chambres coquettes et lumineuses, où le métal et le bois brut s'accordent parfaitement. Bon resto de poisson et bar à cocktails tout aussi sympa que la belle terrasse, au cœur du village.

Hôtel Le Sénéchal : *6, rue Gambetta. ☎ 05-46-29-40-42. • hotel-le-senechal.com • À côté de l'église. Doubles 95-205 €, plus pour les supérieures et suites ; apparts et villa également.* Un esprit contemporain souffle dans cette ancienne demeure rhétaise des années 1930. Plancher brut, jonc de mer, murs en pierre et plafond en bois caractérisent la vingtaine de chambres, le tout agrémenté de luminaires design, ou même de cheminée pour certaines. Un patio fleuri et charmant, avec piscine, invite à la détente.

Où manger ?

Épicerie de la Tour du Sénéchal : *7, pl. Carnot. ☎ 05-46-29-41-12. En face de l'église. Tlj sauf lun-mar ; fermé le soir hors saison. Planche 18 € ; brunchs 17-20 €.* Superbe lieu, chaleureux et design, aménagé dans l'une des maisons historiques du vieil Ars. Tout à la fois épicerie, salon de thé et resto.

Le « V » : *3, quai de la Criée. Tlj sauf mar soir et mer. Carte 20-30 €.* Sur le port, un bistrot à huîtres à l'ambiance conviviale pour s'en taper une bonne douzaine, accompagnées d'un verre de blanc charentais (voire rhétais !). Bonnes assiettes de charcutaille ou de fromages. Simple et bon...

Chez Rémi : *1, quai de la Criée. ☎ 05-46-29-40-26. Tlj sauf lun en saison, plus mar hors saison. Menu du pêcheur 28 € le midi ; carte 50-60 €.* Rémi Massé est un chef amoureux de son terroir mais qui n'hésite pas à piocher produits et recettes dans le Sud-Ouest, venant agrémenter sa cuisine déjà créative. Vins du domaine Arica et plusieurs cognacs.

Où acheter de bons produits ?

Coopérative des sauniers de l'île de Ré : *route de La Prée (en direction de La Couarde). ☎ 05-46-41-25-72. • sauniers-iledere.com • Point de vente de la coopérative à la Cabane des Sauniers, juste devant ; tlj sauf dim en été, fermé w-e hors saison.* On peut y acheter son gros sel par paquets de 5 kg ! On y trouve aussi (en petit format, rassurez-vous !) du sel gris, du sel fin, des sels aux aromates, de la fleur de sel... Également une sélection de produits locaux.

À voir

L'église Saint-Étienne : on la voit de partout grâce à son clocher peint en noir et blanc, qui sert d'amer, c'est-à-dire de repère diurne pour les bateaux. Visite guidée du ***clocher*** possible en saison *(lun-ven, sur résa au 07-67-50-88-16 ; entrée 6 € ; à partir de 6 ans).* À la clé, une vue magnifique sur le village et les marais.

LOIX

Un bout de terre rescapé de l'ère quaternaire, petite presqu'île dans l'île, Loix a toujours la configuration d'un îlot entouré par le Fier d'Ars et la fosse de Loix, isolé du reste par les marais salants. Église de village du XIXe s coiffée d'un clocher carré du XVe, au pied de laquelle s'improvisent des parties de pétanque effrénées. Tout autour, rues étroites, maisons basses aux volets verts, fleurs à gogo et port croquignolet, où se niche le dernier moulin à marée de l'île. Un bourg qui a su préserver charme et authenticité.

Adresse utile

Bureau d'accueil : *pl. du Marché. ☎ 05-46-09-00-55. • iledere.com • Avr-oct, lun-sam 9h-13h, 14h-16h30 (17h juil-août), plus dim pdt vac scol et j. fériés 9h-13h. Horaires variables le reste de l'année.*

Où camper ?

Flower Camping Les Ilates : *le Petit-Boucheau, route du Grouin. ☎ 05-46-29-05-43. • camping-loix.com • Avr-sept. Empl 2 pers 20-48 €. Mobile homes et maisonnettes pour 4-8 pers. 228 empl.* Ce camping familial est classé 4-étoiles pour le nombre de ses services et infrastructures. Sur 4,5 ha, les emplacements sont moyennement ombragés mais délimités par des haies. Le forfait premium donne droit à un emplacement avec électricité et cabane privée avec sanitaires et cuisine. Coup de cœur pour les lodges sur pilotis. Piscine découverte chauffée, location de vélos. Et la plage n'est qu'à 750 m (surveillée en été). Resto et épicerie.

Où manger ? Où boire un verre ?

La Presqu'île : *pl. du Marché. ☎ 05-46-29-66-79. Tlj sauf mar 8h30-2h en saison ; plus restreint le reste de l'année.* Un bar très animé en saison, qui déploie sa belle terrasse sur la place du marché. À l'intérieur, la déco se révèle aussi hétéroclite qu'attachante, entre éléments style brocante et récup'. Idéal pour s'accorder un apéro festif ou assister à un concert (fréquents en été). Quelques planches, huîtres et petits plats à grignoter. Carte de vins locaux.

La Cabane du Feneau : *sur la route qui mène à Loix, 1 km avt d'arriver au village. ☎ 05-46-30-43-68. Avr-sept. Tlj sauf mar, midi et soir en juil-août, sinon, fermé le soir. Carte 25-30 €.* Directement du producteur au consommateur, huîtres (naturelles) et crevettes impériales, poisson cru ou mariné, chaudrée de palourdes, le tout à déguster sous abri ou dehors, au milieu des marais. Simple et merveilleux !

À voir

L'écomusée du Marais salant : *route de la Passe, env 1 km avt le village, sur la gauche en bordure de route. ☎ 05-46-29-06-77. • marais-salant.com • De mi-juin à mi-sept, tlj 10h-12h30, 14h-19h ; horaires plus réduits hors saison. Entrée : 6 € ; réduc.* Excellentes explications des techniques de fabrication du sel et de la fleur de sel, suivies d'une visite guidée d'un marais salant en activité. En été, et en fonction des conditions météo, possibilité sur réservation de s'initier au maniement des outils avec le saunier sur le marais. Également une chouette balade avec contes et chansons.

Site viticole

Domaine Arica : *Village Agricole Les Simaillauds, 15 chemin les Poilvent. 06-88-29-94-55. • domainearica.com • Avr-oct, tlj sauf dim ap-m 10h30-13h, 16h30-19h30 ; horaires réduits hors saison (appeler avt de venir). Dégustation gratuite. Visites de groupe à partir de 8 pers (appeler directement). Juil-août : ateliers oenologie (2h30, 50 €), groupe 8-12 pers.* Marine et Simon, un couple de jeunes œnologues – elle d'origine rhétaise, lui bourguignon –, ont repris le domaine familial en s'affranchissant de la coopérative de l'île. Leurs 10 ha, dispersés entre différents terroirs de l'île, sont certifiés en agriculture biologique. Cela leur permet de proposer 6 cuvées différentes de vins IGP charentais : un blanc, un rosé et un rouge ainsi que 3 autres blancs en cuvées parcellaires : *Four à Chaux* (sauvignon), *Moulin Neuf* (chenin, notre préféré !) et *Les Salines* (chardonnay). Ils ne font en revanche pas du tout de pineau ou de cognac : une démarche différente des autres viticulteurs de l'île...

INDEX

INDEX

Remarque importante aux hôteliers et restaurateurs

Les enquêteurs du *Routard* travaillent dans le plus strict anonymat. Aucune réduction, aucun avantage quelconque, aucune rétribution n'est jamais demandé en contrepartie. Face aux aigrefins, la loi autorise les hôteliers et restaurateurs à porter plainte.

Avis aux lecteurs

Le Routard, ce n'est pas comme le bon vin, il vieillit mal. On ne veut pas pousser à la consommation, mais évitez de partir avec une édition ancienne. Les modifications sont souvent importantes.
Les réductions accordées à nos lecteurs ne sont jamais demandées par nos rédacteurs afin de préserver leur indépendance. Les hôteliers et restaurateurs sont sollicités par une société de mailing, totalement indépendante de la rédaction, qui reste donc libre de ses choix. De même pour les autocollants et plaques émaillées.

Avec routard.com, choisissez, organisez, réservez et partagez vos voyages !

✓ Rejoignez la plus grande communauté francophone de voyageurs : **plusieurs millions d'internautes.**

✓ Échangez avec les routarnautes : forums, photos, avis d'hôtels.

✓ Retrouvez aussi toutes les informations actualisées pour choisir et préparer vos voyages : près de 300 guides destinations, une centaine de dossiers pratiques et un magazine en ligne pour découvrir tous les secrets de votre destination.

✓ Enfin, comparez les offres pour organiser et réserver votre voyage au meilleur prix.

Les **Routards** *parlent aux* **Routards**

Faites-nous part de vos expériences, de vos découvertes, de vos tuyaux et de vos coups de cœur. Aidez-nous à remettre l'ouvrage à jour. Indiquez-nous les renseignements périmés. Faites profiter les autres de vos adresses nouvelles, combines géniales... On adresse un exemplaire gratuit de la prochaine édition à ceux qui nous envoient les meilleurs courriers, pour la qualité et la pertinence des informations.
Quelques conseils cependant :
- Envoyez-nous votre courrier le plus tôt possible afin que l'on puisse insérer vos tuyaux sur la prochaine édition.
- N'oubliez pas de préciser l'ouvrage que vous désirez recevoir, ainsi que votre adresse postale.
- Vérifiez que vos remarques concernent l'édition en cours et notez les pages du guide concernées par vos observations.
- Quand vous indiquez des hôtels ou des restaurants, pensez à signaler leur adresse précise et, pour les grandes villes, les moyens de transport pour y aller. Si vous le pouvez, joignez la carte de visite de l'hôtel ou du resto décrit.

En tout état de cause, merci pour vos nombreux mails.

122, rue du Moulin-des-Prés, 75013 Paris

• *guide@routard.com* • *routard.com* •

Routard Assurance *2024*

Enrichie au fil des années par les retours des lecteurs, *Routard Assurance* reste l'assurance voyage référence des globe-trotters. Tout y est inclus, même la **Covid** : frais médicaux, assistance rapatriement, bagages, responsabilité civile… Avant votre départ, contactez *AVI* pour un conseil personnalisé. À la recherche d'une attestation Covid ? Vous la recevrez automatiquement après chaque souscription. Besoin d'un avis médical, d'une prise en charge dans un hôpital ? Le plateau d'Assistance *AVI* dispose d'un vaste réseau médical à travers le monde disponible 24h/24 pour une réponse en temps réel. De simples frais de santé en voyage ? Téléchargez vos factures depuis l'espace assuré *AVI*, ils vous remboursent sous une semaine. *Le Colisée Gardens, 10, av. de l'Arche, CS 70126, 92419 Courbevoie Cedex.* ☎ *01-44-63-51-00.* • *avi-international.com* • Ⓜ *La Défense.*

Édité par Hachette Livre (58, rue Jean-Bleuzen, CS 70007, 92178 Vanves Cedex, France)
Photocomposé par Luminess SAS (561, rue Saint-Léonard – CS 40003 – 53101 Mayenne Cedex, France)
Imprimé par FINIDR (ING, JAROSLAV DRAHOS, LIPOVA 1965,
73701 CESKY TESIN, REPUBLIQUE. TCHEQUE)
Achevé d'imprimer : mars 2024
Collection n° 27 - Édition n° 01
85-5033-9
I.S.B.N. 978-2-01-788794-2
Dépôt légal : avril 2024

PAPIER CERTIFIÉ